Terje Tvedt
Wasser

Schriftenreihe   Band 1372

Terje Tvedt

Wasser

Eine Reise in die Zukunft

Aus dem Norwegischen
von Andreas Brunstermann

Bundeszentrale für politische Bildung

Terje Tvedt, Jahrgang 1951, ist Historiker, Hydrologe, Geologe und Politologe. Er lehrt Geographie an der Universität Bergen und Geschichte an der Universität Oslo.

Die Übersetzung ins Deutsche wurde vom NORLA (Norwegian Literature Abroad) finanziell gefördert.

Titel der norwegischen Originalausgabe: En Reise I Vannets Fremtid
Copyright © Kagge Forlag AS, Oslo 2007

Die deutsche Ausgabe wird veröffentlicht mit freundlicher Genehmigung von Hagen Agency, Oslo.

Die Übersetzung basiert auf dem von Autor 2009 durchgesehenen und aktualisierten norwegischen Text. Für die deutsche Ausgabe 2013 wurde der Epilog aktualisiert.

Bonn 2013
Lizenzausgabe für die Bundeszentrale für politische Bildung
Adenauerallee 86, 53113 Bonn

© der deutschen Ausgabe: Christoph Links Verlag GmbH, Berlin 2013

Umschlaggestaltung: Michael Rechl, Kassel
Umschlagfoto: © Anja Weber-Decker / plainpicture

Satz: typegerecht, Berlin
Druck und Bindung: Druckerei F. Pustet, Regensburg

ISBN 978-3-8389-0372-9
www.bpb.de

Inhalt

Prolog: Eine Reise
in die Welt des Wassers

Eigentlich ist unsere Erde ein Planet des Wassers. Das wird ganz deutlich, wenn man sich die aus dem Weltraum aufgenommenen Bilder der Erde ansieht. Mir wurde das bereits 1968 bewusst, als ein Astronaut der Apollo 8 – des ersten Raumschiffs, das den Mond umkreiste – eine Aufnahme von unserem gesamten Himmelskörper anfertigte. Darauf ist klar zu erkennen, dass die Erde im Gegensatz zu allen anderen Planeten überwiegend aus Wasser besteht.

Wir sehen blaue Meere, die zwei Drittel der Erdoberfläche bedecken, weiße Pole und riesige Wolkenformationen. All dieses Wasser prägt die Besonderheit des Planeten und bildete über Millionen von Jahren die Grundlage für die Entstehung des Lebens. Wie sich das Wasser in der Erde, in Pflanzen und Organismen bewegte, hat die Evolution der Arten und den Charakter der Landschaften geformt. Im Laufe der letzten hunderttausend Jahre hat das Wasser auch die Geschichte der Gesellschaften entscheidend beeinflusst, bis hin zu ihren religiösen Zeremonien, kulturellen Ritualen und politischen Verhältnissen. Dennoch hat sich die soziale Bedeutung des Wassers nur in erstaunlich geringem Maße im gesellschaftlichen Bewusstsein niedergeschlagen, ja ich möchte fast von einer »Wasserblindheit« bei der bisherigen Behandlung von Geschichte sprechen.

Mich dagegen hat das Wasser immer fasziniert, und meine Studien befassen sich seit Jahrzehnten vor allem mit diesem Element. Dabei geht es mir besonders darum, wie sich das Verhältnis von Wasser und Gesellschaft in unserem Globalzeitalter verändert hat und sich der Mensch selbst veränderte, indem er versuchte, Herr über das Wasser zu werden. Was ich auch immer zu diesem Thema finden konnte, habe ich gelesen: 3000 Jahre alte chinesische Traktate über den Charakter des Wassers, Herodots wegweisende Berichte aus Ägypten und dem antiken Griechenland, die Schilderungen in den Texten der Weltreligionen über Gottes Erschaffung der Welt mithilfe des Wassers, unzählige trockene Ingenieurrapporte über die Kontrolle verschiedenster Wasserläufe sowie die Szenarien heutiger Klimaforscher über künftige Überschwemmungen und Dürren. In verstaubten Archiven von Khartoum bis Kansas habe ich mir die entsprechenden Dokumente angesehen. Und schließlich bin ich in über 70 Länder gereist – um die Vielfalt des Wassers zu sehen, die verschiedenen Bauten zu seiner Beherrschung kennenzulernen und die kulturellen und religiösen Mythen über das Wasser begreifen zu können. Dieses Buch ist ein Bericht über einige dieser Reisen in die faszinierende Welt des Wassers.

Das Wasser und der Kampf um seine Kontrolle und Nutzung haben alle Gesellschaften geformt – angefangen bei der Entstehung der ersten Zivilisationen im Mittleren Osten und in Asien vor 5000 Jahren bis hin zu den modernen städtischen Gesellschaften. Deshalb will ich meine Reiseeindrücke auch in eine historische Entwicklungslinie einordnen.[1] Das betrifft sowohl die unterschiedlichen Arten des Wassermanagements und der dazugehörigen Bauten – Kanäle, Rohre, große und kleine Staudämme, veränderte Wasserläufe – als auch die verschiedenen Denkstrukturen, die mit dem Wasserumgang verbunden sind. Die Geschichte ist der einzige Schlüssel zur Zukunft, und die Prognosen – auch im Hinblick auf Wasser und Gesellschaft – sind abhängig von einem Wissen, das aus der Vergangenheit gespeist ist.

In diesem Buch soll daher das Scheinwerferlicht auf Flussufer, Staudämme und Springbrunnen gerichtet werden und nicht auf Reiserouten und touristische Anziehungspunkte. Es geht mir darum, das Gewohnte und Alltägliche mit neuen Augen zu sehen.

Bis Ende der 1990er Jahre haben sich nur wenige Wissenschaftler dafür interessiert, welche Rolle das Wasser bei der Ausformung der heutigen Gesellschaften spielte und wie es die Zukunft beeinflussen wird. Seitdem ist Wasser eine Art Hauptdarsteller in den gesellschaftlichen Horrorszenarien über die Zukunft geworden. Die Hurrikane in den USA, die Überschwemmungen in Europa und die Dürren in Afrika haben Wasser plötzlich ins Rampenlicht geholt – genährt von der neuen Angst vor globaler Erwärmung und Klimaveränderung. Die Diskussionen über den Klimawandel und seine Folgen drehen sich in erster Linie um mögliche Veränderungen der Wasserlandschaft, um Menge und Form des Wassers. Schmilzt das Eis an den Polen, auf Grönland und im Himalaja, in den Alpen und den Anden, und wird daher mehr Wasser ins Meer fließen? Führt dies zu einer deutlichen Erhöhung des Meeresspiegels? Sind massive Überschwemmungen in Europa, den Südstaaten der USA und in Indien nur Vorboten künftiger Extremwetterlagen? Oder wird es, wie einige Wissenschaftler behaupten, weniger Regen geben und sich ein Drittel der Erde bis zum Jahr 2100 in eine Wüste verwandeln? Werden in Zukunft Kriege um das Wasser geführt, weil der Mensch ohne Wasser nicht existieren kann? Grundlegende und tagesaktuelle Fragen über die Zukunft der Menschheit werden überall gestellt, und zum ersten Mal in der Geschichte drehen sich diese um die Rolle des Wassers und unsere Fähigkeit, es zu kontrollieren.

Wenn es darum geht, die Rolle des Wassers in der Gesellschaft und die Folgen für die soziale Entwicklung zu begreifen, ist das Reisen unumgänglich. Johann Wolfgang von Goethe sagte, dass den Geruch Chinas kennen müsse, wer das Land verstehen wolle. Mit weitaus größerem Recht ließe sich sagen, dass es zweckdienlich ist, mit eigenen Augen – und offenen Sinnen – zu betrachten, wie die Flüsse sich ihren Weg bahnen, wie der Niederschlag die Vegetation prägt und wie die Menschen versuchen, ihr Leben dem vorhandenen Wasser anzupassen und es möglichst zu kontrollieren. Reisen ist meine Methode, um die Besonderheiten des Wassers zu erfassen und um zu begreifen, dass es sich dabei sowohl um Natur als auch um Kultur handelt.

Die großen klassischen Flussreisen sind noch immer von einer märchenhaften Aura umgeben. Man denke zum Beispiel an die Flussexpedition in Joseph Conrads Erzählung »Herz der Finsternis« (1899) – eine den Kongo hinaufführende Reise, die zugleich eine Fahrt ins Zentrum des Bösen symbolisiert. Oder an Mark Twains Abenteuer von Tom Sawyer und Huckleberry Finn (1876/84), die mit ihrem Floß den Mississippi hinunterfuhren. Ganze Regale werden von Reisebeschreibungen über die großen Ströme der Welt wie den Amazonas, den Jangtse, den Ganges oder den Rhein gefüllt. Flussreisen sind noch immer äußerst faszinierend – und da die Hälfte der Menschheit an irgendeinem Flusslauf lebt, der mehr als nur ein Land durchschneidet, kann das »Sich-mit-dem-Strom-treiben-Lassen« durchaus Wichtiges über die Welt vermitteln.

Die Wasserreisen in meinem Buch hingegen haben einen anderen Ansatz. Sie folgen durchaus nicht nur einem Fluss, lassen diesen nicht Rahmen und Verlauf der Geschichte bestimmen, sondern orientieren sich an Kontrasten, die durch Reibungen zwischen der Geografie des Wassers und dem Charakter von Gesellschaften erkennbar werden. Von Las Vegas und dem Wasserlauf des Colorado bis zu den Quellen des Brahmaputra in Tibet und dem Drei-Schluchten-Damm in China, von verarmten Nomadengesellschaften in Afrika und Asien zu den europäischen und amerikanischen Großstädten, von der Regenküste Skandinaviens bis zur Sahara und den Wüsten in Oman, von den die Schönheit des Wassers preisenden Fontänen bis zu den größten Staudämmen der Welt: In all seinen Formen habe ich das Wasser aufgesucht, bin durch große Flusstäler gewatet, habe mit Wasserexperten und Politikern auf der ganzen Welt gesprochen. Besessen von der Vielfalt und Schönheit des Wasser bin ich umhergereist, fasziniert von seinen charakteristischen Eigenheiten: ewig pulsierend, mehr oder weniger unaufhaltbar in eine Richtung fließend, jedoch mit scheinbarer Ehrfurcht allen Hindernissen ausweichend.

Ich beginne diese Reise so trivial wie möglich, auf einer Bank im Londoner Hyde Park. Seine Speakers' Corner hat ihn weltberühmt gemacht, doch heute sind es vor allem die Rasenflächen, die Bäume und sein See, der Serpentine, welche die Menschen anziehen. Obwohl die Wolken regenschwer über den Baumwipfeln hängen und die Tauben leicht verfroren über den Asphalt trippeln, bin ich nicht der Einzige, der hier sitzt und gedankenverloren den Blick über das Gewässer schweifen lässt. Angelegt wurde der 11,34 Hektar große Serpentine im Jahre 1730, ursprünglich um den River Westbourne einzudämmen, einen Nebenfluss der Themse, der nun jedoch durch unterirdische Rohre verläuft und circa 300 Meter oberhalb der Chelsea Bridge in die Themse mündet. Alle im Park scheinen sich von dem Wasser angezogen zu fühlen. Ich weiß nicht, ob es an der ruhigen Oberfläche liegt, in der sich Wolken und Bäume spiegeln, oder an den sich wiederholenden, aber niemals identischen Bewegungen der Wasserstrahlen im Springbrunnen. Zu allen Zeiten und an allen Orten fühlten sich die Menschen zum Wasser hingezogen, dichteten Verse darüber oder besangen es, wiesen ihm zentrale Rollen in der religiösen Kosmologie und in kulturellen Ritualen zu. Während ich hier sitze, gibt es wahrscheinlich rund um die Erde Millionen von Menschen, die einen Brunnen, eine Quelle, einen Fluss oder einen Wasserfall bestaunen. Liegt die Ausstrahlung des Wassers darin, dass es uns wieder und wieder mit seiner Wirkung daran erinnert, wie es Land, Meere, Luft und Menschen in einem lebendigen, endlosen Kreis vereint – mehr, als jedes andere Element auf der Erde?

Das Wasser in meinem Café Latte könnte vor einem Jahr in einem klaren Gebirgsbach geflossen sein oder im nächsten Jahr – hoffentlich gut gereinigt – in einem See wieder auftauchen, es kann ein Bestandteil des Gifts in Sokrates' Becher oder im Bad der chinesischen Kaiser gewesen sein oder demnächst von der Fontäne inmitten des Sepentine in die Luft gewirbelt werden.[2] Auf ganz besondere Art verbindet es daher alle Menschen zu allen Zeiten. Das Wasser, das sich in ewiger Bewegung befindet, ist sowohl das

Eigentum aller als auch das einer bestimmten Person, es ist ganz es selbst, weist zugleich über sich hinaus, als Voraussetzung allen Lebens. Diese Variationen über ein Thema, das genuin universell ist, machen meine Reisen so erforderlich.

Mit der Rolltreppe fahre ich später hinunter zu den Zügen der Victoria Station. Der Bahnhof ist voller Menschen, ein Straßenmusikant spielt Songs von Neil Young in einem Durchgang zwischen den Bahnsteigen, ein Bobby grüßt mich freundlich. Ein ganz gewöhnlicher Tag also, und ich bin sehr wahrscheinlich der Einzige, der den Kopf voller Gedanken an Wasser hat, während wir in die Tiefe hinunter und an Reklameplakaten für Theateraufführungen im West End vorbeifahren.

Zweifellos wäre die Atmosphäre wohl weniger angenehm, ja klaustrophobisch, wenn ich ausriefe: »Der Bahnhof ist in Gefahr, überschwemmt zu werden!« Die Menschen auf den Bahnsteigen würden vermutlich von ihrer Zeitung aufblicken und einen Moment nervös werden. Doch ich könnte sie sogleich wieder beruhigen: »Aber es gibt Pumpen, die das Wasser abhalten. Sie sehen sie nicht, aber sie retten Ihnen das Leben.« Wahrscheinlich würden mir die Leute einen misstrauischen Blick zuwerfen, sich wieder ihrer Zeitung zuwenden und mit den Schultern zucken – noch eines von diesen Originalen, die die Londoner Unterwelt bevölkern.

Doch in Victoria Station gibt es tatsächlich Pumpen, die Stunde um Stunde, Tag für Tag circa 35 Liter Wasser pro Sekunde abführen. Ein absolut erforderlicher Vorgang, der verhindert, dass Wasser durch die Wände dringt und den Untergrund überschwemmt. Während Menschen über die Bahnsteige hasten und sich Zugtüren öffnen, arbeiten diese Pumpen. Und ebenso, wenn der Zug die Station verlässt und in den nächsten Tunnel einfährt. Der Grund dafür ist nicht etwa, dass es heute in London mehr regnet als früher oder das Meer von Osten her in die Stadt dringt, sondern dass der Grundwasserspiegel unter London steigt. Die Brauereien und die Papierindustrie, die hier während und nach der industriellen Revolution entstanden, verließen in den 1960er Jahren den Stadtkern. Dadurch hat sich der Wasserverbrauch reduziert, und infolgedessen ist das Wasser gestiegen – unerbittlich. Tatsächlich liegt Victoria Station heute unter Wasser. Sollten die Pumpen jemals aufhören zu arbeiten, würde das Wasser auf Bahnsteige und in Züge laufen und große Teile der Londoner Untergrundbahn überschwemmen.[3]

Die graue und langweilige Victoria Station zeigt daher in ihrer alltäglichen Trivialität eine Wahrheit über das Wasser, die große theoretische wie praktische Konsequenzen hat: Der Mensch kann es zeitweilig kontrollieren, es in Rohre zwingen und hinter Staudämme sperren, er kann es konsumieren, doch er kann es nicht gänzlich beherrschen. Im Gegensatz zu allen anderen natürlichen Ressourcen entzieht sich Wasser letztlich immer wieder dem Zugriff des Menschen. Alle Gesellschaften sind darauf angewiesen, das Wasser zu kontrollieren. Zu jeder Zeit haben das Gesellschaften auf unterschiedliche Art und Weise getan und werden es auch weiterhin tun. Doch jede Gesellschaft muss im Laufe ihrer Geschichte feststellen, dass sich das Gleichgewicht, welches irgendwann zwischen Wasser und Gesellschaft geschaffen wurde, zu einem anderen Zeitpunkt in ein Ungleichgewicht wandelt. Der Kampf um die Beherrschung des Wassers wird somit niemals enden.

Das Grundwasser in London steigt aufgrund gesellschaftlicher Veränderungen, aber die Stadt und die Themse sind gleichzeitig ein anschauliches Beispiel dafür, wie Veränderungen in der Natur auch die Wasserlandschaft beeinflussen. Jahrhundertelang bildete die Themse die Grundlage für Londons Stellung als Zentrum des Welthandels. Die Lastensegler konnten vom offenen Meer aus weit ins Land hineinfahren. Insofern erschuf der Fluss auch ein Stück Weltgeschichte. Doch sollte der Fluss bei verändertem Meeresgeschehen schiffbar bleiben und die Stadt nicht gefährden, waren Veränderungen notwendig. Ein wenig stromabwärts von London hat man quer über den Fluss eine fantastische hydraulische Konstruktion errichtet, die ich mir viele Male angesehen habe. Die Thames Barrier wurde in den 1970er Jahren zum Schutz gegen jene physischen Eigenschaften des Flusses erbaut, die in vormodernen Zeiten einen großen strategischen und handelsbezogenen Vorteil ausmachten. Eine versenkbare, beschützende Wand aus Stahl zwischen der Stadt und dem Meer entstand. Zwischen neun schneckenförmigen Kuppeln, jede an die dreißig Meter hoch, kann innerhalb weniger Minuten die gesamte Themse abgesperrt und so das weitere Eindringen des Meerwassers in den Fluss verhindert werden. Aufgrund des steigenden Meeresspiegels und weil sich England neigt – die südlichen Landstriche der Insel sinken infolge der letzten Eiszeit jedes Jahr ein bis zwei Millimeter tiefer ins Meer – steigt die Gefahr von Überschwemmungen. In den ersten zehn Jahren seit ihrer Inbetriebnahme musste die Thames Barrier elf Mal wegen Sturmflutgefahr geschlossen werden. Im Jahrzehnt darauf, zwischen 1993 und 2003, musste sie den Fluss 79 Mal absperren. Das große Unsicherheitsmoment ist die Frage, ob die Barriere ausreichen wird, wenn der Meeresspiegel stärker ansteigt als vorausberechnet. Manche meinen, dass die Thames Barrier bereits in 20 bis 25 Jahren nicht mehr in der Lage sein wird, die Stadt zu schützen. Trifft diese Annahme zu, würde sich die Thames Barrier von einem regionalen Symbol der menschlichen Fähigkeit zur Kontrolle des Wassers in ein universelles Mahnmal verwandeln, das von der Unzulänglichkeit des Menschen zeugt, diese fließende und stets variierende Ressource vollständig zu beherrschen.

Als ich aus England abfliege und den Atlantik und den Ärmelkanal unter mir sehe, wird mir einmal mehr bewusst, wie paradox der Name unseres Planeten ist. Im Englischen wird er *the earth* genannt, auf Afrikaans spricht man von *aarde*, im Arabischen heißt es *al-ard* (das Land oder die Erde), auf Hebräisch *ertz*, im Deutschen *Erde* und in den skandinavischen Sprachen *jord*. Das Wort *Earth* entwickelte sich aus dem altenglischen *eorðe*, was Grund, Boden, trockenes Land bedeutet. Die Erde erhielt also ihren Namen, indem sie als Widerpart des nassen Elementes definiert wurde – ein natürlicher Vorgang, denn als der Planet vor vielen hundert Jahren seinen Namen erhielt, war das menschliche Verständnis von der Erde noch äußerst begrenzt, hatte sie niemand aus der Luft betrachtet und war sie keineswegs komplett erkundet. Heute ist uns klar, dass die Einseitigkeit des Namens unseren Blick auf die große Besonderheit unseres Planeten – das ewige und veränderliche Verhältnis zwischen Erde und Wasser, Gesellschaft und Wasser, Mensch und Wasser – lange Zeit verstellt hat.

Das Buch besteht aus drei Kapiteln. Das erste handelt vom neuen Zeitalter der Unsicherheit – einer Unsicherheit sowohl in Bezug auf die weitere Entwicklung des Klimas, als auch auf die künftigen Wasserkreisläufe. Das zweite beschäftigt sich mit dem Kampf um die Herrschaft über das Wasser. Unsere Existenz in einem Zeitalter der Wasserunsicherheit wird dazu führen, dass sich die Auseinandersetzung um die Herrschaft über das Wasser zu einer zentralen Frage der Zukunft entwickeln wird. Da alle Menschen Wasser benötigen, resultiert daraus ein Machtkampf, dem sich niemand wird entziehen können. Das dritte Kapitel beschreibt, wie große Teile der Erde in den nächsten Jahren radikal von Wasserprojekten verändert werden, die umfassender und folgenreicher sind als jedes andere Projekt in der Geschichte der Menschheit. Hier geht es um Chancen und Risiken zugleich. Im aktualisierten Epilog gehe ich kurz auf die jüngsten Überschwemmungen in Mitteleuropa ein und greife die daraus resultierenden Anforderungen für die Zukunft auf.

Die neue
Wasserunsicherheit

Die Art und Weise, wie die Menschen heute überall auf der Welt vom »Wetter« reden, hat sich radikal verändert. Als ich Mitte der 1990er Jahre für eine Forschungsarbeit und eine Fernsehserie über die historische Rolle des Wassers umherreiste, redete so gut wie niemand über globale Erwärmung. Mittlerweile deuten die Menschen überall ungewöhnliche Wetterlagen als Ausdruck drohender Klimaveränderungen. Zwischen afrikanischen Lehmhütten in Lesotho, fast 3000 Meter über dem Meeresspiegel, begegne ich einer alten Frau, die über das schlechte Wetter der letzten Zeit redet und dieses mit »globaler Erwärmung« erklärt. An der Rezeption eines Strandhotels im mexikanischen Cancún beklagt sich ein Elvis-Imitator darüber, dass das Wetter heute aufgrund von zu viel Kohlendioxid in der Atmosphäre anders sei als früher. Und am Ufer des völlig zugrundegerichteten Bagmati-Flusses in Nepal steht ein alter Ingenieur, der sich entschieden hat, die letzten Jahre seines Lebens damit zu verbringen, den heiligsten Strom des Landes vor weiterer Verunreinigung und somit dem Sterben zu retten. Mit großen, traurigen Augen steht er da und verkündet: Der bescheidene Wasserstand des Flusses in diesem Jahr ist der globalen Erwärmung geschuldet. Überall, wohin ich komme, werden die unzähligen Meinungsumfragen bestätigt: Die neue Unsicherheit über künftige Niederschläge, Dürren, den Zustand der Gletscher und des Meeresspiegels hat sich in das kollektive Bewusstsein unserer globalisierten Welt eingebrannt.

Innerhalb weniger Jahre ist die klimawissenschaftliche Sprache in den Alltag der Menschen eingezogen und werden überall Spekulationen über die Zukunft der Erde angestellt. Kaum je zuvor in der Geschichte haben so viele Menschen ihre Ansichten über derart fundamentale Fragen wie das Klima in so kurzer Zeit geändert. Am meisten diskutiert wird die Frage, wie sich der Wasserfluss in Zukunft gestalten wird[4]. Mit Fug und Recht kann man sagen, dass die Menschheit in das Zeitalter der Wasserunsicherheit eingetreten ist.

Dieses Zeitalter wird von der Unsicherheit und dem Kampf um die Gestaltung der künftigen Wasserlandschaft geprägt sein. Stehen wir am Beginn eines Jahrhunderts der Dürren? Wird sich ein Drittel des Planeten in hundert Jahren in eine Wüste verwandelt haben? Oder leben wir in einem Jahrhundert der Überschwemmungen und der Eisschmelze? Wird der Spiegel der Weltmeere um mehrere Meter ansteigen? Und wenn ja, wann wird dies geschehen? Die Unberechenbarkeit des Wassers ist zu einem zentralen Thema der Menschheit geworden.

Zwischen meinen Reisen lese ich immer wieder die alten Flut- und Überschwemmungsmythen: das Gilgamesch-Epos über das Land zwischen Euphrat und Tigris, die Geschichte von Noahs Arche in der Bibel, den durch eine Flut verursachten Weltuntergang in buddhistischen Schilderungen und zahlreiche weitere Varianten in beinahe allen Religionen der Welt.[5] Auch mit künstlerischen Darstellungen habe ich mich beschäftigt, und hier nicht nur mit den bekannten Zeichnungen und Gemälden Leonardo da Vincis oder Michelangelos über die Sintflut. Mein Favorit ist Gustave Dorés 1865 entstandene Grafik »Die Sintflut – das Steigen der Gewässer«, ein widersprüchliches, von existenzieller Düsternis geprägtes Bild, das jedoch gleichzeitig verdeutlicht, wie die Katastrophe das Beste im Menschen hervorbringt. Die ungefähr siebzig abgebildeten Personen versuchen verzweifelt, sich vor der ansteigenden Flut zu retten. Ein Mann bemüht sich, seine Frau und sein Kind über Wasser zu halten. Direkt über ihm versucht ein Elternpaar, seine Kinder auf sicheren Grund zu bringen. Im Zentrum des Bildes sieht man die Arme einer Mutter oder eines Vaters bei dem Versuch, im Ertrinken das Kind noch für einen Moment am Leben zu halten. Die Schuldigen opfern sich, um die Unschuldigen zu retten. Diese Endzeitschilderungen sind erschütternd, erscheinen jedoch überholt, weil ihnen fehlt, worauf sich heutige Prophezeiungen stützen: die moderne Wissenschaft.

Im Dogonland in Mali, am Rande der Sahara, haben sich die Menschen über Generationen hinweg einem Leben mit wenig Wasser und stark variierenden Niederschlägen angepasst. Das Stabile am Kreislauf des Wassers ist hier das Instabile, das Normale ist die Gewissheit des Unnormalen: dass die Katastrophe kommen und die Gesellschaft treffen wird. Ein jährlich wiederkehrendes Phänomen ist das Entstehen und Verschwinden von Seen – was ein natürliches Barometer für das Klima darstellt.

Einmal pro Jahr ist der Antogo-See Schauplatz eines ganz besonderen Ereignisses: Von weither reisen die Menschen an, um an einem traditionellen Fischfang teilzunehmen. Die Ortsansässigen glauben, dass die Fische aus dem Nachbargebirge kommen. Wenn der jährliche Regen fällt, steigt das Wasser und bildet den See. Die Fische werden aus den verborgenen unterirdischen Reservoirs in den Bergen herausgepült und landen im Antogo-See. Am großen Tag versammeln sich Tausende um das kleine Gewässer. Schweigend sitzen sie auf den niedrigen Hügeln, die den See umgeben. Alle warten auf das Signal, das gegeben wird, wenn der Wasserstand optimal ist und die Fische mit den Händen gefangen werden können. Zu Tausenden stürzen die Menschen ins Wasser und stehen dicht an dicht. Im Laufe weniger Minuten ist kein einziger Fisch mehr im See. Die Menschen klettern ans Ufer zurück, und mitunter ist nach einer Stunde auch der See wieder verschwunden.

Aus klimahistorischer Perspektive kann dieser kurze Fischfang die Machtlosigkeit des Menschen gegenüber dem Kreislauf des Wassers symbolisieren. Mögen auch die klimatischen Bedingungen der letzten zehntausend Jahre einen einzigartigen paradiesischen Zustand darstellen, dessen Fortbestehen überaus zweifelhaft ist, befindet sich die Menschheit insgesamt doch in derselben Situation wie die Fischer am Antogo-See, wenn der ideale Wasserstand erreicht ist. Dieser festliche Fischfang ist ein Fruchtbarkeitsritual, das ein weiteres Paradox der Geschichte zusammenfasst: die Abhängigkeit der Gesellschaft von der Macht des Wassers und der Natur. Auch wenn der See zeitweilig verschwindet, ist die Existenz der dortigen Gesellschaft nicht gefährdet. Die Menschen können schlicht etwas anderes tun oder mit ihren wenigen Habseligkeiten an einen anderen Ort ziehen. Die moderne Gesellschaft mit ihren Millionenstädten hat diese Möglichkeit hingegen nicht.

Zu den Flüssen des Himmels
und an den Mittelpunkt der Erde

»Ganz sicher«, sagt er, ohne zu zögern und mit festem, etwas düsterem Blick. Es sei unzweifelhaft, dass viele der Gletscher in Tibet schmelzen werden. Ich sitze mit Yao Tandong zusammen, einem der führenden Glaziologen Chinas. Wir befinden uns in seinem Büro in Peking, etwas außerhalb des Stadtzentrums. Seine Freundlichkeit und seine angenehme Ausstrahlung verstärken nur die Dramatik seiner Forschungsergebnisse. Er weiß sicherlich – so denke ich, während ich einige seiner Berichte ansehe –, dass seine Analysen die Zukunft von drei Milliarden Menschen beeinflussen.

Ein halbes Jahr später reise ich nach Tibet – und zwar so, wie man dorthin fahren sollte, wenn man an der strategischen Bedeutung des Landes für die Zukunft der Welt interessiert ist: nicht mit dem Flugzeug, das die topografischen Proportionen verrückt und mit dem man sich am Ende zu einem Hochgebirgsplateau hinunterbegibt, sondern mit dem modernen Zug, der Meter für Meter hinaufsteigt, von Peking bis auf 5000 Meter Höhe. 2006 ist die Bahnstrecke fertiggestellt worden.

Am ersten Tag fahren wir durch die Landschaft des Gelben Flusses, Wiege und zugleich großer Sorgenquell der chinesischen Zivilisation. Der Fluss ähnelt keinem anderen, denn er ist durch und durch braun und enthält an einigen Stellen sieben Teile Schlamm und nur drei Teile Wasser. Ich blicke auf den Strom, der über tausende von Jahren an der Erschaffung der chinesischen Zivilisation beteiligt war, der aber auch gewaltig und grausam ist und mehr Menschen in den Tod gerissen hat als alles andere in der Weltgeschichte. Allein 1887 nahm der Fluss zwischen 900 000 und zwei Millionen Menschen das Leben, im Jahr 1931 zwischen einer und 3,7 Millionen. Doch Chinas Geschichte hat sich stets um diesen Fluss gerankt, der die Grundlage für die Geburt des chinesischen Kaiserreiches Xian bildete und an dem man vor einigen Jahren ein

Grab mit Tausenden von Terrakottakriegern fand, die alle mit individuellen Zügen geformt sind. Der Fluss windet sich um unzählige Hügelspitzen, die von fein säuberlich aufgebauten Terrassen gesäumt sind – Zeugnisse des tausendjährigen Kampfes der Chinesen gegen die Natur des Wassers. Sie sollen die fruchtbare Erde festhalten, damit nicht noch mehr davon in den Fluss gewaschen wird, was die Überschwemmungsgefahr auf den Ebenen am Chinesischen Meer erhöhen würde.

Am zweiten Tag erreicht der Zug das Hochgebirgsplateau. Hier wird deutlich: Ich bin am Wasserturm Asiens angelangt. Stundenlang sitze ich im Zugrestaurant, verzaubert von einer Landschaft, die keiner anderen ähnelt – sanfte, baumlose Hügelkämme, an denen das Wasser herunterfließt, so dass es beinahe den ganzen Horizont einnimmt; als kämen uns Flüsse direkt aus dem Himmel entgegengeströmt. In der Ferne erkenne ich Teile des mächtigen Kunlun-Gebirges, das die physische Trennlinie zwischen dem Gelben Fluss und dem Jangtse, zwischen dem südlichen und dem nördlichen China darstellt. In der chinesischen Mythologie ist dieser Ort das taoistische Paradies, denn hier soll König Mu der Sage nach den Jadepalast des Huangdi entdeckt haben, des mythischen Gelben Kaisers und Erschaffers der chinesischen Kultur. Wir passieren den Bahnhof Tanggula mit seinem Stationsgebäude, das sich in Konkurrenz zu den fernen Bergen in die Höhe streckt. Es ist die höchstliegende Eisenbahnstation der Welt, 5072 Meter über dem Meer.

»Sie sitzen hier den ganzen Tag?«, fragt mich der Chef des Zugrestaurants etwas ungeduldig. Er will schließlich Umsatz machen. »Ja, den ganzen Tag«, erwidere ich und bestelle noch ein Nudelgericht, um meinen Platz am großen Panoramafenster behalten zu können. Auf der Karte, die ich zwischen Reisbällchen und Essstäbchen auf dem Restauranttisch ausgebreitet habe, versuche ich, die Flüsse zu identifizieren, und folge ihren Wegen, die sich als blaue Streifen auf der Landkarte über den asiatischen Kontinent ziehen. Die Namen sind verwirrend, denn wie die meisten langen Flüsse hat der Jangtse verschiedene Bezeichnungen: Hier heißt er Tuotuo und Tongtian, was so viel bedeutet wie »Fluss, der den Himmel trifft«, während er im Tibetischen Drichu genannt wird, was mit »Fluss des weiblichen Yaks« übersetzt werden kann.

»Wie kulturell verbohrt und theoretisch begrenzt sind doch die intellektuellen Vorstellungen, wonach die gesellschaftliche Entwicklung unabhängig von der Macht der Geografie verlaufen könnte.« Ich hätte nicht übel Lust, dies durch das ganze Wagenabteil zu rufen, aber hier sitzen nur ein paar Chinesen, die in ihren Zigarettenrauch eingehüllt sind und kein Englisch verstehen.

Die tibetische Hochebene ist die Quelle der zivilisationsstiftenden großen Flusssysteme: Jangtse und Gelber Fluss. Aber auch Indus, Ganges, Brahmaputra, Saluen und Mekong entspringen hier – Flüsse also, die im Laufe von tausenden Jahren die Geschichte Asiens bestimmt haben und deren wirtschaftliche, kulturelle und politische Bedeutung in China, Indien, Pakistan, Vietnam, Kambodscha, Laos, Thailand, Nepal, Bangladesch, Burma und Bhutan noch zunehmen wird – ganz unabhängig von den Entwicklungen des Klimas.

Diese Region ist der Schlüssel für die Zukunft großer Teile Asiens. Tibet wird unweigerlich zu einem der wichtigsten strategischen Gebiete werden. Diese Landschaft mit ihrer klaren Luft, ihren blauen Bergen und eisbedeckten Gipfeln, mit ihren kalten, hellgrün leuchtenden Seen und ihrem Wasser, das in unendlich vielen kleinen und großen Nebenflüssen dem Meer entgegenstrebt, erhält eine verhängnisvolle Bedeutung. Vor 40 bis 50 Millionen Jahren kollidierte der indische Subkontinent mit dem Rest der asiatischen Landmasse. Die Gipfelspitzen erhoben sich in den Himmel und schufen eine Landschaft, die im vergangenen Jahrhundert nicht nur durch exotische Reiseberichte, sondern auch durch die Abenteuer Donald Ducks und seiner drei Neffen in der Begegnung mit dem »abscheulichen Schneemenschen« populär wurde. Sie ist zum weltbekannten Symbol für »Schnee und ewiges Eis« geworden. Dieses Eis ist die Wasserbank Asiens – 15 000 Gletscher, deren Gesamtfläche im Himalaja ungefähr 30 000 Quadratkilometer ausmacht. Die Frage, die sich inzwischen die gesamte Menschheit stellt, lautet: Schmelzen die Gletscher, und wenn ja, wie schnell?

Während die Sonne über den Himmel zieht, blättere ich in meinen Aufzeichnungen des Gesprächs, das ich im Jahr zuvor mit Yao geführt habe, und in den von ihm verfassten Artikeln und Interviews.[6] In jedem Jahr vermindern sich demnach die Gletscher um so viel Wasser, wie der Gelbe Fluss führt. Viele Gletscher werden bereits im Jahr 2035 verschwunden sein, der Rest bis zum Jahr 2100. Die Temperatur ist seit 1950 um ein Grad gestiegen.

Es heißt, dass nur Historiker mächtiger als Gott seien, weil sie die Vergangenheit verändern können. Doch die Prognosen Yaos und seiner Forscherkollegen können auch die Zukunft entscheidend beeinflussen, denn sie wirken darauf ein, was die globale Gesellschaft mit ihren Milliarden von Menschen tun wird, um diese vorausgesagte Zukunft zu bewältigen. Was die Forscher herausfinden und wie sie ihre Daten interpretieren und welche Szenarien sie entwerfen, kann dramatische und unabsehbare Konsequenzen nach sich ziehen – unabhängig davon, ob sie recht haben oder nicht. Wenn Yao behauptet, dass 64 Prozent der chinesischen Gletscher schon 2050 Geschichte sind, sofern die derzeitigen Trends anhalten, dann warnt er vor einer Umweltkatastrophe von unbegreiflichen Ausmaßen, die nicht mehr verhindert werden kann, wenn die durch vermehrten Kohlendioxidausstoß hervorgerufene globale Erwärmung so anhält. Die Gletscher im Himalaja könnten schon verschwunden sein, bevor die derzeitige Temperaturerhöhung verringert oder gestoppt ist.

Wenn Yao und seine Kollegen sowie all die anderen recht behalten, die noch eindringlicher behaupten, dass die Gletscher im Himalaja schmelzen werden, dann wird die Zukunft Asiens chaotisch. Denn schwinden die Gletscher, so werden die großen Flüsse ihren Charakter vollständig verändern. Zunächst wird es eine Periode mit Überschwemmungen geben. Bangladesch wird noch häufiger als schon jetzt unter Wasser stehen. Pakistan wird mit einer massiven Katastrophe konfrontiert werden, da das meiste Wasser des Indus aus den Gletschern kommt. Aus dem Himalaja, beziehungsweise aus Tibet, kommt auch der Mekong, der Teile Chinas und Vietnams sowie Kambodscha, Laos und Gebiete Thailands mit Wasser versorgt. Was wird flussabwärts geschehen, beispielsweise mit dem Tonle Sap, dem schönen See nahe des Tempels von Angkor Wat in Kambodscha, über den ich vor einigen Jahren im Morgengrauen segelte und über dessen fischreichem Wasser die Fischer in Pfahlbauten wohnen? Große Teile Indiens werden zunächst mit Hochwasser und danach mit Dürren zu kämpfen haben, weil 37 der großen Flüsse des Landes aus dem Himalaja kommen und 45 Prozent des Wassers im Ganges aus den dortigen Gletschern stammen.[7] Man hat errechnet, dass der Ganges von Juli bis September zwei Drittel weniger Wasser führen wird, wenn die Gletscher verschwinden. Dies würde für eine halbe Milliarde Menschen zu extremer Wasserknappheit führen und über ein Drittel der Gebiete Indiens, die künstlich bewässert werden, in Mitleidenschaft ziehen. Auch in China wird es heftige Konsequenzen geben: Wenn Jangtse, Brahmaputra und Mekong weniger Wasser führen, werden das ökonomische Wachstum und die politische Stabilität des Landes gefährdet. Erhalten sie jedoch wesentlich mehr Wasser, so ist fraglich, ob die riesigen Staudämme, die die Chinesen im Jangtse und im Gelben Fluss errichtet haben und weiterhin erbauen, die dann auftretenden Hochwasser bewältigen können; Prognosen gehen davon aus, dass sich der normale Wasserabfluss in der Schmelzperiode radikal erhöhen wird. Sind die Gletscher geschmolzen, werden die Flüsse nur noch ein Schatten ihrer selbst sein. Chinas Wassertransferprojekte werden möglicherweise als tragische Überreste eines naiven Klimaoptimismus gelten. Für die 23 Prozent der Bevölkerung, die im westlichen China in Oasen leben, ist dies höchst alarmierend. Viele der zentralasiatischen Staaten auf der Nordseite des Himalaja, die einst zur Sowjetunion gehörten und die jetzt bereits den Wassermangel als wichtigstes Entwicklungsproblem ihrer jungen Staaten erleben, stehen ebenfalls vor völlig neuen Herausforderungen, weil viele der dortigen großen Flüsse im Himalaja entspringen.

Die Rolle, die die Forscher als Interpreten künftiger Wasserverhältnisse zugewiesen bekommen, wird dazu führen, dass sie ständig mehr Macht gewinnen, aber auch mehr Verantwortung übernehmen müssen. Im Gegensatz zu Wahrsagerinnen oder den vierzeiligen Prophezeiungen des französischen Arztes und Astrologen Nostradamus aus dem 16. Jahrhundert sind die Analysen der Wissenschaftler mit der Legitimität der modernen Wissenschaft ausgestattet. Unabhängig davon, welche Daten sie erheben und wie sie diese deuten, werden sie aufgrund dieser neuen Unsicherheit eine ungekannte Macht über die Zukunft erlangen, da niemand mit Sicherheit sagen kann, was geschehen wird, und niemand lange genug lebt, um zu erfahren, ob sich ein bestimmtes Szenario als richtig oder falsch erweist.

Darüber hinaus nähren auch neue Forschungsergebnisse über die Vergangenheit des Klimas die Unsicherheit über die künftigen Wasserverhältnisse. Vor einiger Zeit wurde bekannt, dass sich vor gut eintausend Jahren im Himalaja quer über dem Brahmaputra massive Eisdämme bildeten. Zwischen den Jahren 600 und 900 durchbrach das Wasser diese Eiswände, was zu einer der größten Flutkatastrophen nach der letzten Eiszeit führte – in Indien. Vorhersagen über die Zukunft werden in immer größerem Maße in den Interpretationen der Vorgeschichte verankert sein.

Am späten Abend kommen wir in Lhasa an. Nach einem kurzen Ausflug in die Altstadt – ein Muss für alle Lhasa-Touristen – sitze ich an einer Straßenecke und beobachte die gläubigen Buddhisten beim Drehen ihrer Gebetsmühlen, während sie ihre traditionellen Runden durch die Stadt absolvieren, die sich im Laufe eines Jahrzehnts in ein verkehrsreiches, lärmendes Chaos verwandelt hat. Am nächsten Morgen folge ich dem Brahmaputra mit dem Wagen flussaufwärts bis zum Gebirgspass Kamba La, fast 5000 Meter über dem Meer. Einer der größten Gletscher in diesem Teil Tibets erstreckt sich hier, überzogen von Schmutz, bis fast zur Straße herunter. Dort, wo er endet, sind ein paar verblasste Gebetsfahnen aufgestellt. Ich klettere auf den Gletscher, um das Eis anzufassen, denn sollten die Voraussagen über die Zukunft dieses und anderer Gletscher im Himalaja und in Tibet zutreffen, dann berühre ich hier eine Art Versicherungspolice für eine Zivilisation, die schon bald Geschichte sein wird.

Was dieser Reise durch die tibetische Landschaft allerdings die größte Bedeutung verleiht und alle anderen Eindrücke überragt, ist der Augenblick, in dem ich hier ganz allein herumlaufe, umgeben von sechstausend Meter hohen Bergen in einer brennend heißen Hochgebirgswüste an den Ufern des Brahmaputra, der Lebensader Asiens. Wie viele andere bin ich fasziniert von den religiösen und philosophischen Traditionen Tibets, habe im »Tibetischen Totenbuch« aus dem 8. Jahrhundert gelesen, das wörtlich übersetzt »Emanzipation durch das Wissen vom Leben nach dem Tod« heißt und habe mich mit der Symbolik der Tsa-Tsa-Statuen beschäftigt, die aus heiligem Lehm geformt sind und in den Straßen Lhasas mitunter noch angeboten werden. Wie jedem Historiker, der sich mit der Region beschäftigt, ist mir klar, dass die Tibeter bereits um das Jahr 600 ein phonetisches Alphabet entwickelt und im 10. Jahrhundert einen feudalistisch-theokratischen Staat aufgebaut hatten, mit Priestern – oder Lamas – als Herrschern über ein Heer von Sklaven, die für sie das Land kultivierten. Die verfallenen buddhistischen Klöster, die sich an Tibets Berge klammern, die zitternden Mönche mit ihren dünnen, typisch dunkelroten Roben, die sie eng um den Körper schlingen, der nach innen gewandte Blick der Gläubigen, die sich inmitten des Verkehrs und der chinesischen Touristen unzählige Male in den Staub werfen, wieder aufstehen und erneut zu Boden fallen, um sich auf dem Bauch kriechend und mit nach unten gewandtem Gesicht weiterzubewegen, die Himmelbegräbnisse, bei denen die Toten, deren Seele den Körper bereits verlassen hat, in Stücke gehackt auf die Felsspitzen gelegt werden, damit die Geier das Fleisch von den Knochen nagen können – all das interessiert mich momentan nur am Rande. Denn ich bin etwas viel Wichtigerem auf der Spur.

Meine »tibetische Reise« wird genau hier, an der Grenze zwischen Asiens lebensspendenden Quellen und der Hochgebirgswüste, zu einem konkreten Erlebnis. Jede bedeutsame Reise in unserer Zeit – 750 Jahre nach Marco Polo und 50 Jahre nach »Das dritte Auge« (ein Buch, das offiziell von Tuesday Lobsang Rampa verfasst war, als authentische Erzählung über den tibetischen Mystizismus vermarktet und millionenfach verkauft wurde, bevor man herausfand, dass es von Cyril Henry Hoskin, einem Klempnersohn aus Devon, geschrieben worden war, der Tibet niemals betreten hatte) – muss mit dem Versuch verbunden sein, sich von dem mit exotischer Mystik behafteten Blick der traditionellen Reiseliteratur zu befreien. Bevor ich also nach Tibet fuhr, las ich keinen einzigen Reisebericht. Einzige Ausnahme waren Sven Hedins Bücher über seine drei Reisen nach Tibet und Zentralasien zwischen 1893 und 1909, auf denen er mehrere hunderttausend Quadratmeter Land vermaß, indem er die Schritte des Kamels zählte, auf dem er ritt.[8] Ich konzentrierte mich vielmehr auf Bücher und Berichte über Hydrologie, Topografie und Glaziologie.

Während ich auf den schönen, an die Sahara erinnernden Sanddünen umherwandere, den wegen der dünnen Luft ganz nahe wirkenden Brahmaputra entdecke – oder Yarlung Tsangpo, wie er auf Chinesisch heißt – und dunkelblaue, mit Eis überzogene Felswände erblicke, komme ich der Wahrheit über das Schicksal Tibets so nahe wie nur eben möglich. Die Region verfügt über tausende Quadratkilometer Sandwüste sowie riesige Gebiete, die von Versteppung bedroht sind, und ist doch zugleich der Wasserturm für die Hälfte der Menschheit auf diesem Planeten.[9] Der Himalaja und die Gebirge, die Sir Edmund Hillary und andere im 20. Jahrhundert unter Lebensgefahr bestiegen haben, fungieren heute als Barriere gegen den hiesigen Niederschlag: Sie beschützen Tibet vor dem Monsun, verwandeln aber gleichzeitig große Teile der Region in eine Wüste. In Zentraltibet regnet es nur 25 bis 50 Millimeter pro Jahr (die globale Definition des Wüstenklimas liegt bei Werten unter 200 Millimetern pro Jahr).

Der Manasarovar-See, der mit fast 4600 Metern über dem Meer am höchsten gelegene See der Welt, den man von Lhasa aus nach ein paar Tagesreisen mit dem Auto über das Hochgebirgsplateau erreicht, ist im klassischen Buddhismus die Mutter aller Flüsse und sowohl für Buddhisten als auch für Hindus heilig. Im mythologischen Universum der Pilger kann er von den Sünden befreien und Glück verheißen, wenn man ihn umrundet und an vier heiligen Plätzen in ihm badet. Ganz in der Nähe liegt das Kailash-Gebirge, das die Tibeter als Gang Rinpoche kennen und das für die Hindus den Ort repräsentiert, an dem der Gott Shiva wohnt. Während das Gebirge im Hinduismus und im klassischen tibetischen Buddhismus einen wesentlichen mythologischen Ort darstellt, ist es im Zusammenhang mit Wasserpolitik eines der wichtigsten geopolitischen Zentren der Zukunft. In dieser Region entspringen vier Flüsse und fließen auf die trockenen Ebenen zu, in denen eine Milliarde Menschen leben: der Karnali in Richtung Süden auf den Ganges zu, der Indus nach Norden, der Satluj, der in westliche Richtung fließt und in den Indus mündet sowie der Brahmaputra gen Osten. Der Manasarovar-See und das Kailash-Gebirge, in der Reiseliteratur häufig von Mystizismus gefärbt, symbolisieren für mich Tibets immer wichtiger werdende Rolle als regionaler Wasserturm und globales Klimathermometer. Ein ganzer Kontinent wird ängstliche Blicke auf dieses Gebirge werfen, dem die Tibeter vor Hunderten von Jahren den Namen »das kostbare Juwel im Schnee« gaben.

Zurück in Lhasa, sitze ich im Park gleich unterhalb des Potala-Palastes, der von König Songtsen Gampo im 7. Jahrhundert angelegt, durch Krieg und Blitzschlag zerstört und dann vom fünften Dalai Lama im Jahre 1645 wieder aufgebaut wurde und seitdem das politische Zentrum Tibets ist. Ich bin umgeben von einer Atmosphäre aus Religiosität und Frommheit, die von den Tibetern durch tiefe, konzentrierte Gebete vor dem Palast hervorgerufen wird, und hänge dem deplatzierten ketzerischen Gedanken nach, dass die Zukunft dieser Region von so etwas Prosaischem wie der Entwicklung des Eises auf dem Dach der Welt bestimmt werden wird.

Auf Pumpentour in den Niederlanden

Jedes Mal, wenn ich über die Niederlande fliege, beuge ich mich zum Fenster und versuche eines jener Gebilde zu entdecken, die dieses Land so einzigartig machen: den 63 Kilometer langen Entwässerungskanal, der vor über einhundert Jahren von Hand gegraben wurde und heute den Flughafen einkreist. Um das Jahr 1850 ließen sich die Niederländer die zu jener Zeit weltgrößte Dampfmaschine aus England kommen, um viele hundert Millionen Kubikmeter Wasser aus dem sogenannten Haarlemermeer abzupumpen. Dort entstand dann jenes Land, auf dem sich heute der Flughafen befindet. Die Kanäle wurden nicht etwa gegraben, um – wie an vielen anderen Orten der Welt – trockene Landstriche mit Wasser zu versorgen, sondern um Wasser loszuwerden und es ins offene Meer abzuleiten. Die Pumpen und Entwässerungskanäle waren die Grundvoraussetzung für Schiphol, und wenn ich auf dem verkehrsreichen Flughafen an den Hugo-Boss- und Jack&Jones-Geschäften vorbeihaste, denke ich immer daran, dass ich mich auf mühsam gewonnenem Land bewege – sechs Meter unter dem Meeresspiegel.

Ich reise in die Niederlande, um zu erfahren, was das Land und seine politische Führung zu tun gedenkt, falls die Gletscher in den Alpen abschmelzen. Der Kampf gegen das Meer ist altbekannt, doch was wird in Europas Flussdeltas geschehen, wenn der Wasserstand der Flüsse durch das Schmelzwasser steigt? Wissenschaftler haben herausgefunden, dass sich die Eisfläche, die in der Schweiz von den dort befindlichen 940 Gletschern gebildet wird, zwischen den Jahren 1973 und 1999 um 18 Prozent verringert hat. Die Geschwindigkeit, mit der sich diese Gletscher vermindern, ist sechs Mal höher als der durchschnittliche jährliche Rückgang zwischen 1850 und 1973. Alle Gletscher unterhalb einer Höhe von 2000 Metern werden aller Wahrscheinlichkeit nach bis zum Jahr 2070 verschwunden sein. Einige Forscher, zum Beispiel Roland

Psenner, behaupten sogar, dass schon im Jahr 2037 keine Gletscher mehr vorhanden sein werden, wenn sie im gegenwärtigen Tempo abschmelzen, mit Ausnahme einiger weniger, die in einer Höhe von über 4000 Metern liegen.[10] Möglicherweise sind diese katastrophal anmutenden Voraussagen über die Alpen ja völlig falsch. Doch die Angst vor einem Abschmelzen des Eises und vor vermehrten Niederschlägen hat in Zentraleuropa schon jetzt große politische Bedeutung erlangt. Die niederländische Regierung rechnet damit, dass das Wasser in den Flüssen im Laufe weniger Jahrzehnte um mehrere Dezimeter ansteigen wird, ein Szenario, das außergewöhnliche Maßnahmen erfordert, da 60 Prozent des Landes durchschnittlich 3,5 Meter unter dem Meeresspiegel liegen.

In den Niederlanden entdeckt man fast überall irgendetwas von Menschen Erschaffenes, das diese künstliche, verletzliche Balance zwischen Wasser und Land erkennbar macht. Amsterdams Reiz besteht nicht nur aus seiner intimen Atmosphäre mit den Giebelhäusern, Cafés und freundlichen Menschen, sondern auch aus dem verzweigten Netzwerk von Kanälen, das zwischen und unter den engen Straßen verläuft. Ungefähr 1300 Brücken und Viadukte halten die circa neunzig »Inseln« der Stadt zusammen. An Deck eines der vielen Kanalschiffe, welche die Touristen in gemächlichem Tempo durch die Stadt und vorbei an den großen Handelshäusern fahren, die Amsterdams Blütezeit im 17. Jahrhundert repräsentieren, wird der Zusammenhang zwischen der geografischen Beschaffenheit der Stadt und ihrer ökonomischen Geschichte deutlich. Amsterdam wurde vor 800 Jahren gegründet, indem die Bevölkerung einfach einen Damm quer in den Fluss Amstel baute, um das Wasser aus dem Ijsselmeer abzuhalten – daher der Name Amsterdam. Noch viele andere Städte wurden später auf dieselbe Weise gegründet und tragen heute Namen wie Rotterdam, Monnikendam, Edam oder Zaandam.

Diese sensible Balance zwischen Land und Wasser, die zwar immer wieder von Konflikten geprägt ist, jedoch von Wasserbauingenieuren aufrechterhalten wird, formt in höchstem Maße die

Zukunft der Stadt und des Landes. Viele halten die Haschcafés und Kneipen in Amsterdam für etwas typisch Niederländisches, doch wenn man finden will, was die Niederlande von anderen europäischen Ländern unterscheidet, muss man in diesem äußerst dicht bevölkerten Land Europas an andere Orte fahren. Vor 500 Jahren sagte der Philosoph René Descartes, dass Gott die Welt erschaffen habe, der Mensch aber die Niederlande. Eine präzise Beobachtung, denn das Land ist, weitaus mehr als jedes andere, ein seit vielen Jahrhunderten andauerndes Ingenieurprojekt, ermöglicht durch Organisation, Kooperation und starken Willen.[11] Das Bemühen der Niederländer, ihr Land aus dem Griff des Wassers zu befreien, ist historisch einzigartig. Für mich gibt es drei Orte, die die Besonderheit der Niederlande markieren und die lange, von der Vergangenheit in die Zukunft des Landes weisende Verbindungslinie verdeutlichen.

Da ist zunächst die Region Kinderdijk direkt neben Alblasserwaard oder »dem Land am Uferrand«. Auf dem Weg dorthin ist es unmöglich, nicht an die Besonderheit der Niederlande erinnert zu werden: Es gibt 27 Straßenschilder, die anzeigen, dass man sich unterhalb des Meeresspiegels befindet. Die Region ist schon immer vom Wasser bedroht gewesen, die berühmteste Flutkatastrophe ereignete sich hier am 18./19. Dezember 1421. 60 Dörfer standen an diesen Tagen unter Wasser. Damals soll eine Katze ein Kind in einer Wiege gerettet haben, während das Wasser sie umtoste. Der Deich, auf dem sie schließlich strandeten, erhielt den Namen »Kinderdeich«. Noch immer gibt es ungefähr tausend Mühlen in den Niederlanden, aber an keinem anderen Ort sind so viele auf so engem Raum versammelt wie hier. 19 braun angestrichene, majestätische Windmühlen in Reih und Glied am Horizont, arrangiert wie ein durchkomponiertes Motiv auf einem von Rembrandt gemalten Bild. Wie bei ihrer Errichtung in den 1740er Jahren spiegeln sie sich auch heute noch in den Kanälen.

Die Windmühlen, noch immer das beliebteste Postkartenmotiv aus den Niederlanden, hatten in erster Linie die Aufgabe, das Wasser aus der Erde herauszupumpen – und nicht, wie in vielen anderen Ländern, Korn zu mahlen. Die großen Segel der Mühlen, die sich auf den weiten Ebenen an der Nordsee deutlich von Himmel und Wolken abheben, sind Sinnbilder für die Geschichte der Niederlande. Das Geräusch der flatternden Segel und des fließenden Wassers, das von den Mühlrädern emporgehoben und in Kanäle befördert wird, um dann in Richtung Meer abtransportiert zu werden, ist seit Jahrhunderten die akustische Kulisse, die Leben und Arbeit der Menschen in den niederländischen Poldern begleitet.

Was für mich jedoch die Situation der Niederlande und deren Besonderheit am sinnfälligsten widerspiegelt, ist nicht Kinderdijk mit seinen Windmühlen, sondern Alkmaar, eine Stadt, die nordwestlich von Amsterdam liegt. Sie ähnelt anderen Orten in den Niederlanden, doch ihre spannende Geschichte weist zugleich überdeutlich in die Zukunft. Unweit von hier wurde im Jahr 1533 der erste Polder dem Wasser abgerungen. Und im Jahr 1573, zu Beginn des Achtzigjährigen Krieges gegen Spanien, spielte Wasser eine entscheidende Rolle bei der Durchbrechung der Belagerung von Leiden. Niederländische Freiheitskämpfer zerstörten einige Deiche an der Maasmündung, wodurch das Polderland geflutet wurde und die spanischen Truppen die Belagerung der Stadt aufgeben mussten. Das besonders Interessante daran ist, dass die Niederländer hier zum ersten Mal eben jenes Land opferten, das sie kurz zuvor unter großen Mühen dem Griff des Wassers entzogen und trockengepumpt hatten. Sie mussten also einen Teil des erkämpften Landes aufgeben, um den Fortbestand der Nation zu sichern. Heute stehen die Niederländer vor einer vergleichbaren Situation, wobei allerdings nicht Spanien, sondern das Wasser selbst der Feind ist.

Die Niederlande haben ein außergewöhnliches, strukturelles Problem, weil das Gleichgewicht, das zwischen Land und Wasser geschaffen wurde, inzwischen massiv bedroht ist. Daher wurden neue Maßnahmen zur Kontrolle der Flüsse eingeleitet. Wieder einmal muss hart erkämpftes Land aufgegeben werden, und das sogar in weit größerem Umfang als 1573 in Alkmaar. Es wurden Hochwasserüberflutungsflächen gebraucht, weshalb man sich für die Renaturierung vieler Polder entschieden hat.

»Die Niederländer begreifen nicht mehr, dass sie vollständig abhängen von der Kontrolle über das Wasser. Die Poldermentalität und der Geist der Zusammenarbeit, die das Land geschaffen haben, existieren nicht mehr. Wir haben das Gefühl, mit Leuten zu reden, die vergessen haben, wo sie eigentlich leben.« Der Wasserbauingenieur, der mich zu einer der Pumpstationen außerhalb von Delft mitgenommen hat, breitet die Arme aus und zeigt auf die Kanäle, an denen wir entlang fahren.[12] »Sie begreifen nicht, dass wir es sind, die permanent kontrollieren, wie viel Wasser Tag und Nacht durch die Kanäle fließt, und die im Prinzip darüber bestimmen, ob sie ihren Wagen in die Garage fahren oder trockenen Fußes mit ihrer Freundin am Abend irgendein Restaurant aufsuchen können.«

Mit meinem niederländischen Ingenieurfreund, der auch Historiker ist, befinde ich mich auf Pumpentour. Es verschafft mir das besondere Vergnügen, in den avantgardistischen Niederlanden herumzufahren und dabei etwas so Traditionelles und Unspektakuläres wie Wasserpumpen und Pumpstationen zu besichtigen. Die Wasserexperten, denen wir begegnen, bringen genau dieselbe Verärgerung wie mein Freund zum Ausdruck, wenn sie erzählen, dass die heutigen Niederländer die Wassersicherheit für garantiert hielten – als wäre diese von der Natur erschaffen worden oder als hätte man die Natur überwunden. Doch tatsächlich werden die Niederlande von eben jenen Wasserbauingenieuren behütet, welche tausende von Pumpen beaufsichtigen, die tagtäglich, Jahr für Jahr ihre Arbeit verrichten – und das in großen Teilen des Landes. Diese Pumpen sind das Nervenzentrum des Landes, denn sie entscheiden, wo die Menschen leben, wo sie entlangfahren und was sie tun können. Die am tiefsten liegenden Polder befinden sich sieben Meter unter dem Meeresspiegel. Springfluten können das Meerwasser bis zu fünf Meter über den normalen Wasserstand hinaus anheben und alle gefährden. Das Regenwasser muss zudem permanent abgepumpt werden. Nachdem ich eine Pumpstation nach der anderen besucht und noch immer ihre typischen Geräusche im Ohr habe, lässt sich eine einfache Schlussfolgerung ziehen: Dieses Land, das ich hier bereise, ist vor allem ein Land der Pumpen, und diese wiederum werden in stetigem Rhythmus und bis in alle Ewigkeit ihre Aufgabe zu erfüllen haben. Das Neue dabei ist nur, dass sie aufgrund der Veränderungen des Wasserkreislaufs ständig mehr und mehr Wasser abpumpen müssen. Nach Aussagen der Behörden wird das allerdings auf Dauer nicht ausreichen.

Es steht zu befürchten, dass das in den Alpen befindliche Wasser viel schneller und umfänglicher als bisher in die großen Flüsse gelangen wird. Parallel dazu wird sich die Niederschlagsmenge erhöhen. Während die Flüsse bereits jetzt nahezu bis zum Rand mit Wasser gefüllt sind, das aus den Poldern und der Erde in sie hineingepumpt wird, werden sie künftig auch noch mehr natürliches Wasser mit sich führen. Niederländische Politiker befürchten, dass das empfindliche Gleichgewicht zwischen Land und Wasser bald nicht mehr aufrechterhalten werden kann.

Die niederländische Regierung ist der Ansicht, dass das weltweit effizienteste Flussmanagement-System mit all seinen Deichen (Gesamtlänge 1430 Kilometer) nicht mehr ausreicht, um die Situation künftig zu meistern. In diesem Land wurden Deichbauer als Symbol der Nation betrachtet, niederländische Wasserbauingenieure waren in aller Welt unterwegs, um Wasser zu zähmen. Die ersten Kanäle, welche die Hansestädte im 15. Jahrhundert mit der Elbe und mit Hamburg verbanden, wurden von holländischen Ingenieuren erbaut; Ende des 19. Jahrhunderts leiteten sie Projekte zur Eindämmung des Wassers in Japan, ohne die die wirtschaftliche Revolution des Landes nicht möglich gewesen wäre; heute werden sie überall, von New Orleans bis Schanghai, um Rat gefragt. Doch nun hat man sich in der Heimat zu drastischen Maßnahmen durchgerungen. Die Niederlande müssen nun Deiche abreißen, um den Flüssen mehr Raum zu geben. Die Regierung hat sich klar ausgedrückt: »Wir können mit dem ganzen Wasser nicht mehr auf die althergebrachte Art umgehen.«[13]

Ich besuche schließlich die Region um Dordrecht, denn hier ist die Zukunft bereits Wirklichkeit. Das Gebiet wird von den Flüssen Oude Maas, Beneden Merwede, Nieuwe Merwede, Hollands Diep und Dordtsche Kil begrenzt. Der Name Dordrecht bedeutet »Flusskreuzung« – es ist also leicht zu verstehen, warum diese Region große Probleme bekommen wird, wenn das Wasser steigt. Einige Bauern in der Gegend sind gerade dabei wegzuziehen. Denn in Kürze werden ihre Höfe drei Meter unter Wasser stehen.

»All das kommt nur den Leuten in den Städten zugute«, sagt eine Bäuerin leicht verbittert, doch gleichzeitig versteht sie, dass die Regierung handeln muss. Irgendjemand muss sich schließlich für höhere Interessen opfern. Kaum ein anderes Land ist schon so weit fortgeschritten wie die Niederlande, wenn es darum geht, praktische Konsequenzen aus der begonnenen Klimaveränderung zu ziehen und sich auf eine völlig veränderte Wasserlandschaft einzustellen.

Ein niederländischer Kollege, einer der führenden Hydrologen des Landes, ist allerdings der Ansicht, dass diese Maßnahmen bei weitem nicht ausreichen. »Sie werden erst begreifen, wenn die Katastrophe sie bereits eingeholt hat, und eine Katastrophe wirkt immer mit despotischer Macht«, sagt er und zieht Parallelen zu den epochalen Flutkatastrophen, die das Land im Laufe seiner Geschichte heimgesucht haben.

Als das Fluzeug diesmal in Schiphol startet, werfe ich einen besonders langen Blick auf die durchkontrollierte niederländische Wasserlandschaft und frage mich, wer hat recht? Sind die Maßnahmen völlig unzureichend oder total überdimensioniert? Wessen Interessen werden hier geopfert, damit der Rest der Niederlande in den kommenden Jahrzehnten vor dem Flusswasser sicher ist?

Zweifellos ist in den Niederlanden jedoch erkennbar, dass das Zeitalter der neuen Wasserunsicherheit auch den europäischen Kontinent erreicht hat und hier bald ungeahnte Konsequenzen nach sich ziehen wird.

Die Eiswüste als Hotspot der Welt

An der 2600 Kilometer langen Ostküste Grönlands gibt es zwei Städte und sieben kleine Siedlungen, in denen zusammen ungefähr 5000 Menschen leben. Nur fünf Monate im Jahr kann ein Schiff dort anlegen, in der restlichen Zeit ist das Eis undurchdringlich. Ich fliege mit einem Helikopter nach Tasiilaq. Während wir uns unserem Ziel nähern, scheint die Frühlingssonne an einem unendlichen, wolkenlosen Himmel, die Luft ist klar und rein, und die Farbe des Fjords verleiht der Bezeichnung »dunkelblau« eine völlig neue Bedeutung. Mit jedem zurückgelegten Kilometer verstärkt sich der Eindruck, der Zivilisation zu entfliehen und in eine Eiswüste vorzudringen. Der angesichts dieses schönen Frühlingstages gut gelaunte Pilot steuert den Helikopter entgegen den Vorschriften in geringer Höhe und streift dabei fast die riesigen Eisberge, die wie gigantische Flöße über den Fjord verstreut liegen. Als wir landen, erkenne ich Häuser, die sich mit ihren meterhohen Grundmauern am Land festklammern, um so den starken Sturmböen widerstehen zu können, die hier manchmal blasen. Alle Häuser sind in stark leuchtenden Grundfarben angestrichen: dunkelrot, gelb, blau und hellrot. Ich melde mich im Hotel Red House an, das von einem Deutschen betrieben wird und eine fantastische Aussicht auf den König-Oscar-Fjord, das Eis, die Berge und die Gletscher bietet. Schnell wird mir klar, dass es auf Grönland nicht wenige Menschen gibt, die sich auf den Tag freuen, an dem das Eis etwas geschmolzen sein wird.

Ich setze mich auf die dem Fjord zugewandte Veranda und atme tief ein, um in der herben Schönheit meiner Umgebung die reine, klare Luft in vollen Zügen zu genießen. Aus der Bibliothek des Hauses habe ich mir einige klassische Grönlandbücher mitgebracht. Danach ließen sich vor 2000 Jahren die ersten Inuit an der Ostküste nieder, nachdem sie offenbar in Lederbooten am Ufer entlanggerudert waren – mehrere tausend Jahre, nachdem die ersten

Menschen von Nordamerika an die grönländische Westküste gelangt waren. In Perioden mit kälterem Klima als heute starben ganze Gemeinschaften aus, und Siedlungen wurden aufgegeben, bevor schließlich wärmeres Wetter und leichter zu durchquerendes Eis zur Gründung neuer Siedlungen führten. In jüngeren Büchern wird inzwischen die Frage aufgeworfen, ob Klimaveränderungen eine entscheidende Ursache dafür waren, dass die von Erik dem Roten gegründeten Wikingerkolonien aufgegeben werden mussten. Sie entstanden im Jahr 984 und existierten 450 Jahre lang. Doch dann verschwanden sie urplötzlich und hinterließen nicht viel mehr als ein paar Knochenreste, die später von Archäologen gefunden wurden.[14] Analysen dieser Fragmente deuten darauf hin, dass die Wikinger an konstantem, durch Klimaveränderungen verursachtem Hunger litten. Im Mittelalter war der größte Teil Ostgrönlands vermutlich unbewohnt. Im Laufe des 18. Jahrhunderts entstanden an der gesamten Ostküste Siedlungen, von denen die meisten allerdings im Laufe des 19. Jahrhunderts wieder verschwanden, nachdem die Bevölkerungszahl dramatisch gesunken war. Forschungsergebnisse haben gezeigt, dass auch in einem lang andauernden Zeitraum von relativer klimatischer Stabilität kleine Veränderungen des Wassers große historische Bedeutung für das Schicksal der dortigen Gesellschaft hatten und dass einige Teile dieser Gesellschaft nicht in der Lage waren, sich diesen Wandlungen anzupassen. In den Geschichtsbüchern der Zukunft wird Erik der Rote daher nicht nur als Entdecker Grönlands gelten, sondern auch als derjenige, der eine Kolonie gründete, die sich Klimaschwankungen nicht anzupassen vermochte.

Ich bin nach Grönland gekommen, weil die neue Unsicherheit über die Zukunft des Klimas beziehungsweise die neue Wasserunsicherheit im Laufe weniger Jahre dazu geführt hat, dass diese Eiswüste ins Zentrum globaler Aufmerksamkeit gerückt ist. Erst als Wissenschaftler Eiskerne aus dem Grönlandeis holten, erfuhr die Öffentlichkeit, dass sich das Klima im Laufe der letzten Millionen Jahre geändert hatte – manchmal sogar radikal und in relativ kurzer Zeit. Paradoxerweise bilden eben diese neuen historischen Entdeckungen die grundlegende Ursache für die Unsicherheit über die Zukunft. Das älteste Eis in der untersten Schicht ist fast zwei Millionen Jahre alt und stellt somit Quellenmaterial zu einer Vergangenheit dar, die wir zuvor nicht rekonstruieren oder verstehen konnten. Nicht zuletzt hat dieses neue Wissen die Annahmen über den hydrologischen Kreislauf der Zukunft und somit die gesellschaftliche Entwicklung ein für alle Mal verändert. Aufgrund der Erkenntnisse, die aus den Untersuchungen des grönländischen Eises gewonnen wurden, können wir heute mit Sicherheit davon ausgehen, dass das Klima zu allen Zeiten Schwankungen unterworfen war und weiterhin sein wird und dass die menschliche Aktivität auf diese Veränderungen einwirkt.

Grönland wird deshalb aus Gründen, die noch vor wenigen Jahrzehnten als völlig absurd gegolten hätten, auch künftig im Zentrum weltpolitischer Erwägungen stehen. Die Insel bindet in ihrem Eis ungefähr zehn Prozent des globalen Süßwassers. Das Inlandeis kann eine Dicke von bis zu drei Kilometern erreichen und erstreckt sich über eine Fläche, die jener Englands entspricht. In den letzten 10000 Jahren war die Lage des Grönlandeises stabil. Zuvor war das Eis auf der Erde derart massiv abgeschmolzen, dass der Meeresspiegel um 90 Meter anstieg, und am Ende der letzten Eiszeit erhöhte er sich in 400 Jahren um 20 Meter.[15] Wie stark – oder wie gering – die Weltmeere ansteigen, hängt unter anderem von den Geschehnissen auf Grönland ab und davon, wie sich das Wasser in den Meeren bei steigenden Temperaturen ausbreitet. Somit hält also dieser Außenposten der Zivilisation – und nicht New York, Brüssel oder Peking – den Schlüssel in der Hand, mit dessen Hilfe nicht allein die ferne Vorzeit des Klimas verstanden, sondern auch die Zukunft des Menschen zu großen Teilen vorhergesagt werden kann.

Der UN-Klimarat geht davon aus, dass 500 bis 1000 Jahre vergehen werden, bis das Eis auf Grönland geschmolzen sein wird, und dass der Meeresspiegel bis zum Jahr 2100 um 50 bis 80 Zentimeter ansteigt. Andere halten diese Vorhersagen angesichts unzureichenden empirischen Materials und unvollständiger Modelle für übertrieben. Wissenschaftler der NASA hingegen betonen, dass sich die grönländischen Gletscher weitaus schneller in Richtung Meer ablösen, als die UN vermutet, nämlich bereits in einem Zeitrahmen von 200 Jahren. Einige Forscher in Kalifornien machen auf Satellitenaufnahmen aufmerksam, die zeigen, dass allein zwischen Mai 2004 und April 2006 die Geschwindigkeit der Eisschmelze gegenüber den zwei Jahren zuvor um 250 Prozent zugenommen hat, und meinen deshalb, dass das Eis auch künftig immer schneller schmelzen wird[16], wohingegen wieder andere behaupten, dass die Dicke des Inlandeises an vielen Stellen zugenommen habe. Die radikalsten Mahner meinen, der Meeresspiegel werde um fünf bis sieben Meter ansteigen, und Städte in den USA sowie Inseln im Stillen Ozean würden schon bald unter Wasser stehen. Zweifelsohne tobt ein globaler Kampf um die Deutungshoheit der künftigen Geschehnisse auf Grönland sowie der ungeheuer weitreichenden, politisch-wirtschaftlichen Konsequenzen, die diese auf die Kontinente in der ganzen Welt haben werden.

In der Sermilik-Forschungsstation, die in einem Fjordarm 20 Kilometer nördlich von Tasiilaq liegt, sind ein paar waschechte Grönlandveteranen zu finden. Die Station wurde 1970 erbaut und gehört zur Kopenhagener Universität. Als der Helikopter die letzten Berggipfel überfliegt, entdecke ich die kleine, zwischen Eisbergen und Gletschern eingezwängte Hütte, und gleich davor, auf einem winzigen, von Schnee geräumten Fleckchen, stehen Bent und Niels. Seit einigen Jahrzehnten untersuchen und messen sie fernab der Weltöffentlichkeit die Entwicklung eines der zahlreichen kleineren Gletscher. Einer der beiden verrät mir, dass seine Frau ihn lange Zeit als einen »primitiven Schlammgeografen« bezeichnet habe, da er Jahre seines Lebens damit verbrachte, die Schlammmengen in den Gletscherflüssen auf Grönland zu messen. Mittlerweile jedoch sind die Daten, die über Jahre hinweg mühsam und in aller Stille erhoben wurden, von globalem Interesse. Während die Veteranen in der spartanisch ausgerüsteten Station mit sechs Betten, einem Ofen und einem in die Ecke des Aufenthaltsraumes gequetschten Sofa wohnen, erforschen sie den Mittivakkat-Gletscher. Das Trinkwasser muss aus dem Gletscherbach geholt werden, den man hinter der Hüttenwand glucksen hört. Die beiden sind die erfahrensten Fußsoldaten in einer immer größer werdenden Armee aus Forschern aller Länder, die nach Grönland kommen. Im Licht der warmen Frühlingssonne, die die trockenen Sandbänke am Meer zum Dampfen bringt, finden wir den Pfad, der uns entlang des Schmelzwasserflusses weiter nach oben führt, während sich schiffsgroße Eisberge langsam und majestätisch über den lautlosen Fjord bewegen. Mit Gewehren ausgestattet, um Angriffe von Eisbären abwehren zu können, zeigen mir die Forscher ihre Messstationen im Fluss und führen vor, wie sie die Schneetiefe oben auf dem Eis messen.

»Der Mittivakkat-Gletscher zieht sich pro Jahr um ungefähr zehn Meter zurück. Daran besteht kein Zweifel.« Bent deutet auf den Gletscherarm und zeigt mir, wo sich dieser zuvor befunden hat. »Über die Entwicklung des Grönlandeises lässt sich allerdings nur wenig Sicheres sagen. An einigen Stellen schwindet es, an anderen nimmt es zu.« Während Eisberge, so hoch wie Wolkenkratzer, am Horizont über das Meer gleiten, verraten mir die beiden dänischen Wissenschaftler, dass sie über die künftige Entwicklung des Grönlandeises keine eindeutigen Voraussagen treffen können oder wollen. Besonders deutlich unterstreichen sie, wie wichtig es ist, Vorsicht walten zu lassen. Denn noch immer weiß die Forschung nur sehr wenig darüber, wie sich die Gletscher verhalten und wieso sie sich so verhalten, wie sie es tun.

An anderen Orten auf Grönland lassen sich Wissenschaftler in Brunnen und Tunnel hinunter, die das Wasser im Inneren des Eises gebildet hat. Einige sind davon überzeugt, dass das Schmelzwasser ein viel schnelleres Abgleiten des Eises ins Meer bewirkt, als es die gängigen Klimamodelle vorhersagen, wenn seine Menge zunimmt. Sie fragen, ob das Geräusch des fließenden Wassers unter den Gletschern das Alarmsignal für die Zukunft der Menschheit ist, das bescheidene Vorspiel auf dem Weg zum Umkipppunkt, ein Signal also, das einen viel schnelleren Anstieg der Weltmeere ankündigt, als er angenommen wird. Für andere hingegen klingt dieses Fließen wie zarte Musik, denn sie erwägen, ob es sich hierbei um die Geräuschkulisse einer geradezu märchenhaften wirtschaftlichen Zukunft Grönlands handelt.

»Wasserkraft ist Grönlands neuer Wachstumsmarkt. Das erste Kraftwerk ist bereits gebaut, gleich außerhalb von Tasiilaq.« Der dänische Wasserkraftingenieur, der mich in einem verbeulten Pickup aus der kleinen Siedlung hinausfährt, ist sich völlig sicher. Er möchte mir das örtliche Wasserkraftwerk zeigen, das ich schließlich nach ein paar Kilometern Fahrt auf unbefestigter Straße ganz unten am Fjord entdecke. Nichts an der bescheidenen Architektur deutet darauf hin, dass das Kraftwerk möglicherweise eine Revolution in Grönlands Ökonomie einläutet. Doch mit immer mehr Schmelzwasser in den Flüssen und dem in den Bergen lagernden Eis besteht natürlich ein enormes Potenzial. Für viele auf Grönland könnte Wasserkraft die ganze Insel modernisieren und entwickeln. Einige überlegen bereits, enorme Mengen Energie über unterirdische Leitungen nach Kanada und in die USA sowie über Island und die Färöer nach Europa zu exportieren. Auch die Produktion von Wasserstoff aus vorhandenem Wasser wird diskutiert. Europa und die USA stünden als »grüne Märkte« zur Verfügung. Das Wasserkraftpotenzial Grönlands wird von manchen bereits auf 8000 Terrawattstunden pro Jahr veranschlagt, was ungefähr dem vierfachen Stromverbrauch der USA und dem zehnfachen gegenwärtigen Bedarf Europas entspräche.

Die riesigen Eismassen, die viele aufgrund der globalen Erwärmung schon in fließendes Wasser verwandelt sehen, das irgendwann von den hohen Bergen herunterstürzt, sollen Grönland in einen energieproduzierenden Giganten verwandeln. Und während mir der Ingenieur auf einem Bildschirm zeigt, wie viel Energie gerade produziert wird, erinnere ich mich an die Epoche vor der »neuen Unsicherheit«, also an die 1970er Jahre, als globale Erwärmung noch ein völlig unbekannter Begriff war. Damals wurde vorgeschlagen, das Grönlandeis künstlich abzuschmelzen. Eine kuriose Idee dafür war, dass sich die Kohlefabriken Großbritanniens und der USA ihrer heißen Asche entledigen könnten, indem sie sie auf grönländischem Eis verteilten.

Und was passiert eigentlich, wenn das Eis schmilzt und eine Insel freigibt, die voller Mineralien und sonstiger Reichtümer ist? Die Entwicklung der Eisverhältnisse auf Grönland hatte schon immer globale Bedeutung, die sich künftig durch die gewachsene Aufmerksamkeit für Klimaveränderungen noch verstärken wird. Schmilzt das Eis jedoch, wird dies auch weitreichende Konsequenzen für die gesamte Eismeerregion nach sich ziehen. Dänemarks Kontrolle über die Insel wird dann wahrscheinlich schnell der Vergangenheit angehören. Während des Kalten Krieges war Grönland ein vorgeschobener militärstrategischer Posten im Kampf zwischen den Supermächten, in erster Linie für die amerikanischen Basen. Schmilzt das Eis, wird sich Grönland nicht nur in einen Hotspot, in ein globales Barometer verwandeln, sondern auch in eine Arena für die Positionierung der Großmächte im Kampf um neue Ressourcen und die Kontrolle des Nordpolarmeeres. Amerikanische, russische, japanische, chinesische und kanadische Interessen werden dann aufeinanderstoßen. Schiffe, die von der amerikanischen Westküste nach Nordostasien unterwegs sind, werden fast 40 Prozent weniger Fahrtzeit benötigen, wenn sie bei verringertem Eis im Polarmeer die Nordwestpassage nutzen anstatt durch den Sueskanal oder den Panamakanal zu fahren. Die Reedereien werden ungefähr 250 000 Dollar pro Fahrt und Schiff einsparen, und Wirtschaft und Politik sitzen in Erwartung noch deutlicherer Klimaveränderungen bereits jetzt in den Startlöchern. Und was mag sich nicht nur in Grönland, sondern auch in Kanada, Alaska und nicht zuletzt Sibirien an Mineralien und Rohstoffen unter dem Eis verbergen? Werden die Klimaveränderungen die Menschen auf der Nordhalbkugel noch privilegierter machen, als sie es jetzt schon sind?

An einem grauen Nachmittag, die kalten Winde fegen unablässig über uns hinweg, fahre ich in einem kleinen Boot zwischen den Eisbergen und dem Treibeis außerhalb von Tasiilaq umher. Während ich zitternd die Geschicklichkeit des Bootsführers bewundere – er muss darauf achten, dass das Gefährt nicht von den umhertreibenden Eismassen eingezwängt wird – und ein paar farbenfrohe Häuser in der Natur entdecke, die trotzig aus ihrer ungastlichen Umgebung hervorstechen, steht für mich fest: Der Klimawandel ist keine Veränderung, die die Menschen in einem gemeinsamen Kampf um die Zukunft des Planeten zusammenrücken lässt. Erst wenn man begreift, dass viele die Frage stellen werden »Was springt für mich dabei heraus?«, wird man auch die Konsequenzen der »neuen Unsicherheit« verstehen.

»Alles gut?« Der Helikopterpilot, der mich zurück nach Kulusuk bei Tasiilaq fliegt, möchte wissen, ob mein Ausflug gelungen ist. Als wir unsere Sachen aus dem Cockpit holen, strahlt die Sonne noch immer, doch langsam kehrt der Nebel zurück. Eigensinnig und unbarmherzig raubt er den Bergen ihren Charme und lässt sie feindselig und abweisend erscheinen. Ich werfe einen letzten Blick auf diese Eiswüste, die gewiss eine Hauptrolle bei den Diskussionen über die unsichere Zukunft der Menschen spielen wird. »Ja«, erwidere ich, »das war nicht nur gut, sondern auch sehr lehrreich.«

Von der Acqua Vergine in die Stadt, die nicht untergehen will

Auf dem Grabstein des 1821 verstorbenen englischen Dichters John Keats in Rom steht: »Here lies One Whose Name was writ in Water« (Hier ruht einer, dessen Name in Wasser geschrieben wurde). Offenbar wollte er das Flüchtige des Daseins unterstreichen und benutzte, wie viele seiner romantischen Zeitgenossen, Wasser als Metapher, um existenzielle Fragen zu beschreiben. Das Bild ist ausdrucksstark, denn Wasser löscht alle Spuren und – was Keats wahrscheinlich nicht wusste – besitzt chemische Eigenschaften, die es als Mittel zur Auflösung unübertroffen machen. Aus einem anderen Blickwinkel könnte man auch sagen, dass Geschichte und Zukunft in Wasser geschrieben sind, was nicht zuletzt auf das Land zutrifft, in dem Keats gestorben ist: Italien. Die Vergangenheit von Rom und Venedig, der Renaissance-Städte Florenz und Pisa und nicht zuletzt eine Studie über das Erstarken der Mafia auf Sizilien, die dort die knappen Wasserressourcen kontrolliert, könnten die italienische Wassergeschichte durchaus illustrieren – allerdings ist es eine Geschichte, die noch darauf wartet, aufgeschrieben zu werden.

Etwas oberhalb der Spanischen Treppe und der Straßen mit den elegantesten Boutiquen Roms schließt ein Hausmeister der römischen Wasserwerke eine unscheinbare weiße Tür auf, und von einem Moment zum anderen gelange ich in eine völlig andere Welt. Nur erhellt von der kräftigen Taschenlampe des Hausmeisters steige ich über eine Wendeltreppe in die dunkle Tiefe. Wir befinden uns in einem Zugang zum Aquädukt Acqua Vergine, dessen Bau sich im Jahr 19 v. Chr. unter dem lateinischen Namen Aqua Virgo vollendete. Dieser beruht auf einer Legende: Durstige römische Soldaten baten ein junges Mädchen um Wasser. Es führte sie zu einer Quelle, die später zum Ausgangspunkt des Aquädukts wurde. Die Quelle der Jungfrau erhielt zu Ehren des Mädchens den Namen Aqua Virgo (Wasser der Jungfrau). Der Aquädukt war

20 Kilometer lang, hatte ein Gefälle von vier Metern und lieferte circa 100 000 Liter Wasser pro Tag. Im 8. Jahrhundert wurde er auf Geheiß Papst Adrians erweitert, und im Jahr 1453 taufte Papst Nikolaus V. das Bauwerk auf den Namen Acqua Vergine.

Je weiter ich mich nach unten begebe, desto deutlicher höre ich das schwache, aber unmissverständliche Geräusch des fließenden *acqua vita*. In der kühlen Dunkelheit taste ich mich weiter, entlang des Jungfrauenkanals, tief unter den warmen, geschäftigen Straßen Roms, und mir wird deutlich, dass ich mich hier an etwas vorbeibewege, das vielleicht mehr als alles andere die Grundlage für die Pracht und Herrlichkeit der kaiserlichen Hauptstadt bildete – denn es waren nicht die religiösen Bauten oder die Brot-und-Spiele-Veranstaltungen in den Arenen Roms, die die Größe der Stadt ermöglichten, sondern das Wasser unter ihren Straßen. Das Rom der Kaiserzeit ist bekannt für Pantheon und Kolosseum, der Jungfrauenkanal aber ist mindestens so sehr der Vergessenheit anheimgefallen, wie er versteckt liegt. 587 Kilometer Aquädukte beförderten das Wasser aus den in den Bergen außerhalb Roms gelegenen Quellen durch die Campagna hindurch bis ins Zentrum der kaiserlichen Hauptstadt. Reist man mit dem Flugzeug oder Zug nach Rom, kann man noch immer Reste der fast zwanzig Meter hohen Steinbrücken mit ihren Bogenöffnungen erkennen, und es lässt sich gut vorstellen, wie diese die gemauerten, geschlossenen Wasserkanäle trugen. An einigen Stellen lagen sogar zwei oder drei Kanäle übereinander. Was jedoch wirklich zählte, waren die unterirdischen Aquädukte. Fast neunzig Prozent des Wassers wurde über Anlagen wie den Jungfrauenkanal in die Stadt geführt. Obwohl Rom an den Ufern des Tibers gegründet wurde, dessen Wasser sowohl für heilig als auch für besonders gut gehalten wurde (die Päpste trugen auf ihren Reisen im Ausland stets Flaschen mit Wasser aus dem Fluss bei sich), hätte sich die Stadt auf den sieben Hügeln niemals ohne künstliche Zufuhr von Unmengen an Wasser entwickeln oder den gewaltigen Bevölkerungszuwachs um das Jahr der Geburt Christi bewältigen können.

»Mit diesen so vielen und so notwendigen Wasserleitungen kannst Du natürlich die überflüssigen Pyramiden oder die übrigen nutzlosen, weithin gerühmten Werke der Griechen vergleichen«,[17] schreibt Sextus Iulius Frontinus, der die römische Wasserversorgung bis zu seinem Tod im Jahr 104 beaufsichtigte, in seinem brillanten Werk »Wasserversorgung im antiken Rom«, in dem er auch das Verteilungssystem und die geltende Rechtslage lebendig schildert. Der Bau der elf Aquädukte dauerte insgesamt 538 Jahre. In seiner Blütezeit spendete das System rund eine Million Kubikmeter Wasser pro Tag oder 1000 Liter für jeden Bewohner, ein Vielfaches dessen, was heutige Großstädte bieten können. In der Kaiserzeit war die Stadt ein Zentrum der säkulären Verehrung des Wassers. Die Bäder, so heißt es, waren die Tempel der Römer. Die Aquädukte versorgten darüber hinaus 1212 Brunnen und Fontänen mit Wasser. Schon der Geograf Pausanias, der um 150 v. Chr. durch Griechenland reiste, erklärte, dass kein Ort als Stadt bezeichnet werden könne, der nicht mindestens über einen den Göttern oder einem Helden geweihten schmuckvollen Springbrunnen verfüge. Wohin auch immer ein Reisender fuhr, so schrieb er, konnte er schon damals auf derartige Fontänen stoßen. Und mehr als jedes andere urbane Ballungszentrum stand Rom für diese Tradition.

Fontänen gehören zu den ausdrucksstärksten und am häufigsten verwendeten Symbolen – nicht nur für den kulturellen Triumph der Urbanisierung, sondern auch als Beweis für die Macht des jeweiligen Herrschers. Springbrunnen und Fontänen beinhalten so vielfältige Konnotationen, dass sich weder für ihre Standorte noch für ihre Ausformungen einfache soziale oder psychologische Erklärungen finden lassen. Gleichwohl haben sie alle etwas gemeinsam: Sie drücken sowohl eine Verehrung der freien Eigenschaften des Wassers als auch die Zähmung dieser Naturkraft durch den Menschen aus. Sie können sogar als gesellschaftliches Symbol der Idee gedeutet werden, dass der Mensch nicht länger als ein den Launen der Natur unterjochter Sklave betrachtet werden muss. Und da sie auf der anderen Seite als bewegliche Skulpturen erscheinen, die die visuelle und musikalische Seite des Wassers ausnutzen, verleihen sie einer Stadt auch Leben und erinnern gleichzeitig an ihren natürlichen Ursprung.

Der Vierströmebrunnen auf der Piazza Navona, im 17. Jahrhundert von Gian Lorenzo Bernini erschaffen, ist ein Muss für jeden, der die Geschichte Roms verstehen will. Er bildet den biblischen Garten Eden ab, wenngleich aus ein wenig Distanz auch zu erkennen ist, dass er nicht nur eine architektonische Meisterleistung darstellt, sondern zugleich auf einen unerlässlichen Tribut an die Herrscher Roms hindeutet. Der Künstler musste vor der Fontäne einen Obelisk aufstellen (der 2000 Jahre zuvor von Augustus aus dem griechischen Heliopolis entwendet worden war) und auf dessen Spitze das Erkennungszeichen Papst Innozenz' III. anbringen – eine Taube. Der Brunnen bringt also nicht nur die im 15. Jahrhundert herrschende Vorstellung von den vier Strömen im Garten Eden zum Ausdruck, er spiegelt darüber hinaus die päpstliche Macht wider. Die vier kräftigen Männerfiguren des Brunnens stehen für Donau, Nil, Ganges und den Río de la Plata.

Die Päpste entwickelten Rom zu einer Stadt der Brunnen und Fontänen. Die Aquädukte waren im Jahr 537 von den Ostgoten unter Führung Vitigis' zerstört worden, der sie in Stücke schlagen ließ, um die Römer endlich in die Knie zu zwingen. Als Rom in der Renaissance wieder auf die Beine kam, wurden die alten Aquädukte repariert und neue gebaut. In der Stadt, deren Silhouette im Laufe der Zeit immer mehr von Kirchen bestimmt wurde, betrachtete man nun auch das Wasser zunehmend als etwas Heiliges. Es wurde zu einem Symbol des neuen Lebens, das die Papstkirche nach Rom gebracht hatte – mehr noch: zu einem Symbol für »das Wasser des Lebens«. Die Brunnen und Fontänen des lebendigen Wassers drückten Macht, Unsterblichkeit und Läuterung aus. Die Päpste gaben dem Volk zurück, was ihnen die Kaiser einst geschenkt hatten: große, fantastische Brunnen, wie aus Stein und Wasser komponierte Verse.

Der Trevi-Brunnen markiert das Ende der Acqua Vergine. Er ist der wohl berühmteste Brunnen der Welt, unsterblich geworden durch Federico Fellinis Film »Das süße Leben« (1960) mit der schwedischen Schauspielerin Anita Ekberg. Seit über zweihundert Jahren kommen Touristen und Römer Abend für Abend an diesen Ort, um sich zu treffen und auch den Kreislauf des Wassers zu bestaunen. Als Nicola Salvi den Brunnen im 18. Jahrhundert erbaute, verfasste er eine kleine Denkschrift über eben jenen Kreislauf und das Wasser »als die bewegliche und ewig wirkende Substanz [...], die außerstande ist, zur Ruhe zu kommen, im Gegensatz zur Erde, die nichts anderes macht, als die Eindrücke aufzunehmen, die von außen herrühren, insbesondere vom Wasser, das sie geformt hat«. Der Brunnen sollte ursprünglich die Ankunft des Wassers im Zentrum der Stadt zelebrieren und ist daher eine Referenz sowohl an Jene, die Macht über das Wasser gewonnen hatten, als auch an die Kraft des Wassers selbst. Darüber hinaus symbolisiert er die Rolle des Wassers als Diener der Menschen und als Objekt religiöser Verehrung.

Ich reise weiter nach Venedig, in die Stadt der Kanäle im Norden Italiens – erbaut in einer schlammigen Lagune im Adriatischen Meer. Sie strahlte schon immer eine eigenartige, morbide Schönheit aus. 1853 beschrieb John Ruskin Venedig als einen »Geist über dem sandigen Grund der See, so schwach, so still, so gänzlich allem beraubt außer seiner Anmut«[18]. Besonders im Spätherbst, in den diesig-grauen Monaten November und Dezember, ist die Stadt von dieser Ambivalenz aus vergangener Größe und gegenwärtiger Tristesse geprägt, die ihre Lage und ihre Zukunft zusammenfasst. Das Schicksal Venedigs erscheint heute mehr denn je wie ein verdichtetes Lehrstück über die Folgen der globalen Veränderung unserer Wasserlandschaft: Schmilzt das Grönlandeis so schnell, wie manche behaupten, und steigt der Meeresspiegel so rasch, wie die italienische Regierung vermutet, dann wird Venedig in der Lagune ertrinken.

Es ist Anfang Dezember, als ich langsam durch die nahezu menschenleeren Gassen der Stadt schlendere. Die Stille ist auffällig, und das Geräusch meiner eigenen Schritte kommt mir geradezu unpassend vor, während ich über die kurzen, geschwungenen Brücken schreite, die mehr als 150 Kanäle überspannen und 117 kleine Inseln zu einer Stadt verbinden. Die Gondeln liegen dunkel und verlassen im Morgennebel und unterstützen die morbide Stimmung. Ich bin auf dem Weg zum Markusplatz, dem Herzen der Stadt – steht er auch heute unter Wasser?

Nicht weit entfernt von Harry's Bar, in der einst Ernest Hemingway verkehrte, laufe ich um eine Häuserecke und bin von dem sich mir bietenden Anblick völlig schockiert: Der Dom, angeblich erbaut über den sterblichen Überresten des Propheten Markus (der Legende nach wurde seine Leiche aus Ägypten gestohlen und auf einem Schiff unter einer Ladung Schweinefleisch verborgen, um einer näheren Kontrolle durch die Muslime zu entgehen), steht im Wasser. Noch bevor ich meiner Überraschung Herr werden kann, heulen Sirenen hinter den Mauern des Dogenpalastes. Städtische Angestellte eilen herbei und bauen einen Bretterweg auf, damit die Bewohner trockenen Fußes zur Arbeit gelangen können. Auch die Verkäufer gelber Gummistiefel sind schnell zur Stelle. Für mich ist es ein alarmierendes Zeichen, dass ich auf einfachen grauen Brettern über diesen Platz balancieren muss, der zu einem der meistbesuchten und -bewunderten Orte der Welt gehört. In einem der zahlreichen Museen der Stadt habe ich am Tag zuvor Gentile Bellinis berühmtes Bild »Prozession auf der Piazza San Marco« gesehen, eine Augenblicksstimmung vom Markusplatz im Jahr 1496. Heute bin ich von vielen der Häuser umgeben, die Bellini damals malte, doch aus der Entfernung wirken sie eher wie schwere Schiffe auf hoher See. Ein paar der Restaurants am Platz müssen schließen, und statt die Menschen an den Tischen zu bedienen, hängen die Angestellten grüne Schläuche aus den Fenstern, um das Wasser von den Fußböden zu pumpen. Anscheinend haben sich die Venezianer bereits auf diese für mich ungewöhnliche Situation eingestellt. Die Unsicherheit über das Klima der Zukunft ist hier augenfälliger als irgendwo sonst – immer häufiger steht die Stadt unter Wasser.

Schon immer haben die Venezianer gegen das Wasser gekämpft und gegen die Folgen, die die menschliche Beeinflussung nach sich zieht. Die Stadt und die Lagune, in der sie ruht, wurden vom Adriatischen Meer und den drei großen, dort mündenden Flüssen erschaffen. Im Laufe von tausenden Jahren entstanden durch den von den Wellen herangetragenen Flusssand hunderte kleiner Inseln. Nach und nach ließen sich Menschen hier nieder, zunächst überwiegend Fischer, doch dann, im 5. Jahrhundert, strömten viele herbei, die vor Attilas Hunnen geflohen waren. Im 14. Jahrhundert beschlossen die Venezianer, die drei Flüsse, die in die Lagune mündeten, aus der Stadt hinauszuleiten.[19] Dies verminderte nicht nur die Gefahr von Überschwemmungen, sondern die Lagune bewährte sich damit auch als Verteidigungsanlage, denn Angreifer konnten in einer Lagune mit so niedrigem Wasserstand keine Flotte manövrieren. Hätten die Venezianer – besonders im Mittelalter – nicht in die Prozesse der Natur und die Sedimentierung der Flüsse eingegriffen, wäre die Lagune wieder aufgefüllt worden, und die Stadt der Kanäle, wie wir Venedig heute nennen, würde zum Festland gehören.[20] Leonardo da Vinci war einer derjenigen, die die Besonderheit der Wasserlandschaft verstanden: Als die Stadt im 16. Jahrhundert von den Türken bedroht wurde, schlug er vor, einen beweglichen Damm über den Flüssen zu errichten, um die Angreifer zu ertränken. Er entwarf außerdem Schuhwerk, das es den Soldaten ermöglichen sollte, über den seichten Grund der Lagune zu schreiten, um die Schiffe der Türken von unten anzugreifen.

Im 20. Jahrhundert sank die Stadt um 23 Zentimeter. Teilweise hatte dies natürliche geologische Ursachen, doch vor allem pumpte die moderne Industrie auf dem Festland das Grundwasser unter Venedig ab. Nachdem dies im Jahr 1983 verboten worden war, hat das Absinken der Stadt beinahe völlig aufgehört.[21] Nun ist der steigende Meeresspiegel das Hauptproblem, und nach den dramatischsten Vorhersagen wird dies künftig noch zu einem ganz anderen Verhältnis zwischen den Marmorwänden und dem Wasser führen. Lord Byrons Gedicht aus dem Jahr 1819 hat sich als prophetisch erwiesen: »Venedig! wenn erst deine Marmormauern / Dem Wasser gleich, dann werden Völker schwer / Ob der gefallnen, stolzen Hallen trauern, / Laut klagend über's weite, dunkle Meer«[22].

Der Markusplatz steht heute zehn Mal häufiger unter Wasser als vor hundert Jahren. Zu Beginn des 20. Jahrhunderts wurde die Stadt vier Mal pro Jahr überschwemmt. Im Jahr 1996 war der Markusplatz 90 Mal vom *acqua alta* betroffen. Das wohl deutlichste Anzeichen für eine ernsthaft veränderte Situation bot der 4. November 1966. An diesem Tag lag der Pegel 194 Zentimeter über dem normalen Gezeitenstand bei Flut und fiel erst nach drei Tagen wieder. Im Jahr 2002 standen allein im November große Teile der Stadt 15 Mal unter Wasser. Die Behörden gehen davon aus, dass Venedig 2050 völlig überschwemmt sein wird, wenn nicht drastische Maßnahmen ergriffen werden. Die altehrwürdigen Renaissance-Säle sind bereits in Geschäfte umgewandelt worden, da ebenerdige Läden umziehen mussten. Die Einwohner fliehen, auch aufgrund der ständig zunehmenden Touristenströme. Im Jahr 2007 wurde der letzte Kindergarten der Stadt geschlossen und – wie sollte es anders sein – in ein Hotel umgewandelt. Nie zuvor hat Venedig seinem Image aus »Tod in Venedig« mehr entsprochen, dieser Novelle von Thomas Mann, die er drei Jahre vor Beginn des Ersten Weltkriegs schrieb und die von Untergangsstimmung (die schwarz gestrichenen Gondeln erinnerten ihn an Särge), dem Konflikt zwischen Leidenschaft und Selbstbeherrschung sowie zwischen Leben und Tod geprägt ist; eine Atmosphäre, die durch den gleichnamigen Film Luchino Viscontis aus dem Jahr 1971 unsterblich wurde, nicht zuletzt wegen der musikalischen Untermalung durch Gustav Mahlers 5. Sinfonie.

Die eigenwilligen Farben der Stadt tragen zu dieser melancholischen Untergangsstimmung bei. Farben, die es nirgendwo sonst gibt, nicht zuletzt wegen des Lichtes, das im Wasser von Lagune und Kanälen gebrochen wird. In der Gallerie dell' Accademia, die Napoleon nach der Eroberung Venedigs gründete, kann man beobachten, wie die venezianischen Maler, anders als ihre italienischen Kollegen im 16. Jahrhundert, von der Farbe besessen waren:

Während anderen Künstlern die Komposition wichtig war, entwickelten sich die Venezianer zu Meistern der Farbe, inspiriert von eben jenem Effekt, bei dem das von der Lagune reflektierte Licht die Konturen zu verwischen scheint und die Farben in einer unbestimmbaren blauen Stimmung zusammenschmelzen lässt.

Wie soll man Venedig vor dem Untergang bewahren? Wird der Meeresspiegel ansteigen? Und wenn ja, um wie viel? Nur wenige Fragen haben größere Konsequenzen für die Zukunft der Stadt. Natürlich wird sich letztlich die Oberfläche der Erde verändern, und in einer langen historischen Perspektive ist es eben das Schicksal der Städte von Harappa bis Venedig zu entstehen und zu verschwinden. Viele wollen Venedig natürlich am Leben erhalten, zumindest noch für ein paar Generationen, und sind davon überzeugt, dass die Technik eine Lösung bietet. Da die Kanäle immer stärker verschlammen, graben die Venezianer diese seit Jahren weiter aus, um das Wasser daran zu hindern, an den Hauswänden emporzusteigen. Einige schlagen sogar vor, Meerwasser unter die Stadt zu pumpen, um sie so anzuheben und vor dem steigenden Meeresspiegel zu retten. Die italienische Regierung hat sich jedoch 2003 einem Projekt verschrieben, bei dem im Bedarfsfall das Meerwasser einfach ausgesperrt wird.

Erfüllt von technologischem Optimismus wurde dem Plan der Name »MOSE« gegeben. Auch dieser moderne Moses wird das Meer teilen, doch nun entscheiden Ingenieure, wie er das tut. Der damalige Ministerpräsident Silvio Berlusconi setzte sich massiv für diesen Plan ein, da, wie er sagte, der Klimawandel ernst genommen werden müsse. Riesige bewegliche Tore, die das Wasser im Bedarfsfall aussperren könnten, wurden als optimale und der Beschaffenheit der lokalen Wasserverhältnisse angemessene Lösung betrachtet. Unterirdische Wände sollen sich vom Grund der Lagune erheben können, um das Meer am Eindringen in die Stadt zu hindern. Allein die jährlichen Betriebskosten sollen sich auf neun Millionen Euro belaufen. Berlusconi hat sogar den ersten Stein für dieses Bauwerk auf dem Grund der Lagune mit seinem Namen versehen.

»Die Regierung nutzt die Unsicherheit über die Klimaentwicklung aus, um die Interessen an einem technologisch-industriellen Komplex zu unterstützen.« Der Umweltaktivist deutet auf das Kanalwasser, das gleich gegenüber dem Restaurant, in dem wir sitzen, an den Palastmauern emporspritzt. »Sie behaupten, es sei ganz sicher, dass das Meer vor Venedig ansteigen und die Stadt im Jahr 2050 unter Wasser stehen wird, wenn nicht drastische Maßnahmen ergriffen werden. Doch viele Aktivisten sind da vorsichtiger«, sagt er, »denn niemand weiß, wie stark das Meer ansteigen wird oder wann. Wir setzen uns daher für mehrere Maßnahmen ein, die im Einzelnen weniger umfangreich sind. Das wäre für die Lagune am besten, und wenn diese Maßnahmen ordentlich durchgeführt werden, dann reichen sie auch aus.«

Er sieht mich an und wartet auf meine Reaktion, denn er weiß, dass seine Aussage das übliche Bild der Meinungsverteilung in der globalen Umweltdebatte auf den Kopf stellt. Gewöhnlich hat die traditionelle »Rechte« die Frage stets bagatellisiert, wohingegen die »Linke« darauf gedrungen hat, die Alarmzeichen ernst zu nehmen. Anders jedoch in Venedig. Höflich erwidere ich, dass ich nicht überrascht bin und seine Aussage nur ein allgemeines Phänomen bestätigt: wie nämlich die Entwicklung des Klimas und der Wasserverhältnisse die politische Welt prägt. Wir sind uns einig: Es liegt im Wesen eben jener Unsicherheit, dass diese nicht nur zu einem globalen, machtpolitisch dimensionierten Kampf um die Deutungshoheit über die Zukunft des Wetters führt, sondern auch zu einem Konflikt zwischen unterschiedlichen Interessen, wie auf die Veränderungen reagiert werden soll. Einige werden die Bedrohungen nutzen, um Projekte zu fördern, aus denen sie ökonomischen und politischen Nutzen ziehen können, während andere nach Einfluss streben, indem sie sich zu selbsternannten Beschützern der Umwelt aufschwingen.

Als das Projekt beschlossen wurde, sagte einer der Leiter des World Wide Fund for Nature (WWF) in Venedig: »Das Schicksal der Stadt ruht heute auf einem prätentiösen, teuren und umwelttechnologisch fraglichen Risikospiel.«[23] Der damalige Präsident der Region und ein Mitglied der Regierungspartei hingegen äußerten: »Der Beschluss des MOSE-Projektes wird zu einem historischen Tag für Venedig werden. Die ganze Welt wird applaudieren, und nur die Gummistiefelhersteller werden klagen.«[24] Der Ministerpräsident Silvio Berlusconi und sein Vorgänger Romano Prodi waren für das Projekt. Das Büro des venezianischen Bürgermeisters ist dagegen. Die lokalen Regierungsbehörden sind der Ansicht, das Projekt beruhe auf einem bereits veralterten Modell über den künftigen Anstieg des Meeresspiegels (die Erbauer der Schwingtore gehen von einem Anstieg von 15 bis 20 Zentimetern bis zum Jahr 2100 aus) sowie einem viel zu einfachen Grundverständnis von der komplexen Ökologie der Lagune. Die Projektgegner möchten lieber das machen, was die Venezianer schon immer getan haben, nur in größerem Umfang: den Grund der Kanäle vom Schlamm reinigen, die Kanäle tiefer ausbaggern und die Gebäude stützen. Sie verweisen darauf, dass niemand genau wisse, wie sich das Klima verändert und den Meeresspiegel beeinflusst. Viele sind der Ansicht, dass das Projekt nur vorgibt, die lokale Ökologie zu retten, sie in Wirklichkeit jedoch zerstört. Ironie des Schicksals und typisch für das Wesen der Unsicherheit: Im Jahr 2006, nach dem Beschluss für das Projekt, war der Meeresspiegel so niedrig wie seit vielen Jahren nicht mehr.

Die Unsicherheit in Bezug auf MOSE in Italien steht für die künftige Situation auf der ganzen Welt: Zum ersten Mal sind wir alle dazu verurteilt, die heutige Gesellschaft zu gestalten, indem wir auf Vorhersagen über die Zukunft des Wassers reagieren. Aus Angst vor steigendem Wasser hat die Regierung auf den Malediven die künstliche Insel Hulhumalé gebaut – 1,5 Meter über dem Meeresspiegel. 125 000 Menschen, ungefähr die Hälfte der Bevölkerung des Landes, können im Bedarfsfall evakuiert werden. Eine moderne Arche Noah für Wasserflüchtlinge. Steigt das Wasser um mehr als 1,5 Meter, müssen sie die Insel erhöhen. Schwindet das Grönlandeis, werden auch London und New York bedroht sein. Und sollte die Antarktis abschmelzen, steigt der Meeresspiegel um 61 Meter, und noch viel mehr Menschen müssen in die Rettungsboote springen. Nur die wenigsten glauben, dass dies passieren wird, und wenn, dann nur in sehr ferner Zukunft. Aber fast alle rechnen damit, dass größere Teile des Eises abschmelzen und ins Meer fließen werden und dass viele vor Herausforderungen stehen werden, von denen heute niemand weiß, wie sie zu bewältigen sind. Trotzdem müssen sich alle irgendwie dazu verhalten.

Die Wasser- und Kanalstadt Venedig verlasse ich per Boot. Die Kanäle sind keineswegs so anachronistisch, wie man denken könnte, wenn sich die mit Touristen bevölkerten Gondeln vorsichtig unter den niedrigen Brücken hindurchschieben. Sie sind zugleich die Lebensadern der Stadt, der einzige Weg für die Feuerwehr wie auch für die Nudellieferanten.

Und während mein Boot im Dezembernebel aus der hart geprüften Lagune gleitet und ich das Wasser gegen die Hauswände klatschen höre, ist es ganz leicht, die Furcht zu spüren vor dem, der sich als unbekannter Tyrann der Zukunft erweisen könnte: der steigende Meeresspiegel.

Das aztekische »Land am Wasser« und die unterirdische Wasserwelt der Maya

Viele Menschen verbinden Mexiko-Stadt mit Umweltverschmutzung, Slums, schreiender sozialer Ungerechtigkeit oder denken dabei an Bob Beamon, der hier 1968 seinen fantastischen Weltrekord im Weitsprung aufstellte, als er bei 8,90 Meter landete. All das ist dieser Ort. Für mich ist das Faszinierendste jedoch der Anflug auf die Stadt. Am späten Abend sinkt das Flugzeug nach Überquerung der hohen Berge, die sie umgeben, langsam ab, der Pilot legt die Maschine auf die Seite und plötzlich – ein riesiges Lichtermeer. Das Wort Megalopolis, mit dem gigantische, auf einer neuen Stufe der gesellschaftlichen Organisation angelangte Großstädte bezeichnet werden, materialisiert sich hier ganz konkret. Ich weiß, dass Mexiko-Stadt inzwischen an zweiter Stelle der bevölkerungsreichsten Städte weltweit rangiert und dass hier 6000 Menschen auf einem Quadratkilometer wohnen, im Stadtkern sogar wesentlich mehr. Ungefähr jeder fünfte Mexikaner, also zehn Millionen Menschen, und die Hälfte der Industrie des Landes sind in den Grenzen der Stadt zusammengepfercht. Die Fläche Mexiko-Stadts umfasst etwas mehr als 2200 Quadratkilometer. Die europäischen Städte waren im 19. Jahrhundert in der Regel so groß, dass die Menschen im Alltag beinahe jeden Winkel noch zu Fuß erreichen konnten. Das Rom der Kaiserzeit hatte eine Fläche von circa sieben Quadratkilometern, und London umfasste im Mittelalter nicht mehr als 1,3 Quadratkilometer. Außerdem hatte ich gelesen, dass Soziologen und Historiker, die zum Thema Urbanisierung arbeiten, viele ihrer Begriffe und Blickwinkel in Anbetracht solcher Dinosaurier revidieren müssen. Aber nichtsdestoweniger – die Größe Mexiko-Stadts ist erst einmal überraschend, und ich kann ein wenig vom Umfang der behördlichen Probleme in dieser Stadt erahnen, die zwar über kein eigentliches Zentrum verfügt, dafür jedoch über enorme soziale Unterschiede, und die vor gut hundert Jahren nur

circa 345 000 Einwohner hatte – heute dagegen ist es etwa das Drei-
ßigfache.

Die Muster des Lichtermeeres unter mir zeigen außerdem eine
andere Besonderheit: Hier gibt es keine dunklen Streifen, die die
Monotonie aufbrechen, keine Flüsse, in denen sich die Lichter spiegeln könnten wie beispielsweise im Hudson in New York, in der
Londoner Themse, im Edo von Tokio, in der Seine in Paris oder der
Spree in Berlin. Die Stadt verfügt schlichtweg über keinen Fluss,
den sie nutzen könnte, und da sie in einer Höhe von 2200 Metern
liegt, gibt es auch keine größeren Seen, aus denen sich Wasser he-
ranführen ließe. Die Stadtväter können nicht wie die Römer Wasser
über Aquädukte in die Stadt leiten und auch nicht wie die Londoner das Wasser der Themse acht Mal verwenden, bevor es flussabwärts geschickt wird. Wie gelingt es den Behörden also, genügend
Wasser in eine solche Stadt zu bringen, zu all den Haushalten und
Industrieanlagen, für das Waschen der Autos und das Reinigen der
Straßen, wenn es weder Flüsse noch größere Seen gibt?

Vor dem weltbekannten Nationalmuseum für Anthropologie in
Mexiko-Stadt steht eine mehrere Meter hohe Steinstatue des Gottes
Tlaloc. Erschaffen wurde sie zur Zeit der Azteken – eine indianische
Hochkultur, die die mexikanische Hochebene bis zum Beginn des
16. Jahrhunderts dominierte und deren größte Stadt, Tenochtitlan,
bevölkerungsreicher als jede europäische Stadt war, vielleicht mit
Ausnahme von Neapel, der damals größten Stadt Europas. Die Statue, die sich in einem kleinen, fast viereckigen Wasserbecken spiegelt, wirkt eher unförmig als furchteinflößend, soll den Betrachter
jedoch an die Bedeutung des Wassers in jener Zivilisation erinnern.
Tlaloc, der Anführer einer Gruppe von Regengöttern, der *tlaloques,*
forderte wie die anderen aztekischen Götter Menschenopfer, um
zufriedengestellt zu werden, besonders Kinder. Schreiende, wei-
nende Kinder mit vielen großen Tränen waren besonders geeignet,
um Tlaloc zu erweichen. Die Kinder wurden zunächst geschlagen,
damit sie in Tränen ausbrachen. Und auch alle anderen schlugen
gegenseitig aufeinander ein, denn die Tränen der Menschen sollten

bewirken, dass Tlaloc seine Tränen aus den Wolken entließ. Die Zeremonie wurde abgeschlossen, indem man die Kinder ertränkte; nun konnten die Götter den Regen kommen lassen.

Doch um nicht ausschließlich auf den Regen, also Tlalocs Tränen, vertrauen zu müssen, entwickelte die Bevölkerung ein einzigartiges Landwirtschaftssystem: Sie erbaute, was etwas missverständlich als »schwimmende Gärten« oder *chinampas* bezeichnet wird. Das Kerngebiet dieser später als Aztekenreich bezeichneten Region wurde »Land am Wasser« genannt, die bekannteste Stadt der Azteken hieß »Stein in steigendem Wasser«. Inmitten der Seen des Mexiko-Tals, dort, wo heute Mexiko-Stadt liegt, schufen sie eine Gesellschaft, die ökonomisch auf einer großen Zahl kleiner, künstlicher Inseln basierte, von denen jede zwischen sechs und zehn Metern breit und ein- bis zweihundert Meter lang war. Diese Landwirtschaftsinseln waren äußerst fruchtbar, da man sie mit Schlamm vom Seeboden versah. Die Pflanzen bekamen genügend Feuchtigkeit und erhielten Dünger durch Abfallprodukte im Schlamm sowie Nährstoffe im See. Heute ist davon nur noch der kleine ökologische Park Xochimilco übrig geblieben, der ein paar Kilometer vom Stadtzentrum Mexiko-Stadts entfernt liegt. Als die Spanier die Hochebene im Jahr 1519 angriffen, begannen sie ganz schnell damit, die Seen zu entwässern. Die Konquistadoren hatten ein militärisches Motiv: Indem sie das Wasser abgruben, schränkten sie zunächst die militärische Mobilität der Azteken ein und schwächten darüber hinaus ihre Lebensgrundlage. Zwischen 1607 und 1608 wurde das meiste Wasser aus den fünf damals bestehenden Seen entfernt. Im 19. Jahrhundert sowie zu Beginn des 20. Jahrhunderts wurde der Texcoco-See dann endgültig trockengelegt, um einerseits die ständig auftretenden Überschwemmungen zu begrenzen und andererseits die schrittweise Entwicklung der Stadt zu beschleunigen und Bauland zu schaffen.

Die Leitung des Xochimilco-Parks hat mich zu einer Besichtigung eingeladen. Daher entgehe ich den zahlreichen Gruppen von Musikern in ihren allzu engen farbenfrohen Hosen und Jacken, die den Besuchern mit schmachtendem Blick und klingender Stimme anbieten, die eine oder andere Serenade anzustimmen. Stattdessen kann ich mir die Kanäle und »schwimmenden Gärten« in Ruhe ansehen. Xochimilco, buchstäblich ein See der Fruchtbarkeit, ist nicht nur ein konkretes Beispiel für die vielen Möglichkeiten, in denen Wasser und Land miteinander verbunden sein können und so die Grundlage für unterschiedliche Gesellschaften schufen, sondern auch ein beeindruckendes Testament einer frühen Lebensart.

Dieser Eindruck des Wasserreichtums in Xochimilco wird kontrastiert vom Zustand der Wasserversorgung in Mexiko-Stadt, die einzig auf Grundwasser basiert. Den Tränen Tlalocs noch weniger vertrauend als seinerzeit, gibt es heute über 10 000 Pumpstationen, die ungefähr 50 000 Liter Grundwasser pro Sekunde (!) nach oben befördern. Doch der Wasserbedarf übersteigt bei weitem das, was die lokalen Grundwasserreservoire hergeben. Mittlerweile sind umfangreiche und kostspielige Projekte ins Leben gerufen worden, um Wasser aus Flüssen und Quellen zu gewinnen, die 200 Kilometer von der Stadt entfernt und mehr als 1000 Meter tiefer als diese liegen. Mithilfe des Cutzamala-Projektes, das in den 1990er Jahren verwirklicht wurde, werden 14,9 Kubikmeter Wasser pro Sekunde aus dem Cutzamala-Fluss im Balsas-Bassin, aus dem Südwesten des Landes, in den Großraum Mexiko-Stadt überführt, um dort als Trinkwasser verwendet zu werden. Das Projekt besteht aus sieben Reservoirs und einem 127 Kilometer langen Aquädukt, davon 21 Kilometer übertunnelt, und deckt 20 Prozent des städtischen Wasserbedarfs. Die Ausgaben steigen, während sich das Grundwasservorkommen reduziert – und das, obwohl der Wasserverbrauch in Teilen der Bevölkerung äußerst gering ist. Millionen sind gezwungen, ihr Wasser von privaten Verkäufern zu beziehen, ein Umstand, der mittlerweile zum normalen Straßenbild einzelner Stadtviertel gehört. Kolonnen von Tankwagen sind in den Bezirken unterwegs zu großen Wassertonnen, die vor den Häusern stehen. So beschaffen sich hier viele Menschen Wasser, um zu trinken, sich zu waschen, zu kochen und die Wohnungen zu putzen.

»Achten Sie auf Ihren Kopf.« Hinter dem Bauleiter zwänge ich mich in die Gänge unter der Krypta von Mexiko-Stadts zentraler Kathedrale. Während ich mit eingezogenem Kopf weiterlaufe und aufpasse, seitlich nicht gegen Spaten oder Schubkarren zu stoßen, die an den Wänden aufgestellt sind, offenbart sich mir eine tragische, geradezu surrealistische Szenerie: An die zweihundert Bauarbeiter sind rund um die Uhr beschäftigt – nicht, um irgendetwas Neues zu bauen, sondern um zu verhindern, dass die alte Kathedrale auseinanderbricht. Seit Jahren arbeiten sie daran, das Heiligtum zu retten – vor dem Durst der Stadt und vor den Sünden der Vergangenheit. Über die Stadt wird scherzhaft gesagt, dass die Bevölkerung einsinken würde, sobald sie etwas trinke. Durchschnittlich fällt der Grundwasserspiegel in dieser Region um einen Meter pro Jahr, an einigen Stellen um zehn Zentimeter, an anderen dafür um 1,5 Meter. Doch wenn das Grundwasser absinkt, senken sich auch Teile der Stadt ab, manche davon im Laufe der letzten einhundert Jahre um bis zu neun Meter. Teile des Stadtzentrum sinken innerhalb von 14 Tagen um einen Zentimeter. Daher ist es eher eine Untertreibung, wenn die Stadt als das Venedig Lateinamerikas bezeichnet wird. Mexiko-Stadt befindet sich buchstäblich in einer Schieflage, in einer nicht nachhaltigen Entwicklung. Der Untergrund senkt sich so leicht ab, weil er den Boden eines Sees gebildet hat, den es nicht mehr gibt. Die Gebäude neigen sich außerdem unregelmäßig, so auch die Kathedrale, weil sie zum Teil (etwa die Krypta) auf Resten des wichtigsten Tempels ruhen, den die Azteken einst im Zentrum von Tenochtitlan errichtet hatten. Die Bauarbeiten können das weitere Absinken der Kathedrale nicht verhindern, doch überall unter der Kirche werden feste Stützen eingebaut, so dass die Kirche zumindest gleichmäßig absinkt.

Im Inneren des Xcaret-Ökologieparks, nicht weit von den Badehotels der Riviera Maya auf der Yucatán-Halbinsel und vier Tagestouren mit dem Auto in südöstlicher Richtung von Mexiko-Stadt entfernt, versuchen ein paar ortsansässige Mayaschauspieler, die

Geschichte der Mayazivilisation als Touristenattraktion wieder aufleben zu lassen. Die Trommelwirbel und die furchteinflößenden Masken sollen das Exotische unterstreichen, und der Qualm der Lagerfeuer hüllt die Vorstellung in einen mystischen Nebel. Normalerweise kann ich solch quasiauthentische Dramatisierungen der Vergangenheit nicht ausstehen, weil sie darauf abzielen, die Geschichte aus ihrem zeitgenössischen Kontext zu reißen, um sie banal und leicht konsumierbar zu machen. Hier jedoch wird meine Skepsis von der Musik, der Stimmung und der Unmittelbarkeit des theatralischen Ausdrucks überschattet und von dem Charme, mit dem die heute marginalisierten Mayaindianer ihre Glanzzeit ohne eine Andeutung von Verlustgefühl, Wehmut oder Sentimentalität spielerisch aufführen. Sie stellen ihre Vergangenheit als etwas Unwiederbringliches dar und so, als ob es eine Freude wäre, ihr entkommen zu sein, während die Frage nach Geschichte und Zusammenbruch der Mayazivilisation immer mehr Historiker, Archäologen – und Klimaforscher beschäftigt.

Die Geschichte des Wassers bei den Maya ist eine Warnung vor dem, was erneut geschehen könnte. Die Mayazivilisation bestand 1200 Jahre und hatte ihre Glanzzeit zwischen 250 und 900. Zum Zeitpunkt der größten Ausdehnung umfasste sie ein Gebiet von Guatemala im Süden bis nach Mexiko im Norden mit ingesamt 40 Städten von bis zu 50 000 Einwohnern, zusammen zwei Millionen Menschen. Sie befassten sich mit Astronomie und Mathematik und entwickelten den Vorläufer unseres Kalenders. Einige ihrer Mythen sind bekannt, darunter die Schöpfungsgeschichte »Popol Vuh«, geschrieben in der Quiché-Sprache der Hochgebirgsmaya in Guatemala.[25] Insbesondere durch das 1556 erschienene Buch »Bericht aus Yucatán« von Diego de Landa, einem Inquisitor und Verbrenner der Mayaschriften, sind uns viele ihrer Bräuche bekannt.[26]

Um wirklich zukunftsorientiert zu sein, muss eine Reise in die Zukunft des Wassers diese überwucherten Zentren der Mayazivilisation paradoxerweise einschließen. Immer mehr Wissenschaftler sind der Ansicht, dass es Änderungen des Klimas und der Wasserlandschaft waren, die letztlich – wenngleich im Zusammenspiel mit einigen anderen sozialen und kulturellen Faktoren – die zentralen Gebiete dieser mesoamerikanischen Zivilisation vernichteten. Die Landwirtschaft war vom Niederschlag abhängig. Deshalb erschufen die Maya ein kompliziertes System aus Dämmen und Kanälen, um Regenwasser für Trockenperioden zu bewahren. Ein Reservoir in Tikal, der größten Ruinenstadt aus der Glanzzeit der Maya, die heute in Guatemala liegt, hatte beispielsweise genügend Wasser, um 10 000 Menschen für 18 Monate mit Trinkwasser zu versorgen (Tiakal ist ein Ortsname der Maya und bedeutet »bei den Reservoirs«). Die Maya betrieben keine klassische Landwirtschaft im Sinne eines Rodungsbaus, sondern zogen eine anspruchsvollere Variante mit Terrassierungen und verschiedenen Formen der Bewässerung vor.

Die Mayazivilisation expandierte in Perioden, in denen es regelmäßig viel Niederschlag gab. Als sich das Klima verschlechterte und der Regen zwischen 800 und 900 für mehrere Jahre hintereinander aussetzte, wurde eine Kettenreaktion ausgelöst, die letztlich mit dazu führte, dass die Zentren südlich der Yucatán-Halbinsel aufgegeben werden mussten und vom Dschungel verschluckt wurden.[27] Da das erforderliche Wasser ausblieb, konnten sich weder die Städte noch die landwirtschaftlich geprägten Regionen länger am Leben erhalten. Die Position der Herrscher in der Gesellschaft hing davon ab, dass sie die Bevölkerung ausreichend mit Wasser und somit Nahrung versorgten, und die Vorstellung von ihrer besonderen Verbundenheit mit den Wassergöttern war ein zentraler Bestandteil ihrer Legitimation. Als das Wasser verschwand, brachen auch die Grundpfeiler ihrer Macht zusammen. Veränderungen im lokalen hydrologischen Kreislauf hatten also Auswirkungen auf die Autoritätsverhältnisse und somit auf die Fähigkeit der Gesellschaft, von außen kommende Angriffe zu bewältigen.

Wasser ist ein flüchtiger, aber gleichzeitig strukturell ewig währender Faktor, der dazu beitragen kann, Aufstieg und Fall der Mayazivilisation zu erklären, der jedoch gleichermaßen aufzeigt, dass es viel zu einfach ist, nur von einem simplen Zusammenbruch der Zivilisation zu sprechen. Dies lässt sich heute auf der Yucatán-Halbinsel gut erkennen, nicht zuletzt in Chichén Itzá, einer alten Mayastadt von zehn Quadratkilometern Fläche, die ihre Glanzzeit erst erlebte, als viele der zentralen Städte aus der klassischen Periode der Mayazivilisation bereits lange verlassen worden waren. Denn diese Stadt konnte aufgrund einer einzigartigen Wasserlandschaft überleben.

Während die Sonne ihre ersten, beinahe goldenen Strahlen durch eine überaus feine Dunstschicht auf die Spitze der 24 Meter hohen Kukulcán-Pyramide im Zentrum von Chichén Itzá lenkt, erklimme ich die vielen Stufen. Ich höre nichts anderes als das Geräusch meiner eigenen Schritte, einen bellenden Hund und einen unaufhaltsamen Specht irgendwo in den Bäumen hinter der Ruine des früheren Observatoriums. Ich muss an den Schöpfungsmythos »Popol Vuh« denken und fühle mich erhaben. In diesem klassischen Mayatext, der eine mehr oder weniger unverständliche Welt schildert, wird der wichtigste Schöpfungsvorgang als Morgengrauen beschrieben – und welch ein Morgengrauen wird mir hier auf der Kukulcán-Pyramide zuteil!

Die Welt und die Menschheit lebten in Finsternis, doch dann erschufen die Götter Sonne und Mond – und das Morgengrauen. Die Maya entwickelten ein Observatorium, einen Kalender und eine ausgefeilte Astronomie. Alle vier Seiten der Pyramide sind exakt auf die Himmelsrichtungen ausgerichtet, insgesamt gibt es 365 Stufen, einschließlich der obersten Plattform. Je näher ich der Pyramidenspitze komme, desto leichter begreife ich, dass Chichén Itzá in einer jahreszeitlich bedingten Wüste liegt und wie sehr der Name der Stadt die Bedeutung des Wassers unterstreicht: Er setzt sich aus *chi* (Münder), *chén* (Brunnen) und *Itzá* zusammen, was den Namen des Stammes bezeichnet, der sich hier niederließ.

Von der Spitze der Pyramide kann ich den *Cenote Sagrado* (heiliger Brunnen) sehen. Er ist der berühmteste der drei Brunnen, die die Stadt bewohnbar machten, bekannt insbesondere dafür, dass er, nach Ansicht vieler Forscher, auch als Opferplatz – besonders für junge Knaben – diente. Herrscher und Priester opferten sich sogar selbst, schnitten sich Zunge, Ohren oder Penis ab, andere Menschen wurden geopfert, indem man ihnen das Herz herausriss. Im Jahr 1904 kaufte der US-Amerikaner Edward Herbert Thompson die ganze Gegend und begann mit archäologischen Ausgrabungen. Unter anderem entfernte er das Wasser aus diesem besonderen Brunnen und stieß darin auf Skelette und andere Opfergaben, womit er die These vom Opferplatz untermauert sah.

Von der Spitze der auch als »El Castillo« bezeichneten Pyramide kann ich also den Anlass für meine lange Reise erblicken: die Cenoten. Überall in Chichén Itzá und auf der Yucatán-Halbinsel finden sich solche beständigen Wasserquellen, die es auch schon gab, als die Maya in Richtung Norden emigrierten. Die Dzonot, wie sie die Maya nannten, führten sogar Wasser, wenn das Land von einer Dürre geplagt wurde. Zwar gab es keine an der Oberfläche liegenden Flüsse, doch verfügten die Maya stattdessen über 3000 dieser natürlichen Senkbrunnen. Sie entstanden durch den Zusammenbruch der porösen Kalksteinerde. Ausgelöst wurden diese durch Regengüsse, Kohlendioxid und historische Fluktuationen des Meeresspiegels. Die Cenoten sind einzigartig und waren für die Landschaft Yucatáns so etwas wie der Nil für Ägypten, wenngleich auf etwas andere Art und in viel geringerem Umfang.

Der Zaci-Sinkbrunnen in Valladolid beispielsweise liegt wie ein See in der von unzähligen blaugrünen Schattierungen geprägten Landschaft. Auf der einen Seite nur von der Unendlichkeit des blauen Himmels begrenzt, befindet sich auf der anderen Seite des Brunnens ein von Stalaktiten bedeckter Felsvorhang aus Kalkstein. Tief in diesem großen Brunnen ist die moderne Welt unhörbar – es gibt nur Stille, das Geräusch meiner Schwimmzüge und einen heiseren Reiher. Während die Landschaft ringsum golden und braun verbrannt erscheint, muss man in den Cenoten durch eine blaugrüne fruchtbare Dschungellandschaft hinabsteigen, entlang einer Steintreppe.

Ruhelos fahre ich von einem Cenoten zum anderen, nicht wegen ihrer Schönheit, die im Übrigen – und das sei als Warnung für all jene verstanden, die zum falschen Zeitpunkt hierher kommen – vom Stand der Sonne abhängt, sondern um mehr über ihre Bedeutung und ihre Unterschiede zu verstehen. Die Cenoten waren sowohl das ökonomische als auch das rituelle Zentrum der Maya. Sie wurden als Bauch der Erde und als feuchte Tore zu den Göttern der Unterwelt betrachtet. Deshalb dienten sie als Opferplätze – um den Regengott Chaac zu besänftigen.

Der spektakulärste Cenote ist Dzitnup oder Keken, 52 Kilometer südlich von Mérida, nahe der Stadt Abalá gelegen. Er ist völlig unter der Erde verborgen. Während ich hinunterklettere und mich über immer feuchter werdende Steine bewege, kann ich deutlich den Kontrast zwischen der trockenen Luft, die ich verlasse, und der feuchten, klammen Luft im Cenoten wahrnehmen. Große Bäume scheinen in der Luft vor mir zu hängen; auf der Suche nach Wasser haben die Wurzeln das Gestein des Cenoten durchbrochen. Ich schlüpfe unter ein paar mächtigen und sehr tief herabreichenden Stalaktiten hindurch und sehe den unterirdischen Brunnen vor mir liegen: eine blaugrüne Oase völlig reinen Wassers, in der die hiesige Bevölkerung vor der Sonne geschützt badet; riesige Stalaktiten, die in allen Formen von der Decke bis ins Wasser herabhängen, während gleichzeitig Stalagmiten vom Grund des Brunnens bis fast zur Decke emporwachsen. Und dann das Licht, das auf beinah spielerische Weise durch ein kleines Loch in der geschwungenen Erddecke über dem Cenote hereindringt. Es fällt mir nicht schwer nachzuvollziehen, warum diese Orte zu religiösen Kultstätten wurden, denn sogar architektonisch ähneln sie Kathedralen.

Wie inzwischen geklärt ist, sind die Cenoten nur der sichtbare Teil eines gigantischen unterirdischen Flusssystems. Bill, ein US-Amerikaner, der nach dem Vietnamkrieg seiner Heimat den Rücken kehrte, will mir einen unterirdischen Fluss zeigen, den er selbst entdeckt und erforscht hat. Mitten im Wald hält Bill an, wir steigen eine Leiter hinunter, die aus einem von trockenem Buschwerk umkränzten Loch im Boden herausragt, und nach ein paar Metern in der Dunkelheit offenbart sich ein fantastisches Naturphänomen: Der Eingang zu einem weit verzweigten Flusssystem, das sich kilometerweit unter der Yucatán-Halbinsel erstreckt – das längste unterirdische Flusssystem der Welt.

Diese Flüsse sind es, welche die Cenoten mit Wasser versorgen und so das Überleben der Landwirtschaft auf der Yucatán-Halbinsel ermöglichten. Sie waren so etwas wie dauerhafte Versicherungen gegen die Veränderungen des Klimas und die Instabilität des Niederschlags. Interessant ist, dass die Flüsse durch einstmals trockene Grotten fließen – was die Bildung der Stalaktiten ermöglichte – und das Wasser somit die Spuren einer noch früheren Kultur überdeckt. Als das Eis schmolz, stieg der Meeresspiegel an, und da Süßwasser leichter als Salzwasser ist, entstanden Süßwasserflüsse. Die Veränderungen im Kreislauf des Wassers bildeten also sowohl die Grundlage für die Entstehung der Mayazivilisation als auch für ihren teilweisen Zusammenbruch. Umgeben von dieser unterirdischen Dunkelheit und dem Geräusch des gluckernden Wassers kann ich ein weiteres Mal erkennen, wie Veränderungen in der Wasserlandschaft zu Katalysatoren für umfassende historische Wandlungsprozesse wurden und einige zu Gewinnern, andere hingegen zu Verlierern machten.

Als ich etwas später am Ufer des Golfs von Mexiko sitze und die tosenden Nachmittagswellen beobachte, versuche ich mir vorzustellen, wie die Maya wohl reagiert haben mögen, als im 9. Jahrhundert das Regenwasser, von dem sie lebten, einige aufeinanderfolgende Jahre ausblieb. Hätten sie ihre Städte retten können, wenn sie besser vorbereitet gewesen wären? Welche Auswirkungen hatte die Katastrophe auf ihr Weltbild und ihre Vorstellungen von Entwicklung? Und in welchem Maße sind unsere heutigen, viel komplexeren Gesellschaften dazu in der Lage, solch radikale Änderungen in der Wasserlandschaft zu bewältigen?

Wieder einmal wird mir klar, dass es für einen rückwärts blickenden Historiker durchaus möglich ist, über die Zukunft des

Wassers zu schreiben, weil Wasser viel mit der Tiefenstruktur der Geschichte und der menschlichen Entwicklung zu tun hat. Denn mehr als sonst gilt für dieses Forschungsfeld, dass der gestrige Tag bis in das Morgen hineinreicht und der morgige Tag bereits vor tausenden von Jahren begonnen hat. Die Senkbrunnen und die unterirdischen Flüsse in Yucatán, umgeben vom verblichenen Glanz der Mayaruinen, erinnern stets daran, dass der Mensch nicht weit gekommen ist, wenn es darum ging, das Wasser in seiner natürlichen Unberechenbarkeit unter Kontrolle zu bringen und dass die Maya letztlich unsere Zeitgenossen sind.

Das Zeitalter der Wasserfürsten

»*Was löst Kriege aus? Kämpfe um das Wasser, Veränderungen bei den Niederschlagsmengen, Kämpfe um die Produktion von Lebensmitteln. Hier geht es um etwas, das den Frieden und die Sicherheit auf der ganzen Welt bedroht.*«

(Margaret Beckett, britische Außenministerin, 2007)

»*Auf der ganzen Welt*
gibt es nichts Weicheres und Schwächeres als das Wasser.
Und doch in der Art, wie es dem Harten zusetzt,
kommt nichts ihm gleich.«

(Laozi, »Tao te king«)[28]

Seit Entstehung der ersten Gesellschaften ist Wasser ein Quell für Konflikte und Machtkämpfe. Auch in den kommenden Jahrzehnten wird die Gefahr von Auseinandersetzungen stark wachsen. Zwar ist noch nicht sicher, ob wir in einem Jahrhundert der Dürren oder der großen Überschwemmungen leben werden, aber die Frage nach der Macht über die Wasserressourcen ist bereits ins Zentrum der strategischen Erörterungen von Politikern und Ökonomen gerückt.

Wachsende Bevölkerungen und durch globale Erwärmung hervorgerufene Wasserknappheit können zu Unruhen und Kriegen führen, befürchtet die britische Regierung. Sie bereitet ihre Landsleute darauf vor, dass britische Soldaten innerhalb der nächsten 20 bis 30 Jahre überall auf der Welt an regionalen Kriegen um das Wasser eingesetzt sein werden. Der Klimawandel im Laufe der nächsten zwei Jahrzehnte kann zu Naturkatastrophen führen, bei denen Millionen von Menschen ihr Leben verlieren. Zahlreiche Kriege werden entstehen – um Nahrung, um Energie und nicht zuletzt um Wasser. Diese wiederum werden massive Migrationswellen hervorrufen und weitere Kriege auslösen, in denen es um das Überleben ganzer Länder gehen kann: Dies sind Aussagen von zwei Politikexperten, die in einem Geheimbericht für das Pentagon im Jahr 2004 zu finden sind.[29] Und in Indien stellte der damalige Minister für Wasserwirtschaft, Priya Ranjan Dasmunsi, lakonisch fest: »Ich bin nicht der Minister der Wasserressourcen, aber der Minister der Wasserkonflikte.«[30]

Gewiss hatte die britische Außenministerin Margaret Beckett recht, als sie Anfang 2007 sagte, dass der Kampf um das Wasser früher oder später zu einer Bedrohung von Frieden und Sicherheit führen werde. Allerdings drückt diese Behauptung eine vereinfachte und mechanische Sicht auf die Gesellschaft aus und unterschätzt die Erfindungsgabe und die Anpassungsfähigkeit des Menschen sowie seine Bereitschaft zu Kompromissen. Ebenfalls einseitig und oberflächlich ist auch die Gegenposition, wenn der mögliche Ausbruch von Kriegen und Konflikten, in denen Süßwasser einer von vielen relevanten Faktoren ist, abgestritten oder behauptet wird, dass es keine konfliktauslösende Dynamik zwischen Ressourcenknappheit und Migration gäbe.

In der Presse ist häufig zu lesen, dass Wasser künftig den Stellenwert des Öls als Ursache von Konflikten übernehmen werde. Doch der Vergleich hinkt. Der Kampf um die Macht über das Wasser wird sich völlig anders zu einer Frage von Leben und Tod entwickeln, er wird bis in alle Ewigkeit andauern und alle Menschen betreffen. Außerdem wird er sich ganz anders gestalten und viel subtiler verlaufen, denn die Besitzrechte an einer gemeinsam genutzten Ressource werden viel schwieriger zu klären sein. Der Kampf um die Macht über das Wasser wird sich zwischen Individuen, zwischen Gruppen, zwischen Stadt und Land, zwischen Staaten und

Regionen abspielen. Es wird sich nicht nur um einen Kampf um die Macht über eine Ressource handeln, sondern zugleich um einen Kampf um zentrale religiöse Symbole und kulturelle Traditionen. Da die Hälfte der Menschheit an Wasserläufen lebt, die durch zwei oder mehr Länder fließen, kann die Macht über die Wasserressourcen kontinentale und globale Bedeutung erlangen, zumal es sich als schwierig erwiesen hat, einen verbindlichen internationalen Gesetzesrahmen zu schaffen. Darüber hinaus ist das Wasser mitunter auch in den Regionen eines Landes sehr ungleich verteilt, was dazu führen kann, dass die nationale Einheit in Frage gestellt wird. Kaum etwas kann die gravierenden sozialen Unterschiede auf der Welt unmissverständlicher ausdrücken als Wasser, da Reiche und Arme gleich viel davon haben müssen, um leben zu können.

Die 900 Millionen Menschen, die 2006 auf der Erde in Slums lebten, haben täglich nicht mehr als fünf bis zehn Liter Wasser zur Verfügung. Dieses mit Tankwagen herbeigeschaffte Wasser kostet in der Regel mehr als das fließende Wasser, das die gut situierten Einwohner derselben Stadt nutzen können.[31] Diese Ungleichheit wird in den wachsenden Großstädten der Erde zu sozialen und politischen Konflikten führen.

Als der deutsche Philosoph Immanuel Kant vor mehr als zweihundert Jahren, 1795 in seinem Essay »Zum ewigen Frieden« optimistisch schrieb, dass die Welt zu ewigem Frieden vorbestimmt sei – entweder aufgrund weiser menschlicher Voraussicht oder durch Katastrophen, die den Menschen zu entsprechenden Verträgen zwängen –, übersah er einen fundamentalen und nachhaltigen Aspekt: Der unabdingbare und sich ständig verändernde Bedarf an Wasser steht einer permanenten Unberechenbarkeit dieses Elementes gegenüber. Die damit verbundene, extrem ungleiche Verteilung des Süßwassers, das immer flüchtig bleibt und sich über Landesgrenzen, kulturelle und soziale Schranken auf der ganzen Welt hinwegsetzt, wird kontinuierliche Reibungen hervorrufen und es ist keineswegs ausgemacht, dass sich die Beteiligten dabei stets gütlich einigen.

Keine Theorie, sei es über das Verhältnis zwischen Staat und Markt, über das Agieren der Staaten auf internationaler Ebene oder über das Verhältnis zwischen Macht und Ausnutzung von Ressourcen, hat dieses komplex globale, regionale und lokale Spiel um das Wasser bisher ausreichend darstellen können.

Sun City und Südafrikas kurzer
»Wasserkrieg« mit Lesotho

Reisen sei zu einer illusorischen Flucht vor der unerträglichen Langeweile der Mittelklasse geworden, schreibt der im Jahre 2009 verstorbene britische Autor James Graham Ballard. Er trifft ins Schwarze, wenn er mit Reisen eine um der Erregung willen unternommene Jagd auf das Fremdartige, das Andere, sogar das Entwürdigte meint.

Sun City liegt nördlich von Johannesburg und Pretoria inmitten der trockenen Buschlandschaft Südafrikas. Es gilt als afrikanisches Äquivalent zu Las Vegas – eine künstliche Kitschmetropole mit Kasinos, Luxusrestaurants und Musikbühnen. Ich bin dorthin gefahren, um mir ein konkretes Beispiel für die totale Eroberung der Natur durch den Menschen anzusehen. Sun City steht im Kontrast zur Existenz all jener Frauen auf diesem Kontinent, die kilometerlange Strecken zwischen Wohnort und Wasserquelle zurücklegen müssen, um Wasser für ihre Familien zu holen und damit einen Großteil ihres Lebens verbringen.

Die Architekten haben in Sun City die natürliche Bestimmung des Ortes mithilfe von Wasser aufgehoben. Sie haben das Wasser aus dem Grund heraufgepumpt und eine neue Oase erschaffen. Das Hotel »Cascades« liegt gleich neben einem künstlichen Wasserfall. Dessen Wasserlauf hat zuvor 250 000 Quadratmeter von Menschenhand angelegten Dschungels durchflosssen, mit Scharen tropischer Vögel, die hier genauso schön und exotisch singen, als befänden sie sich im unberührten, echten Dschungel. Es gibt leuchtend grüne Golfplätze und befestigte Wege inmitten eines komplexen Systems aus künstlichen Seen, Flüssen, Wasserfällen und Stromschnellen sowie einen Strand, an dem fast zwei Meter hohe, ebenfalls künstliche Wellen Bewegung und Geräusch des Meeres initiieren. Sogar Surfer reiten über die Wogen, als befänden sie sich tatsächlich am offenen Meer.

Auch der nahe Nationalpark Pilanesberg ist um künstliche Seen und Wasserlöcher herum gebaut worden. Fast 6000 Tiere – Elefanten, Giraffen, Löwen, Nashörner und Büffel – wurden durch die sogenannte *Operation Genesis*, den bisher umfangreichsten Tiertransport in der Geschichte, dorthin gebracht.

Ich übernachte in einer nahe gelegenen Lodge, und als die Sonne aufgeht und ihre Strahlen auf eine scheinbar völlig gewöhnliche afrikanische Savannenlandschaft fallen, stehe ich mit anderen Touristen auf der Ladefläche eines Pick-ups, blicke auf eine Kulisse und glaube tatsächlich, dass ich auf Safari sei.

Obwohl die Landschaft und Sun City einem Bühnenbild ähneln, sind sie für die Wassersituation in Südafrika und den Großstädten der Welt durchaus von Interesse. Die Kitschmetropole demonstriert die Möglichkeiten von Geld und Technologie: Gehen diese Hand in Hand, kann die Wasserknappheit lokal überwunden werden.

Nur ein paar Autostunden von dieser Kunstwelt entfernt liegt Johannesburg, das Finanzzentrum Südafrikas, in dem sich die Wolkenkratzer wie zum Protest gegen die Elendsbilder, von denen westliche Medienberichte über das Land dominiert werden, in die Höhe recken. Im Center von Sandton City mit seinen 144 000 Quadratmetern Ladenfläche (angeblich das größte Einkaufszentrum auf der Südhalbkugel) verlaufe ich mich. Johannesburg ist eine jener Städte, welche die Theorien untergraben, nach denen sich Gesellschaften allmählich, Schritt für Schritt und in Einklang mit ihren Traditionen weiterentwickeln. Vor gut einhundert Jahren gab es hier noch gar nichts. Doch dann fand ein Mann namens George Harrison Gold, und seitdem ist keine Stadt schneller gewachsen als Johannesburg. In ihrem Einzugsgebiet leben heute acht Millionen Menschen.

Der Zufall will es, dass Johannesburg einen zentralen Platz im weltweiten Wasserdiskurs und in der globalen Wasserpolitik der Zukunft einnimmt – und das in dreifacher Hinsicht: Zunächst einmal ist es das Finanzzentrum jenes Landes, das 1996 als erstes der Welt den Zugang zu Wasser als Menschenrecht erklärte. Somit wird die Entwicklung in Johannesburg Auswirkung auf die globale Diskussion über die rechtlichen Grundlagen der Wassernutzung sowie auf die Preisermittlung des Wassers haben. Zweitens war Johannesburg der Ort, an dem die führenden Politiker der Welt im Jahr 2002 zum ersten Mal darin übereinkamen, dass die Wasserfrage an die Spitze der politisch-ökonomischen Agenda gesetzt werden müsse. Die Stadt wird daher stets mit dem Kampf um das Erreichen der UN-Entwicklungsziele (Millenniumsziele) im Wassersektor verbunden sein. Und drittens ist Johannesburg die erste Hauptstadt, die von Trinkwasser lebt, das aus einem Nachbarland importiert wird. Auch dies weist voraus auf eine Zukunft, in der Trinkwasser zu einer Handelsware zwischen verschiedenen Ländern werden kann. Die Region Johannesburg ist trocken und wasserarm, und alle Szenarien über die Zukunft des dortigen Klimas sagen voraus, dass der Niederschlag dramatisch zurückgehen und sich die Wasserkrise daher weiter verschärfen wird.

Die Kombination dieser Faktoren hat Johannesburg in ein globales Symbol für den Kampf gegen die »Privatisierung des Wassers« verwandelt, ein Kampf, der in vielen Städten rund um die Welt begonnen hat – vom bolivianischen Cochabamba über Daressalaam in Tansania und Accra in Ghana bis nach Dhaka in Bangladesch.[32] Während die Staatenlenker 2002 über den genauen Wortlaut einer Erklärung zur Bedeutung des Wassers für die globale Entwicklung stritten, marschierten tausende Bewohner der Johannesburger Townships auf und riefen: »Wasser für die Dürstenden!« Die Demonstranten luden Journalisten und Fotografen in das Stadtviertel Alexandra ein, da sie von dort aus, inmitten von Wellblechhütten, die Wolkenkratzer und Versammlungsorte der Politiker sehen konnten – nur ein paar tausend Meter entfernt.

Die Forderung lautete: kostenloses Wasser. Die Demonstranten erklärten, dass der Rohstoff, auf den alle laut Verfassung ein Anrecht hätten, nicht bezahlt werden dürfe. Sie verlangten, dass die Behörden die Verteilung des Wassers nicht großen französischen Gesellschaften überlassen sollten, wie es einige Pläne vorsahen.

Einige wollten auch eine Abschaffung der Wasseruhren durchsetzen, die den Verbrauch des Wassers messen. Die Demonstrationen zeitigten Erfolge: Die Behörden legten die Zusammenarbeit mit den internationalen Großkonzernen auf Eis und setzten durch, dass alle Haushalte eine bestimmte Menge Wasser kostenlos erhalten. Verbraucht ein Haushalt jedoch mehr als diese vorherbestimmte Quote, muss er bezahlen. Die Behörden meinen, die Bewohner so von Wasserverschwendung abhalten zu können, da die Stadt nun einmal zu wenig Wasser habe. Die Initiative wird von den Behörden als Erfolg betrachtet, als nachahmenswertes Modell, weil sich der Verbrauch dadurch reduziert hat und nun mehr Menschen als zuvor über sauberes Wasser verfügen.

Gleichwohl gibt es ein Dilemma: Der drohende Klimawandel und die breiter werdende Kluft zwischen vorhandenem Angebot und steigender Nachfrage wird in den kommenden Jahrzehnten Investitionen in Milliardenhöhe erfordern – doch wer soll diese aufbringen? Reichen die Steuereinnahmen der Staatshaushalte oder bedarf es privater Investitionen? Oder soll es hierfür eine internationale Umverteilung geben? Wie lässt sich die Idee vom Menschenrecht auf Wasser mit einem wie auch immer geordneten Tarifsystem vereinen? Wird die mitunter dogmatisch geführte Diskussion um menschliche Grundrechte die Durchführung von Reformen und die Entwicklung eines praktikablen und finanzierbaren Wassersystems eher verhindern?

Wie in vielen anderen Großstädten gehört in Johannesburg der Kampf ums Wasser zur Auseinandersetzung mit dem internationalen Großkapital. Einige der weltweit größten Unternehmen bemühen sich seit Jahren darum, die Kontrolle über die Wasserversorgung in Großstädten auf der ganzen Welt zu erlangen. Die Unternehmen heben stets hervor, dass sie eher in der Lage seien, den meisten Menschen in armen Ländern sauberes Wasser in ausreichender Menge zur Verfügung zu stellen, als bürokratische öffentliche Institutionen. Im Allgemeinen treffen diese Unternehmen jedoch auf Widerstand, besonders bei Globalisierungsgegnern.

Adam Smiths Theorien über das Wasser, wie er sie in seinem Buch »Wohlstand der Nationen« im Jahre 1776 beschreibt, sind noch immer hochaktuell. Demnach ist Wasser ein Gut, das aufgrund seiner Eigenschaften nicht den prinzipiellen Gesetzen der Ökonomie – dass also Preise danach bestimmt werden, was die Konsumenten für knappe Waren zu zahlen bereit sind – unterworfen werden könne. Die Aktivisten in Soweto im südwestlichen Johannesburg werden Smith kaum gelesen haben, doch sie stehen auf seinem Standpunkt und wollen für Wasser nichts bezahlen, weil sie es nicht als Ware betrachten.

Bei allen Auseinendersetzungen genießt die Region um Johannesburg jedoch auch einen örtlichen Vorteil. Nur ein paar hundert Kilometer von Soweto, Alexandra und dem Wirtschaftszentrum des Landes entfernt liegt, inmitten von Südafrika, ein kleines Gebirgsland: Lesotho. Von hier beziehen Johannesburg und seine Randsiedlungen ihr Wasser. Lesotho ist ein armes Land, kann jedoch mit einem besonderen Reichtum aufwarten, nämlich dem »blauen Gold«.

Nie zuvor hatte ich das Gefühl, so unvermittelt die Grenze zwischen zwei Welten zu überschreiten, wie in dem Augenblick, als ich von Südafrika nach Lesotho fuhr. Auf der einen Seite Modernität, Hochtechnologie, schöne Gebäude, gepflegte Gärten und angenehme Restaurants. Auf der anderen Seite des Flusses Caledon dagegen Armut, Lehmhütten, Esel mit allzu schwerer Last und Kinder als Hirten. Die Vereinten Nationen stufen 40 Prozent der Bevölkerung des Landes als »extrem arm« ein, und nur wenige Länder auf der Welt haben mehr AIDS-Kranke. Die hier lebenden Basuto (Sotho) kamen Anfang des 19. Jahrhunderts auf der Flucht vor den Voortrekkers – Nachkommen niederländischer Siedler, die in das südafrikanische Flachland vordrangen – hierher und ließen sich bei den Maluti-Bergen nieder, die heute als »Königreich im Himmel« bezeichnet werden.

Während sich unser Wagen langsam die steil ansteigenden Haarnadelkurven hinaufmüht, schließlich das mächtige Felsplateau in

3000 Metern Höhe erreicht und unter uns leichte Wolken zwischen den mit Grün überzogenen Felswänden schweben, wird schnell deutlich, wieso das Land immer eng mit Südafrika verbunden war und warum Südafrika an diesem Land stets ein großes strategisches Interesse haben wird. Lesotho lässt sich am besten als Südafrikas Wasserturm begreifen, denn nur hier, in fast unmittelbarer Nähe zu dessen Finanzzentren, besteht für das große Nachbarland die Möglichkeit, sich sicher und ausreichend mit Wasser zu versorgen. Die Wassersituation Südafrikas gilt als so prekär, dass die politischen Führer des Landes inzwischen sogar erwogen haben, Wasser aus so weit entfernten Ländern wie dem Kongo oder Angola zu importieren. Mindestens die Hälfte des Wassers in den südafrikanischen Flüssen kommt allerdings aus Lesotho. Frühere Regierungen Südafrikas – insbesondere nachdem die Nationale Partei (NP) Ende der 1940er Jahre die Macht übernommen hatte – wollten Lesotho ihrem Land einverleiben. Südafrika warf den britischen Machthabern, unter deren Protektorat Lesotho stand, vor, zu wenig dagegen zu unternehmen, dass die aus den Bergen kommenden Flüsse Unmengen an Schlamm mit sich führten und so die südafrikanischen Wasseranlagen zerstörten. Damit würden sie die südafrikanischen Flüsse und mit ihnen den gesamten Industrialisierungsprozess des Landes blockieren. London wollte ursprünglich Lesothos Unabhängigkeit gegenüber Südafrika stärken, indem man auf Energieproduktion durch Wasserkraft für den Export nach Südafrika setzte, doch dieses Vorhaben misslang, sogar das Gegenteil trat ein: Ab 1968 war es Südafrika, das Energie nach Lesotho exportierte. Die großen Wasserpläne Lesothos beschränkten sich auf den Export unbehandelten Wassers in die südafrikanische Provinz Gauteng.

Das einzige Anzeichen für Modernität in dieser leuchtend grünen Felslandschaft mit ihren verstreut liegenden runden Hütten, aus denen zumeist dichter, träger Rauch aufsteigt, sind die Straßen und Staudämme, die von Südafrika erbaut wurden, um einen groß angelegten Export von Wasser zu ermöglichen. Solange Lesotho ein armes Land ist ohne die wirtschaftliche Kraft, die Nutzung des

Wassers im eigenen Land voranzutreiben, und solange es davon lebt, Arbeitskräfte und Wasser in das Nachbarland zu exportieren, ist der kleine Staat ein idealer Nachbar für die regionale Großmacht Südafrika. In den 1980er Jahren schlossen beide Länder ein Abkommen, das Lesotho verpflichtet, große Teile seines Wassers in das 300 Kilometer entfernte Johannesburg zu leiten.

Die Opposition in Lesotho verurteilte das Wasser-Abkommen mit Südafrika jedoch als Ausverkauf nationaler Ressourcen und organisierte Proteste. Im September 1998 entsandte Südafrika militärische Kräfte in die Hauptstadt Maseru und an den Katse-Damm, wo 16 Wachleute getötet wurden. Die Botschaft war eindeutig: Niemand in Lesotho sollte sich einbilden, dass Südafrika eine Gefährdung des Wasserexports zuließe. Während in Lesotho der Vorgang als »Invasion« betrachtet wurde und auch eine Entschuldigung gefordert wurde, sprach die politische Führung Südafrikas von einer »Intervention« zur Verteidigung geschlossener Verträge.

Der militärische Feldzug war schnell vorbei. Die Weltöffentlichkeit nahm von den Ereignissen kaum Notiz, doch in Lesotho gehört die Episode zu den traumatischen Ereignissen in der kurzen Geschichte des Landes. »Mein Bruder wurde hier getötet«, erzählt mir der Kontaktmann am Katse-Damm, als er mir die Anlage zeigt. Der große Staudamm ist 185 Meter hoch und in einem Halbkreis erbaut, um dem massiven Druck standzuhalten.

Später am Abend, als das Licht so blau wird, dass man meinen könnte, es würde sowohl vom Himmel als auch von der Wasserfläche eingefärbt, stehe ich am Rand dieses künstlichen Sees. Was ich hier sehe, ist womöglich ein Zukunftsszenario: Trinkwasser wird zu einer internationalen Handelsware, nicht nur in Flaschen, sondern in Röhren und Kanälen, die möglicherweise von Nord- nach Südeuropa, von der Türkei in den Nahen Osten oder von Kanada in die USA führen. Es scheint fast paradox, dass ausgerechnet hier, auf einer schönen, unbewohnten, in 3000 Metern über dem Meeresspiegel liegenden Hochgebirgsebene in einem kleinen, kaum bekannten afrikanischen Land diese Zukunft eingeläutet wird. Ein bitterarmes Land lebt davon, eine erneuerbare Ressource in ein reiches Nachbarland zu verkaufen.

Wird Wasser erst zu einer internationalen Handelsware, dann ändern sich auch die globalen Machtverhältnisse. Die wasserreichen Länder werden ein größeres strategisches Gewicht erlangen. Jene Staaten, die am Oberlauf der Flüsse liegen und somit das Wasser kontrollieren können, werden künftig eine ganz neue geopolitische Machtposition erhalten. Sind die Wasserfürsten hingegen stromabwärts angesiedelt, werden politisch schwache »Wasserturmländer« womöglich an ihrer Entwicklung gehindert und in Abhängigkeit gehalten, was neue Konflikte heraufbeschwören dürfte.

Wüste, Wasserfest und Wassergericht in Spanien

»Von Jahr zu Jahr wird es trockener. Wenn uns niemand hilft, werden wir noch zu einer Wüste. Einer kompletten Wüste. Und wie Sie wissen, dauern politische Entscheidungsprozesse oft Jahre, und niemand findet eine Lösung.« Das leichte Stottern des englisch sprechenden Mannes verstärkt den Eindruck der Verzweiflung. Er steht, korrekt gekleidet mit weißem Hemd und schwarzer Hose, vor der Hoteltür und drückt die Frustration einer ganzen Region aus. Die Wassersituation in einigen Gegenden Südspaniens wird immer schlimmer. Inzwischen verläuft eine regelrechte Trennlinie zwischen den wasserarmen und den wasserreichen Landschaften. Als die Mauren vor über tausend Jahren in das Land vordrangen, nannten sie es *Iberia*, das Land der Flüsse. Im Vergleich zu den trockenen Regionen des Mittleren Ostens und Nordafrikas war Spanien ein wahres Wasser-Dorado. Das Land wird von circa 1800 Flüssen durchzogen, von denen die meisten jedoch eher klein und kurz sind und einige in den Sommermonaten völlig austrocknen. Der gesamte Modernisierungsprozess Spaniens war daher mit einer umfassenden Kontrolle der Wasserressourcen verbunden: Kein anderes Land hat im Verhältnis zu seiner Fläche so viele Staudämme errichtet wie Spanien – über tausend große Dammanlagen, die die ungleiche Verteilung der Wasservorkommen ausgleichen sollen.[33] Konservative Politiker und die Regionen im Süden würden diese Hydrostrategie gern fortführen und gehen davon aus, dass ein solches Wassermanagement angesichts der Unsicherheit über die Zukunft des Klimas noch wichtiger wird. Sozialdemokratische Politiker und die Regionen im Norden hingegen möchten lieber eine neue Wasserpolitik gestalten, die auf Einsparungen, Wiederverwertung sowie einer den Möglichkeiten der vorhandenen Wasserlandschaft angepassten Ökonomie basiert. Spanien ist ein gutes Beispiel dafür, wie Distribution und Verbrauch von Wasser immer stärker zu einem zentralen innenpolitischen Thema werden kann.

Für den modernen Massentourismus und sonnenhungrige Nordeuropäer sind die südlichen Regionen Spaniens ein wahres Paradies – gerade weil es dort so wenig regnet. Das sonnenreiche Südspanien, das noch vor zwanzig Jahren zu einer der ärmsten Regionen des Landes zählte, hat einen geradezu märchenhaften wirtschaftlichen Aufschwung erfahren. Der massive Ausbau mit Hotelanlagen, Golfplätzen und Swimmingpools erfordert indes mehr Wasser, als die Region zur Verfügung hat. Gleichzeitig expandiert die von künstlicher Bewässerung abhängige Landwirtschaft in dieser Gegend sehr rasch – und das, obwohl Gesetze verabschiedet wurden, die einen weiteren Ausbau davon untersagen. Da allerdings der Export von Gemüse, insbesondere Tomaten, in andere europäische Länder äußerst lukrativ ist, wird weggeschaut und nimmt diese Expansion weiter zu. Die Bauern wissen sich zu helfen: Nach Schätzungen soll es zwischen 0,5 und 1,5 Millionen illegale Bohrlöcher geben, die zur Grundwassergewinnung ausgehoben wurden.[34] In Almería, auch »Meer aus Plastik« genannt, liegen die Treibhäuser in Reih und Glied. Kilometer um Kilometer, geradezu endlos, erstrecken sich schwarze Rohre, die Wasser zu den Pflanzungen leiten, durch die Landschaft. Glaubt man der örtlichen Presse, haben die Behörden in Almería darüber hinaus – in Erwartung erhöhter Wasserzufuhr aus dem Norden – Baugenehmigungen für 100 000 Ferienhäuser und zehn Golfplätze erteilt.

Etwas außerhalb von Alicante versuchen wir, den Fluss zu finden, der – zumindest laut Landkarte – von den Bergen durch die Stadt ins Meer strömt. An der Stadtgrenze sehen wir schließlich das Flussbett – allerdings ohne einen Tropfen Wasser. Und im Vinalopó, einem weiteren Fluss, der die spanische Landwirtschaft und die wachsende Tourismusbranche in den kommenden Jahrzehnten mit Wasser versorgen soll, spielen Kinder Fußball und lassen sich mit mir auf ein Fahrradwettrennen ein, denn hier ist alles trocken, vollständig trocken.

Der Kampf um das Wasser nimmt mitunter erstaunliche Züge an: Zeitungen berichten, dass die Landesregierung von Andalusien ein ganz neues Satellitensystem einsetzen wolle, um die Einhaltung der Beschränkungen des Wasserverbrauchs entlang der Costa del Sol zu überwachen. Andere regionale Regierungen, zum Beispiel in Kastilien-La Mancha, sollen Helikopter losgeschickt haben, um die Wasservorräte der Nachbarregionen auszuspionieren.

»Immer weniger Menschen kaufen sich Häuser in Spanien. Was soll man mit einem Swimmingpool ohne Wasser?« Solche Schlagzeilen sind immer häufiger zu lesen, nachdem sich Briten, Skandinavier und andere Nordeuropäer jahrelang auf die Sonnenküste gestürzt und dort Anwesen erworben haben. Ich fahre durch ein Tourismusgebiet, in dem viele Schwimmbecken leer sind und öffentliche Brunnen stillgelegt wurden. Zeitungen warnen davor, dass Millionen von Spaniern aufgrund des örtlichen Wassermangels demnächst zum Kauf von Mineralwasserflaschen übergehen müssten. Immer wiederkehrende Trockenperioden und der permanente Überverbrauch von Wasser haben dazu geführt, dass einige Wasserreservoire nur noch zehn Prozent ihrer normalen Kapazität führen. Und gleichzeitig spekulieren Klimaforscher darüber, dass die Temperaturen in Südspanien bis 2020 um 2,5 Grad und bis 2050 sogar um 5 Grad ansteigen werden und sich parallel dazu der Niederschlag um 25 Prozent verringern wird. Glauben wir diesen Voraussagen, wird Südspanien also noch mehr Sonnenschein bekommen und gleichzeitig über noch weniger Wasser verfügen.

Trotz der strukturellen Wasserkrise, die immer dann akut wird, wenn es besonders trocken ist, erweitern die Bauern die auf künstliche Bewässerung angewiesenen Anbauflächen, und Immobilienfirmen bauen noch mehr Häuser und Hotels mit Swimmingpools. Allein in der Region Murcia planten die Behörden vor der großen Krise eine Verdoppelung des touristisch nutzbaren Potenzials innerhalb von zehn Jahren, was einer Million Hotelbetten und 100 000 neuen Ferienwohnungen entspräche.[35] Währenddessen gehen die Vereinten Nationen davon aus, dass die nordafrikanische Wüste nach Spanien »überspringt« und bis zum Jahr 2050 ein Drittel des Landes einnimmt.

Die wasserarmen Regionen setzen mittlerweile auf Wassersparmaßnahmen. Golfplätze beispielsweise werden immer häufiger mit wieder aufbereitetem Wasser versorgt und nicht mehr mit Frischwasser. Ungeachtet dessen sind Politiker und Einwohner im Süden der Ansicht, dass einfach nur mehr Wasser herangeführt werden müsse; da Spanien im Prinzip über viel Wasser verfüge, sollten die Regionen im Norden das Wasser mit ihren Landsleuten im Süden teilen.

Die Zentralregierung in Madrid wurde gebeten, für eine gerechtere Verteilung des Wassers zu sorgen. Seit den 1990er Jahren kursieren auch Pläne, Wasser aus den österreichischen Alpen und der Rhone in Frankreich bis nach Barcelona zu leiten. Der umfassendste und am realistischsten klingende Plan besteht allerdings darin, dem größten Fluss des Landes, dem Ebro, Wasser zu entnehmen und durch Kanäle und Tunnel in den Süden fließen zu lassen. Der Nationale Plan zur Wasserwirtschaft umfasst zwei Hauptkomponenten: Eine Überführung von jährlich mehr als 1000 Kubikhektometern Wasser aus dem Ebro in die katalanischen Flüsse Júcar, Segura und die südlicher liegenden Wasserläufe sowie ein Paket mit 889 Projekten zur Kontrolle des Wassers.

»Unser Ebro darf nicht dazu missbraucht werden, Golfplätze und touristische Anlagen zu bewässern!«, wurde dagegen auf einer der größten Demonstrationen in der jüngeren Geschichte Spaniens gerufen. 400 000 Menschen versammelten sich Ende 2000 in Saragossa an den Ufern des Ebro und skandierten Parolen gegen den von der Regierung beabsichtigten hydrologischen Plan. Die Demonstranten meinten, dass das Projekt eine ökologische Katastrophe nach sich ziehen würde, und forderten stattdessen eine neue Wasserpolitik – eine blaue Revolution auf Grundlage einer ganz anderen Philosophie.

Ungeachtet dessen setzte der konservative spanische Ministerpräsident José María Aznar 2004 mit dem ersten Spatenstich das umstrittene Projekt in Gang. »Die vom Ebro wegführenden Kanäle werden allen nutzen und niemandem schaden«, erklärte er.

Die Gegner des Projektes sind jedoch anderer Auffassung. Als die Sozialdemokraten noch im selben Jahr an die Regierung kamen, lösten sie ihr Versprechen ein: Bereits am ersten Tag nach Regierungsübernahme verwarfen sie den kompletten Plan. Die neue Regierung betonte, dass der Bau von 15 Meerwasserentsalzungsanlagen genauso viel Wasser produzieren würde, wie die Umleitungen aus dem Ebro, und das auch noch wesentlich schneller und kostengünstiger. Ein Plan also, der logischer sei, als Wasser über eine Strecke von 3900 Kilometern durch Röhren und Kanäle zu führen, was nur der Bauwirtschaft nütze. Der Sprecher von Aznars Volkspartei (PP) hingegen warf der neuen Regierung vor, die Träume ganz Südspaniens zu zerstören. Auch die Regierungsvertreter aus dem Süden protestierten gegen die Annullierung des Plans, indem sie melodramatisch eine Flasche Ebrowasser in den völlig ausgetrockneten Vinalopó gossen.

Der Wasserexperte, mit dem ich an einem der alten Bewässerungskanäle in der Nähe von Saragossa entlanggehe, kennt sich in der Region gut aus. Er ist sich sicher: »Der Ebroplan wird niemals verwirklicht werden. Damit müssen sich die Menschen im Süden einfach abfinden.« Hier gehe es nicht nur um Wasser, sondern darum, welche Gesellschaft man eigentlich haben wolle, fügt er hinzu. »Wünschen wir uns wirklich eine zementierte und mit Golfplätzen überzogene Mittelmeerküste von Frankreich bis Gibraltar?«

Ja, anscheinend wollen es einige so haben, denke ich. Immerhin deuten die zahlreichen Korruptionsskandale im Zusammenhang mit der Baubranche darauf hin, dass viele diese Idee für finanziell einträglich halten. Solange sich daran nichts ändert, werden die Konflikte um das Wasser in Spanien immer größere Ausmaße annehmen. Die Politiker der wasserarmen Gegenden, in denen Tourismus und Landwirtschaft dominieren, werden nicht nach radikalen Umstrukturierungen in ihren eigenen Regionen verlangen, sondern stattdessen nach einer starken Zentralmacht rufen, die die wasserreichen Landesteile dazu zwingt, Wasser abzugeben. Die wasserreichen Regionen im Norden indes werden noch mehr Autonomie von Madrid einfordern, um nicht zuletzt die Herrschaft über das Wasser zu behalten, das sie als das ihre begreifen und das durch den Klimawandel in der Zukunft womöglich noch wertvoller wird.

»Das Ganze begann vor ungefähr zehn Jahren, nach einer langen Trockenperiode: Die Gläubigen beteten für Regen, und es regnete. Seitdem wird das Fest gefeiert.« Ich befinde mich in einer überfüllten Wohnung in Vilagarcía de Arousa an der spanischen Nordwestküste, um an dem hier jährlich stattfindenden Wasserfest teilzunehmen. Es beginnt am 16. August, also im wärmsten Monat des Jahres. Der Lärmpegel hat das Maß des Erträglichen schon etwas überschritten, doch durch all die Geräusche hindurch höre ich die feste Stimme der Wohnungsbesitzerin, die mich hereingelassen hat. Gut gelaunt und ausgestattet mit gefüllten Wassereimern und geladenen Wasserpistolen strömen die Besucher auf den Balkon hinaus, in der festen Absicht, irgendjemanden da unten auf der Straße nass zu machen. Ich weiß zwar, wieso das Fest gefeiert wird, deshalb bin ich schließlich hierher gekommen, doch nun reißt mich der Enthusiasmus der jungen Frau, die den Ursprung des Festes erläutert, mit. Nicht nur mich, sondern auch alle anderen um mich herum.

An diesem Tag durch die Stadt zu laufen, ist mit einem gewissen Risiko verbunden. Überall schütten die Menschen Wasser von Hausdächern und Balkonen. Mitten auf dem Marktplatz steht die Feuerwehr und bespritzt alle, die Lust darauf haben. Die Stadt feiert ihren Wasserreichtum, denn obwohl auch hier der Regen manchmal ausbleiben kann, sind die Bewohner Nordspaniens doch die Wasserfürsten des Landes. Bezeichnenderweise regnet es an diesem 16. August, und es ist kalt.

Dieses Wasserfest versinnbildlicht allerdings etwas mehr als nur die ungerechte Verteilung des Wassers im Land. Der Konflikt zwischen dem trockenen Süden und dem wasserreichen Norden um die Verteilung des Wassers wird hier mit Wertekonflikten, Parteigegensätzen und strukturellen Streitfragen zwischen den Regionen und der Hauptstadt Madrid verknüpft.

Valencia an der Ostküste Spaniens ist eine Stadt, an der Touristen auf dem Weg von Barcelona an die Südküste gewöhnlich vorbeifahren. Für eine »Wasserreise« ist es allerdings ein absolutes Muss, denn hier befindet sich der älteste Gerichtshof Europas: das sogenannte Wassergericht, dessen lange Geschichte davon zeugt, dass in Spanien Konflikte um dieses Element kein neues Phänomen sind.

Das Wassergericht liegt inmitten der Altstadt. Am frühen Morgen, wenn der Verkehr die Atmosphäre noch nicht vergiftet hat, kann man an ockerfarbenen Häusern vorbei durch die engen Straßen laufen und Geräusche hören, die man wohl nur in Städten mit offenen Fenstern und davor angebrachten Fensterläden wahrnimmt: eine Frau, die ihren Mann ausschimpft; zankende Kinder; jemand, der Gustav Mahlers »Lied von der Erde« abspielt, während nebenan Geige geübt wird. Und plötzlich öffnet sich vor mir die Plaza de la Constitution. Hier ist auch das Wassergericht.

Seit über tausend Jahren treffen sich vor der Kathedrale von Valencia jeden Donnerstag um zwölf Uhr die Bauern, um kleinere Streitigkeiten um das Wasser auszutragen. Sie alle betreiben Landwirtschaft in der Nähe der acht künstlich angelegten Kanäle, welche die Stadt umgeben und die die Ebene von Valencia, die Huerta, zu einem der fruchtbarsten Gebiete Europas gemacht haben. Das Tribunal wurde um das Jahr 960 zur Zeit des arabischen Kalifats von Córdoba ins Leben gerufen. Als die Christen unter Führung Jakob I. Valencia im Jahr 1238 zurückeroberten, wurde die Moschee zerstört und am selben Ort eine Kathedrale erbaut. Da diese nicht für Muslime bestimmt war, mussten die Bauern, die sich vordem in der Moschee getroffen hatten, draußen zusammenkommen, vor dem Apostelportal.

Die Verhandlungen werden mündlich geführt, die Richter von den Bauern selbst gewählt und die Entscheidungen immer schnell gefällt, um die Pflege der Feldfrüchte nicht zu gefährden. Der Gerichtshof ist mittlerweile nicht mehr so bedeutend wie einst, wegen neu erbauter Staudämme flussaufwärts und weil der Fluss Turia, an dem die Stadt einst gegründet wurde, um diese herumgeleitet wurde und sein ursprüngliches Bett trockengelegt das Zentrum Valencias »durchfließt«. Außerdem werden hier auch deswegen immer weniger Fälle verhandelt, weil der Gerichtshof in den tausend Jahren seines Bestehens eine so starke Position erlangt hat und seine Richter derart klare und harte Urteile fällen, gegen die es kein Widerspruchsrecht gibt, dass die Menschen eher geneigt sind, einen Prozess hier zu vermeiden.

Die schwarze Eisenpforte wird geöffnet, und würdevoll treten die Richter hinter diese vorübergehende Absperrung, die das Gericht markiert. Dann nehmen sie auf den acht im Halbkreis aufgestellten Stühlen Platz. Die Richter bewegen sich mit beinahe ritueller, aus Erfahrung gewonnener Sicherheit. Der Gerichtsdiener fragt im katalanischen Dialekt Valencias, ob jemand eine Klage vorzubringen habe und hebt dabei den mit dem Symbol der Reispflanze geschmückten Stab – so, wie es die Gerichtsdiener schon seit eintausend Jahren tun. Die meisten Klagen sind gegen Menschen gerichtet, die ihre Pflanzen mit »verbotenem Wasser« versorgen, Wasser also, auf das andere, oft weiter entfernt an einem Kanal lebende Menschen ein Anrecht haben. Oder es geht um Wasserverschwendung, weil Bauern ihre Felder zur falschen Tageszeit besprengen oder Wasser für ein Feld nutzen, das gar keines benötigt und dergleichen. An diesem Tag bittet eine Frau um Unterstützung für ihre Klage gegen einen Bauunternehmer, der sowohl Menge als auch Qualität ihres Wassers vermindert hat.

Das Bewässerungssystem in der Huerta war eine wichtige ökonomische Voraussetzung für das unabhängige Königreich Valencia. Ursprünglich von den Römern gegründet, erlebte es eine neue Blütezeit unter arabischer Herrschaft ab dem Jahr 714. Die kleinen landwirtschaftlich genutzten Schollen, Minifundien, in der Umgebung von Valencia werden von Bewässerungsgräben durchkreuzt beziehungsweise flankiert und bilden ein System, das es den Bauern über Jahrhunderte hinweg erlaubte, bis zu vier Mal im Jahr zu ernten. Valencia fungierte aufgrund dieses Bewässerungssystems als

Brücke für Lebensmittel aus dem Mittleren Osten. Reis, den die meisten mit Asien verbinden, ist seit Jahrhunderten das Nationalgericht in Valencia – die Paella besteht aus mit Safran gewürztem Reis, der mit Fleisch, Meerestieren und Gemüse zubereitet wird – und wurde über den Mittleren Osten aus Asien eingeführt. Auch Orangenbäume werden hier seit hunderten von Jahren künstlich mit Wasser versorgt. Die Araber brachten die Bäume aus Indien mit, zunächst nur als Schmuck. Folgt man dem großen arabischen Historiker Ibn Chaldun aus dem 14. Jahrhundert, so hielten die Araber Orangen seinerzeit für nicht essbar. Trotzdem fand die Frucht über diese Region ihren Weg nach Europa. Als britische und französische Kolonialbeamte sowie amerikanische Wasserexperten Ende des 19. Jahrhunderts die künstliche Bewässerung in großen Teilen Indiens, Ägyptens und den USA einführen wollten, kamen sie zunächst nach Valencia, um sich hier in der Huerta zu informieren.

Die tausendjährige Geschichte des Wassergerichtes ermöglicht wichtige Einsichten und demonstriert, dass die Frage nach der Verteilung des Wassers ein ewiger Streitpunkt sein wird und sich nicht ein für alle Mal lösen lässt. Das Wassergericht wird als stolze historische Tradition erhalten bleiben, auch wenn es an manchen Tagen eher eine exotische Touristenattraktion darstellt.

Eine Reise zum Nil und in einen
verletzbaren Staat stromabwärts

Jedes Mal, wenn ich über das Nildelta und dann am Fluss entlang in Richtung Kairo fliege, drücke ich meine Stirn ans Fenster, um möglichst viel von der Wüstenökologie zu erblicken. Dabei überrascht mich stets, dass immer der gleiche Effekt folgt: Ich werde aus meiner nordeuropäischen Wasserblindheit herausgerissen. Plötzlich wird mir klar, dass ich in einem Land lebe, in dem Wasser sowohl in der Gesellschaft als auch in der Natur im Übermaß vorhanden ist und daher im Alltag keine besondere Bedeutung hat. Allenfalls stört der Regen immer mal wieder. Das im Übermaß vorhandene Wasser und die Selbstverständlichkeit seiner Verfügbarkeit haben mich und andere Norweger abstumpfen lassen. Doch blicke ich über Ägypten aus dem Flugzeug, sehe ich ein endloses Meer aus grauer, lebloser Wüste unter einem fast immer wolkenlosen Himmel, dann plötzlich einen Fluss, der die Sonnenstrahlen reflektiert, und schließlich einen dünnen Streifen Zivilisation. Ich verspüre eine ungeheure Freude darüber, das Wasser hier, inmitten der Wüste, wieder ganz konkret und deutlich als Quelle des Lebens und als Lebensader einer Gesellschaft wahrnehmen zu können.

Immer, wenn ich nach Kairo komme, die »Mutter aller Städte«, wie Ibn Chaldun sie im Mittelalter nannte, fahre ich zuerst an die Ufer des Nil. Alles andere kann warten: Giseh mit seinen übermenschlichen, größenwahnsinnigen Pyramiden, das fantastische, überlaufene und etwas heruntergekommene Ägyptische Museum mit seinen 120 000 Ausstellungsstücken, der Chan-el-Chalili-Basar, der den Vorstellungen von einem orientalischen Markt sicher am nächsten kommt.

Doch der Nil ist es, was Ägypten ausmacht und seine Voraussetzung bildet – in Vergangenheit, Gegenwart und Zukunft. Der Nil und Ägypten – Fluss und Wüste, Natur und Zivilisation, Zerstörung und Erschaffung – seit tausenden von Jahren eingehüllt in eine märchenhafte und mythische Aura. »Fließe, Nil! Man opfert dir, / man schlachtet dir Rinder, / man bringt dir große Opfer dar. / Man mästet dir Vögel / und fängt dir Gazellen in der Wüste, / man vergilt dir die Wohltaten.«[36] So sangen die Ägypter an hohen Feiertagen bereits 2000 Jahre vor Christus, wenn die jährliche Nilschwemme das Land erreicht hatte.

Jetzt sitze ich hier mit einer Tasse türkischen Kaffees, habe ein Buch auf dem Schoß liegen und betrachte die sich im Wasser spiegelnden Hochhäuser Kairos. Dabei denke ich an die Bedeutung des Flusses auf seinem langen Weg: Von den zentralafrikanischen Seen kommend, der Wiege jahrhundertealter Königreiche, durchquert er die äthiopische Hochgebirgslandschaft, wo einer seiner Nebenflüsse entspringt, vorbei an den nilotischen Viehnomaden im Südsudan, die weder eine Staatsform noch ein System von Stammesfürsten entwickelten, vorbei an den Pyramiden im Sudan und Ägypten und weiter bis nach Alexandria und ans Mittelmeer.

Der Nil wird für alle Zeiten die Achse sein, um die sich die Entwicklung Ägyptens und der ganzen Region dreht. Im Arabischen wird Kairo *masr* genannt, was sowohl Hauptstadt als auch Land bedeutet, eine Urstadt, die sich in einem ewigen Prozess stetig erneuert, als soziale Parellele zu dem Fluss, der sie erschaffen hat und ihr weiterhin eine Seele geben wird. Seit tausenden von Jahren ist das Leben in Ägypten auf den Nil ausgerichtet. Obwohl es in diesem Wüstenland kaum regnete, war Ägypten die Kornkammer des Römischen Reiches und die Baumwollfarm des britischen Imperiums – dank des Nil und der künstlichen Bewässerung. Ägyptens dynastische Glanzzeit wäre ohne Kontrolle des Nil undenkbar gewesen. Und jede Diskussion über eine Zukunft Kairos oder Ägyptens wird mit dem Nil verbunden sein. Ägypten repräsentiert ein einzigartiges Beispiel für die geopolitische Bedeutung eines Flusses.

Auch die heutigen politischen Führer des Landes müssen sich wie ihre Vorfahren zum Wassermanagement positionieren, stehen allerdings vor Herausforderungen einer gänzlich anderen Größenordnung. Noch vor gut hundert Jahren lebten vier Millionen

Menschen in Ägypten. Mehr als diese hätten mithilfe der von einem Bewässerungssystem abhängigen Landwirtschaft auch nicht ernährt werden können. Doch mittlerweile ist die Einwohnerzahl des Landes auf das 20-fache angestiegen. Ägypten hat mehr als achtzig Millionen Einwohner und ist weit davon entfernt, alle aus eigener Kraft versorgen zu können. Jeder vierter Araber lebt heute in Ägypten, und es gibt Prognosen, nach denen sich die Einwohnerzahl bis 2050 auf 140 Millionen erhöhen wird. Während man von Europa behaupten könnte, dass sein Niedergang der sinkenden Geburtenrate geschuldet ist, ließe sich über Ägypten sagen, dass das Land in den letzten hundert Jahren von seiner eigenen Fruchtbarkeit überschwemmt wurde. Ermöglicht hat dieses Wachstum der Aufbau eines umfassenden Systems aus Dämmen und Kanälen, so dass die Felder heute mehrmals pro Jahr bewässert werden können und drei Ernten statt nur einer möglich sind. Aber wird der Nil Ägypten auch in Zukunft helfen können?

Erst wenn man in Assuan steht und über den Nil blickt, wird man wirklich verstehen, wie diese einst von der Natur geschaffene Lebenslinie die Lage Ägyptens bestimmt. Die Geografie spricht an diesem Ort eine besonders deutliche Sprache und veranschaulicht, wie recht der britische Premierminister Winston Churchill hatte, als er Ägypten vor über fünfzig Jahren mit einem Tiefseetaucher verglich, dessen langer und verwundbarer Atemschlauch dem Nil entspricht.

Erst nachdem der Fluss die Grenzen von neun Ländern passiert sowie drei Klimazonen und über 5000 Kilometer hinter sich gebracht hat, fließt er unter wolkenlosem Himmel nach Ägypten hinein. Diese Verwundbarkeit, die aus der Lage am unteren Ende des Wasserlaufs resultiert, wird in Zukunft noch größere geopolitische Bedeutung erlangen, da sich der Bedarf an Wasser nicht nur in Ägypten, sondern entlang des ganzen Nil erhöhen wird. An nur wenigen Orten wird der Kampf um die Wasserkontrolle solch dramatische Dimensionen annehmen und so viele Länder involvieren wie im Tal dieses Flusses. Zudem wächst die Bevölkerung im Niltal prozentuell schneller als an anderen Orten der Welt: Im Jahr 2025 werden in den Ländern, die der Strom durchfließt, rund 600 Millionen Menschen leben.[37]

Dieser Kampf wird auch globale politische Konsequenzen nach sich ziehen. Der längste Fluss der Erde fließt vom Herzen des tropischen Afrika durch die Sahara zum Mittelmeer und durchquert dabei Länder, welche Zentren des Islam und des orthodoxen Christentums sind. Wie bei Ganges, Brahmaputra, Indus oder im Gebiet von Euphrat und Tigris wird die Wasserfrage mit religiösen und kulturellen Konflikten verknüpft sein. Zwar ist der Nil einer der wenigen Wasserläufe, für die Abkommen über die Wasserverteilung existieren, aber diese stellen gleichzeitig ein großes Problem dar, weil viele Staaten am Oberlauf des Flusses sie ändern oder außer Kraft setzen möchten. Im Jahr 1929 ging London ein Abkommen ein, das Ägypten ein Vetorecht gegen Dammprojekte am Oberlauf des Nil einräumte. Damals ging man allerdings davon aus, dass der Wasserbedarf der Kolonialgebiete äußerst marginal sei und keine Bedeutung auf Verteilung und Nutzung des Wassers habe. 1959 einigten sich Ägypten und der Sudan auf ein Abkommen, nach dem das ganze Wasser im Fluss zwischen beiden Ländern aufgeteilt wurde: Ägypten standen jährlich 55,5 Milliarden Kubikmeter zu, während der Sudan 18,5 Millarden Kubikmeter erhielt. Mehr Wasser gibt es auch nicht zu verteilen, da jährlich zehn Milliarden Kubikmeter des künstlich aufgestauten Wassers am Assuan-Damm verdampfen. Die anderen Länder am Wasserlauf des Nil betrachten diese Situation als ungerecht und unhaltbar, und nicht zuletzt fühlen sie sich dadurch provoziert, dass dieses Abkommen den Namen »The Agreement for the Full Utilization of the River Nile« (Vereinbarung über die vollständige Nutzung des Nil) erhielt.

Die Zukunft Ägyptens hängt davon ab, dass der vereinbarte Anteil an Nilwasser das Land auch weiterhin erreicht. Der Nil war und ist das Fundament des Landes und wird es bleiben. Ägypten wünscht sich daher eine Aufrechterhaltung des Status quo, doch selbst das reicht nicht aus: Die Regierung behauptet immer wieder, mehr Wasser zu benötigen, als Ägypten gegenwärtig entnimmt. Die große Frage ist also, ob die Strukturen der Wasserverteilung, die im Nilabkommen von 1959 legalisiert wurden, sowohl kurz- als auch vor allem langfristig Bestand haben werden. Im Zeitalter der Wasserunsicherheit ist nicht zu erwarten, dass ein altes Abkommen unangetastet bleibt, das jene Länder von der Nutzung des Nil ausschließt, aus denen neunzig Prozent seines Volumens kommen – während gleichzeitig der Wasserbedarf in den meisten Gesellschaften steigt und die technologischen Möglichkeiten zur Kontrolle des Wassers gewachsen sind.

Ägyptens seit tausenden von Jahren unbestrittene Position als *die* Wassermacht des Nil wird schon im Laufe der nächsten Jahrzehnte von Staaten herausgefordert werden, die weiter stromaufwärts liegen. Das Bevölkerungswachstum in den anderen Nilstaaten ist sehr groß, und Ägyptens Anteil an der Gesamtbevölkerung entlang des Wasserlaufs wird sich prozentual vermindern. Neue Nilprojekte werden in den Ländern weiter stromaufwärts zur Grundlage des ökonomischen Wachstums und der politischen Stabilität avancieren. Ägypten wird – wie auch immer es seine Sonderstellung hervorheben mag – die Länder weiter stromaufwärts langfristig nicht daran hindern können, immer mehr Nilwasser zu nutzen. Die Länder am Fluss planen sogar Projekte, die weitaus mehr Wasser erfordern, als der Nil auf seinem langen Weg von den Tropen zum Mittelmeer überhaupt mit sich führt.

Spätestens seit der Zeit des wirkmächtigen Muhammad Ali Paschas zu Beginn des 19. Jahrhunderts hat sich Ägypten als natürlicher Herrscher des Niltals betrachtet. Ägypten kontrollierte Teile von Uganda, bis die Briten dort in den 1890er Jahren die Macht übernahmen. Als diese gegen Ende der 1890er Jahre gemeinsam mit den Ägyptern den Sudan besetzten, wurde der Feldzug als »Re-Okkupation« bezeichnet, um zu unterstreichen, dass viele in Ägypten ein historisches Anrecht auf dieses Land zu haben glaubten. Noch in den 1940er Jahren betonte der ägyptische König Faruq I., dass er der »König des Nilwassers« sei, und betrachtete, ebenso wie große Teile der ägyptisch-nationalistischen Bewegung, den Sudan als einen naturgegebenen Teil seines Landes. Viele Ägypter sehen ihr Land noch heute als natürlichen und unbestrittenen Herrscher des Niltals und sind daher weder darauf vorbereitet noch willens, sich den Forderungen weniger entwickelter und minder stabiler afrikanischer Staaten zu stellen, die zudem, nach Ansicht der Ägypter, über genügend Regenwasser verfügen, das sie nutzen könnten.

In einem kleinen Café in Assuan treffe ich mich mit einem ägyptischen Wasserexperten, dem ich schon einmal begegnet bin und der über Ägyptens Verwundbarkeit als stromabwärts liegendes Land an diesem großen, von vielen Nationen genutzten Strom redet. Ich kenne ihn nicht gut genug, um zu wissen, was er eigentlich denkt. Doch immer, wenn ich ihn treffe, überkommt mich dasselbe Gefühl: Ich sitze einem Mann gegenüber, der eine besondere Einsamkeit ausstrahlt, die nur verspüren kann, wer Einsicht in fundamentale und schicksalhafte historische Prozesse hat und diese mit niemandem teilen kann oder will. Vermutlich hat er begriffen, was Ägyptens Position am Ende des Stroms langfristig bedeutet. Er muss sich schmerzlich darüber bewusst geworden sein, dass nicht ein Tropfen des Nilwassers aus Ägypten stammt. Darüber jedoch kann er nicht offen reden, denn die ägyptische Öffentlichkeit würde es nicht verstehen. Es könnte dadurch sogar eine aggressive nationalistische Welle ausgelöst werden, die unbedingt verhindert werden muss, wenn man die Zukunft Ägyptens sichern will. Langfristig ist es aber wohl unumgänglich, dass die stromaufwärts gelegenen Staaten ihre Position stärken und sich über ihr Potenzial als Wasserfürsten der Region bewusst werden.

Ich stehe auf dem mächtigen Assuan-Staudamm, der Ägypten nach Ansicht Präsident Gamal Abdel Nassers zu einer Art Japan Afrikas machen und dem Land die volle nationale Souveränität sichern sollte. Der 500 Kilometer lange künstliche See, der sich hinter der Staumauer erstreckt, fungiert seit 50 Jahren als Ägyptens Wasserversicherung. In Ägypten wurde der Nil zu einem Bewässerungskanal umfunktioniert. Unabhängig davon, ob in Äthiopien

Dürren oder im Sudan Überschwemmungen herrschen, können die ägyptischen Bauern ihre Felder bisher weitgehend unbekümmert bebauen. Es ist allerdings fraglich, wie lange das noch so bleiben wird und wann der große Konflikt zwischen den Anrainerstaaten aufbricht.

Am Zusammenfluss von Blauem und Weißem Nil

»Wer den Sudan kontrolliert, wird Ägyptens Schicksal bestimmen.« Die Strategen, die die britische Politik im Niltal von der Ära Königin Victorias bis in die Zeit Königin Elisabeths II. steuerten, waren sich einig: Was die geopolitische Rolle eines Landes in dieser Region ausmacht, ist seine Lage am Wasserlauf des Nil. Diesen beherrschten sie ab Ende des 19. Jahrhunderts von den Quellen bis zur Mündung, bis sie ihren Besitz in der Region in den 1950er/60er Jahren abtreten mussten.

Vom abgesperrten Dach des Hilton-Hotels in Khartoum, das mich ein freundlicher Wachmann betreten lässt, kann ich deutlich sehen, wie sich das Wasser des Blauen Nil, gefärbt vom Schlamm, den er von der äthiopischen Hochgebirgsebene mit sich führt, mit dem Wasser des Weißen Nil, das aus dem Herzen Afrikas stammt, mischt und dann seinen Weg durch eine der heißesten Wüsten der Welt fortsetzt, um schließlich nach Ägypten und bis zum Mittelmeer im Norden zu gelangen. Einige Zeit später befinde ich mich auf einem Flusskahn, und während der Muezzin aus einem blechern klingenden Lautsprecher zum Gebet ruft, bitte ich den Bootsführer, genau über jene Stelle zu fahren, an der die Flüsse aufeinandertreffen, um so ganz buchstäblich den Strom der Geschichte zu kreuzen. Charakter und Wasserlauf der beiden Flüsse hatten große Bedeutung für die Aufteilung Afrikas, die Auflösung des Völkerbundes (1946), die Sueskrise (1956/57) und den Zusammenbruch des europäischen Kolonialismus.[38]

Mittlerweile fasziniert es, welch enorme, vor allem durch die Einkünfte aus der Ölförderung finanzierte Entwicklung Sudans Hauptstadt durchläuft. Die Ausländer, auf die man in den schnell wachsenden Einkaufsvierteln trifft, sind nicht wie früher westliche Universitätslehrer oder Mitarbeiter von Hilfsorganisationen, sondern Techniker aus Malaysia, China und Indien. Aus alter Gewohnheit wohne ich im Hotel »Akropole«, in dem noch alles beim Alten ist: Es wird von denselben Griechen betrieben wie vor zwanzig Jahren, als ich zum ersten Mal hier war. Noch immer sieht George jung aus, und noch immer herrscht hier dieselbe Gastfreundschaft. Die Kellner, die in ihren Sandalen langsam über den Fußboden schlurfen, sind genauso freundlich und wirken genauso uralt wie damals. Das Hotel ist seit vielen Jahren der soziale Mittelpunkt der internationalen Berater- und Entwicklungshelferszene. In diesem Haus könnte man den Eindruck gewinnen, dass Khartoum seit Jahrzehnten stillsteht – auch wenn das Internet einwandfrei funktioniert: Auf der Straße herrschen dieselbe Hitze, derselbe Sand und dieselben gelben, ausrangiert wirkenden Taxen. Der auffälligste Unterschied ist, dass ein Teil des Hotels von Islamisten weggesprengt wurde. Doch der Eindruck des ökonomischen Stillstands täuscht gewaltig. Denn ganze Stadtviertel wurden unter Aufsicht des islamistischen Regimes modernisiert, und das Land konnte über mehrere Jahre ein wirtschaftliches Wachstum verzeichnen.

»Unabhängig von der Einstellung des Regimes wird die Elite des Landes danach trachten, ihre aus den 1970er Jahren stammenenden Ambitionen, zur Kornkammer der arabischen Welt zu werden, in die Tat umzusetzen.« Der Professor für Sozialanthropologie, mit dem ich im Schatten eines Baumes auf dem Universitätsgelände stehe, ist sich da völlig sicher.

Soeben habe ich eine Vorlesung über die Geschichte des Nil und die Rolle des Sudan in der Stategie der britischen Außenpolitik der 1950er Jahre gehalten. Jetzt reden wir über die sudanesische Nilstrategie für die kommenden Jahre. Obwohl das Ziel, zur arabischen Kornkammer zu werden, im Augenblick etwas unrealistisch klingt, muss ich meinem Gesprächspartner zustimmen. Denn der Sudan verfügt mit seinen 100 000 Quadratkilometern an fruchtbarem Land über ein ungeheures Potenzial, vorausgesetzt natürlich, dass dieses bewässert wird. Heutzutage werden 16 000 Quadratkilometer Land künstlich mit Wasser versorgt. Der Sudan könnte diese Fläche in kurzer Zeit verdoppeln, wenn er wollte. Das politische und international relevante Problem dabei wäre dann allerdings, dass das Land ungefähr 25 Milliarden Kubikmeter Nilwasser benötigen würde. Und das sind 6,5 Milliarden mehr, als ihm nach dem Abkommen von 1959 zustehen.

Der erste große Schritt in Richtung dieser revolutionären Entwicklung ist bereits getan: Kurz bevor der Nil die ägyptische Grenze erreicht, spannt sich ein neuer Riesendamm quer durch den Fluss. Der Merowe-Damm unterhalb des vierten Nilkataraktes mit seinem zerklüfteten Flussbett wird von der politischen Führung als Zukunft der Nation und als wichtigstes jemals in Angriff genommenes Entwicklungsprojekt gefeiert. Dort soll in erster Linie Energie produziert werden, doch der Damm staut auch Wasser auf, das zur landwirtschaftlichen Nutzung gedacht ist.

Noch vor einigen Jahren glaubten die meisten Experten, dass der Damm aufgrund mangelnder Kredite vonseiten der Weltbank niemals gebaut werden könne. Doch mit chinesischer Hilfe konnten die Pläne umgesetzt werden. Interessanterweise hat der Damm, wie um die stets dualistische Rolle des Wassers zu unterstreichen, auch positive Auswirkungen auf Ägypten: Nunmehr wird es noch länger dauern, bevor der Assuan-Stausee vom Nilschlamm in Mitleidenschaft gezogen wird, weil der Fluss diesen stattdessen bereits am Merowe-Damm hinterlässt. Natürlich ist es dennoch ein alarmierendes Zeichen für Ägypten, dass jener enorme Koloss aus Stein und Zement Nilwasser zurückhalten kann, noch dazu in unmittelbarer Nähe zur ägyptischen Wasserbank – dem Assuan-Staudamm. Am deutlichsten wird Ägyptens Verwundbarkeit langfristig allerdings dadurch, dass der Sudan – das Land also, das im Zusammenhang mit der Nilfrage immer Ägyptens Alliierter war – deutlich demonstriert hat, den Nilwasserlauf eigenständig gestalten zu können, ohne ägyptische Zustimmung oder Kontrolle. Der Sudan hat Ägypten also klar angekündigt, dass eine Freundschaft beider Länder lohnenswert scheint. Allerdings war hierfür nicht der geopolitische Aspekt ausschlaggebend für das Regime im Sudan, sondern die Entwicklung des eigenen Landes. Gleichwohl berührt das Projekt den Kern der geopolitischen Situation des Flusses: Sobald ein flussaufwärts gelegenes Land den Nil zwecks Entwicklung der eigenen Ökonomie ausbauen will, wird dies unmittelbar diplomatische und strategische Folgen haben.

Der Pressechef des Merowe-Projektes kramt ein wenig auf seinem Schreibtisch herum, bevor er einen Bildband über den Sudan hervorzieht, einen Klassiker der Fotogeschichte: das Buch der deutschen Fotografin Leni Riefenstahl mit Motiven aus den Nuba-Bergen. Entschieden schlägt er mit der Faust auf das geöffnete Buch. »Ihr nennt das Kultur, wir nennen es Armut.« Er habe, so sagt er, endgültig genug von der Kritik der westlichen Medien an allen Ausbauprojekten in Afrika, begründet mit vorgeschobenen ökologischen Argumenten. Der Westen wünsche sich nur, dass Afrika unterentwickelt bleibe. Ich versuche, ein Gegenargument vorzubringen, doch er setzt seinen Monolog fort und erneuert seine Kritik an der ästhetisierenden Verehrung der »primitiven« Afrikaner durch den Westen. Er ist ein großer Mann mit einem grobschlächtigen, teilweise von einem langen schwarzen Bart verdeckten Gesicht und in der islamischen Parteihierarchie offensichtlich kein Niemand.

Zu meiner großen Überraschung verbietet er mir den Besuch des Merowe-Damms, anders als der ihm vorgesetzte Minister, mit dem ich zuvor gesprochen und der mir eine schriftliche Genehmigung erteilt hatte, die sogar mit dem Stempel des Ministeriums versehen ist. Trotzdem hege ich durchaus Sympathie für seine Argumente, schließlich ist er ein Modernisierungsanhänger, der die gemeinwirtschaftliche Planung vorantreibt – was vielleicht erklären kann, wieso sich das islamistische Regime im Sudan seit 1989 an der Macht hält. Denn beseelt von einem ähnlich gelagerten, autoritären Modernisierungsdrang hat das Regime in Khartoum jeden regionalen Widerstand gegen das Merowe-Projekt buchstäblich niedergewalzt und an die 50 000 Menschen umgesiedelt, die dort lebten, wo heute nur Wasser ist.

Als ich dann durch die endlosen, landwirtschaftlich genutzten Gebiete zwischen Blauem und Weißem Nil fahre und Felder erblicke, die sich wie ein Flickenteppich vor mir erstrecken, wird mir klar, dass ich hier in kleinem Ausmaß sehe, was die Zukunft des Sudan sein könnte. Das Land könnte seinen gerade erst gewonnenen Reichtum aus der Ölförderung zur Weiterentwicklung nutzen und das strategische Ziel, die Kornkammer der arabischen Welt zu werden, durchaus umsetzen. Doch was wird der inzwischen selbständige Südsudan dazu sagen?

Hier befindet sich der weltgrößte Sumpf. Der eine Fläche von der Größe aller Beneluxländer zusammen hat. Man braucht zwei Tage, um ihn zu durchqueren. Dieser Sumpf oder *sadd* (Barriere), wie er im Arabischen heißt, hinderte vor über zweitausend Jahren die Zenturien Cäsars daran, die Quellen des Nil zu finden, und die europäischen Entdeckungsreisenden des 19. Jahrhunderts zwang er zur Umkehr. Die mittägliche Hitze und Feuchtigkeit sind unerträglich, obwohl ich auf Deck unter einer Plane stehe, um ein wenig Abkühlung durch die Brise zu erhalten, die durch die Bewegung des Bootes entsteht.

Ungefähr die Hälfte der Wassermassen des Weißen Nil verdunstet in diesem Sumpf – einer der Hauptgründe dafür, dass London die Region im Jahr 1898 besetzte. Schon zu jener Zeit wollten die Briten einen Kanal um den Sumpf herumbauen, um so mehr Wasser von den großen afrikanischen Seen zu den Baumwollplantagen in Ägypten zu leiten. Allerdings gelang es ihnen nicht, den Nil zu bändigen, und ihre Vision in die Tat umzusetzen. Ägypten und der selbständige Sudan begannen 1979 mit Ausschachtungsarbeiten für einen ähnlichen Kanal, wie er bald hundert Jahre zuvor geplant worden war, doch das Projekt wurde von einem Bürgerkrieg aufgehalten. Guerillatruppen der Sudanesischen Volksbefreiungsarmee (SPLA) entführten und töteten einige der am Bau Beschäftigten.

Die endlose Monotonie des Sumpfes ist wie eine andere Welt im Vergleich zum übrigen Südsudan. Dort spaziere ich durch den Dschungel, laufe in der Nähe von Nimule vor Elefanten weg und begegne in Upper Nile ein paar Löwen. Ich fahre auf holprigen Wegen, trinke in den Pubs von Juba ein Bier und sitze wie alle anderen am Nachmittag auf der Veranda, um den Sonnenuntergang zu bewundern.

Das Tageslicht hier ist blendend weiß, die Hitze extrem. Und doch wohnen Menschen hier: Millionen halbnomadischer Pastoralisten, die ich zu diesem Zeitpunkt allerdings nicht sehen kann. Erst wenn sich das Nilwasser auf seine Uferbegrenzung zurückzieht und die Trockenperiode einsetzt, folgen Hunderttausende, ja Millionen Menschen mit ihrem Vieh nach. In Hochwasserperioden wie jetzt bewässert der Fluss ein ausgedehntes Weideland, das in der Trockenzeit genutzt wird und die Grundlage für das gesamte Gemeinwesen darstellt. Wie vor hunderten von Jahren, als sie zuerst hierher kamen, leben dann Menschen vom Volk der Dinka und Nuer in ihren Rundhäusern und laufen oft nackt umher, während sie ihre Kühe hüten.

Langsam fährt unser Boot an der Stadt Kodok vorbei – oder Faschoda, wie es früher genannt wurde. Sie liegt ziemlich einsam da, weil sie von riesigen Ebenen eingeschlossen wird. Vor etwa hundert Jahren war dieser Ort ein Zentrum im Kampf der Großmächte um Afrika: Großbritannien und Frankreich gerieten hier in militärische Auseinandersetzungen. Die Franzosen waren allerdings militärisch zu schwach und mussten nachgeben. Die Briten hatten selbst ägyptische Steuerzahler dazu gezwungen, den Feldzug mit zu finanzieren. Im Jahr 1900 herrschte Königin Victoria nun von Uganda im Süden bis zum Mittelmeer im Norden über den Nil.

Doch wieso hatte sich Europa wegen eines Landgebietes im Südsudan am Rande eines großen Krieges befunden? Wenn man die Gegend heute betrachtet, kommt es einem eher wie ein wahnsinniges Abenteuer vor, ein Ausdruck des blinden europäischen Expansionsstrebens in einer Zeit, in der die Idee des Kolonialismus die europäische Öffentlichkeit begeisterte. Die Politik der Großmächte, die auf den Fantasien beruhte, dass es hier Unmengen an Gold und Elfenbein gäbe und dass man bei Faschoda einen Staudamm in den Fluss bauen könne, wurde später als völlig unrealistisch eingeschätzt. Trotzdem ist die Nilpolitik Londons ein frühes

Beispiel für das Verständnis der politischen Bedeutung des Wassers sowie dafür, dass es einer übergeordneten Nilstrategie bedarf, wenn man die Region stabil halten will. Der 2011 unabhängig gewordene Südsudan wird dabei künftig ein Wort mitreden wollen.

Dämme und Taufen in Äthiopien

In einer Januarnacht ziehen wir unser Boot vom Ufer des Tanasees, der Hauptquelle des Blauen Nil, auf das Wasser hinaus. Wir sind ganz allein und fühlen uns wie auf dem Meer, denn die Morgendämmerung hat die Konturen des Landes – der See ist 84 Kilometer lang und misst an seiner breitesten Stelle 66 Kilometer – noch nicht erfasst. Wir steuern auf eine Halbinsel zu, auf der eines der vielen Klöster liegt, die vom starken Einfluss der orthodoxen Kirche hier im Hochland zeugen. Am Strand werden wir von einer Gruppe in weiße Decken gehüllter Männer empfangen, die sich leise unterhalten, während sie uns mit Taschenlampen den Weg zwischen den Bäumen hindurch weisen und so dafür sorgen, dass wir die morgenfeuchten, glatten Steine leichter überqueren können.

Hier wird zur Erinnerung an die Taufe Jesu jedes Jahr das Timkat-Fest gefeiert. Mit Kerzen in den Händen bewegen sich der Priester und die Mönche durch die Dunkelheit und sprechen ein monoton klingendes Gebet. Während mich die Stimmung und die morgendliche Kälte erzittern lassen, bereiten sich die Mönche auf die Zeremonie am Ufer des Tanasees vor. Dem Gewässer und der Sonne zugewandt, die langsam aufgeht und rotgoldene Strahlen verschickt, segnet der Priester das Wasser, mit dem er eine Messingschale füllt. Reihenweise treten alte und junge Menschen hervor, neigen ihre Köpfe und werden aus der Schale mit Tanawasser aufs Neue getauft.

Während die Reste des Morgennebels wie ein weicher Teppich über dem rot leuchtenden See liegen und sich die Gruppen der Gläubigen langsam auflösen, um sich den Pflichten des Tages zuzuwenden, stehe ich auf den Steinen am Seeufer und denke an die unzähligen geheimen Dokumente, die ich über die Nutzung des Tanasees – sowohl in hydrologischer als auch in politischer Hinsicht – gelesen habe. Sie belegen seine zentrale Bedeutung für das Verhältnis zwischen London und Kairo, zwischen dem Faschisten

Benito Mussolini und der englischen Regierung in der Zeit zwischen den Weltkriegen, zwischen Washington und London im Kampf um Einfluss in der Region zwischen 1927 und 1956 sowie zwischen Moskau und Tel Aviv. Im Kontrast zu dem zeitlosen Ritual, dessen Zeuge ich soeben an einem See geworden bin, der noch immer von der Natur und nicht vom Menschen beherrscht wird, wirkt das geopolitisch-instrumentelle Denken geradezu kindisch und wie eine Farce. Allerdings bezweifle ich nicht, dass der Nil in Zukunft mehr als nur Segnungen brauchen wird, um nicht zu einer Quelle des Konflikts für die ganze Region zu werden.

Äthiopien ist der Wasserturm des Niltals. Ungefähr neunzig Prozent des Flusswassers stammen von hier. Doch nur wenige Prozent der Fläche Äthiopiens werden künstlich bewässert, und das Land nutzt lediglich fünf Prozent des Wasserkraftpotenzials. Äthiopien, das unter anderem für seine Langstreckenläufer weltbekannt ist, in erster Linie jedoch wegen seiner Dürrekatastrophen, hat mittlerweile mehr Einwohner als Ägypten. Der innenpolitische Druck, Wasser aus dem Nil zur künstlichen Bewässerung der trockenen Gebiete zu entnehmen, wird sich daher immer mehr erhöhen, wenn sich das Land insgesamt weiterentwickeln und politisch stabil bleiben will.

»In großen Teilen unseres Landes gibt es periodisch auftretende Dürren. Wenn wir die Ressourcen hätten, könnten wir Wasser speichern, unser Land bewässern und unsere Lebensgrundlage sichern.« Der inzwischen verstorbene äthiopische Premierminister Meles Zenawi drückt sich klar aus, als wir ihn zu den äthiopischen Nilplänen befragen und setzt fort: »Doch für das Land, das 85 Prozent des in Assuan vorhandenen Nilwassers generiert, ist nicht ein einziger Liter Wasser vorgesehen. Ganz offensichtlich ist das weder fair noch vertretbar [...]. Wenn uns die Ressourcen eines Tages zur Verfügung stehen, werden wir sie nutzen und ein paar weitere Dämme in den Nil bauen. Das wird hoffentlich mit Verständnis, Unterstützung und in Kooperation der stromabwärts gelegenen Länder geschehen. Letzten Endes ist es aber eine Frage unseres

Überlebens, und daher müssen wir unsere eigenen Interessen verteidigen.«

Wir treffen Meles Zenawi in einem gut bewachten Gebäude auf einer kleinen Anhöhe gegenüber dem Zentrum von Addis Abeba. Er kommt auch auf das historische Abkommen zwischen Großbritannien und Äthiopien aus dem Jahr 1902 zu sprechen, in dem Großbritannien die Unabhängigkeit Äthiopiens anerkannte und dieses die Respektierung der Grenzen des anglo-ägyptischen Sudan zusagte. Meles erklärt, dass das alte Abkommen die Pläne des heutigen Äthiopiens für den Ausbau des Nil nicht stoppen könne.[39]

Äthiopien ist dabei, ein Nilprojekt nach dem anderen in Gang zu setzen, wobei sich die Vorhaben in ihrem Umfang jedes Mal überbieten. Deshalb ist der Blaue Nil bei den Tisissat-Wasserfällen am Ausgang des Tanasees nur noch ein Schatten seiner selbst. Der See bildet die Hauptquelle des Blauen Nil, der wiederum circa 80 Prozent des gesamten Nilwassers in Ägypten ausmacht. Schon die Briten wollten hier einen Damm errichten, was jedoch aufgrund politischer Komplikationen nicht gelang. Inzwischen hat die äthiopische Regierung bei Bahir Dar eine Dammanlage in den Blauen Nil gebaut, der an dieser Stelle aus dem See austritt, und das »Tis Abay II Hydroelectric Project« ins Leben gerufen. Die Tisissat-Wasserfälle, eine der größten Touristenattraktionen Äthiopiens, sind zu einem unbedeutenden, dünnen Strang kraftlosen Wassers reduziert und der einst prächtigen Macht beraubt, die sie bis zum Bau des Kraftwerkes im Jahr 2003 noch hatten.

Von weitaus größerer geopolitischer Bedeutung ist allerdings, was in den Tiefen des äthiopischen Plateaus am Fluss Tekeze – im Sudan Setit – geschehen ist, einem großen Nebenfluss des Nil. Als ich im Jahr 2007 dorthin fliege, also zwei Jahre vor Vollendung des Dammprojektes, kann ich durch das Cockpitfenster des kleinen Flugzeugs erkennen, wie die Flüsse – außerhalb menschlicher Kontrolle – im Laufe von Jahrtausenden tiefe Schluchten in die Landschaft gegraben haben. Das Fluzeug landet in Aksum, wo die angeblichen Originale der Gesetzestafeln Moses' aufbewahrt werden, die jedes Jahr von den Äthiopiern in farbenfrohen Prozessionen umhergetragen werden. Nach einer Tagesfahrt mit dem Auto nähern wir uns dem großen Damm. In der Ferne erhebt sich das 4600 Meter hohe Simen-Gebirge. Im Angesicht der morgendlichen Sonne, die die Spitzen der Berge erhellt, kann ich gut verstehen, wieso Kaiser Haile Selassi I. die britische Königin Elisabeth II. in diese Landschaft führte, als beide einst auf Picknicktour gingen.

Quer über eine tiefe Schlucht, die den Fluss in seinem engen Lauf gefangen hält, wird eine fast zweihundert Meter hohe Betonwand errichtet. Die Stauanlage soll künftig vier Milliarden Kubikmeter Wasser speichern. Nach einer Autofahrt ins Gebirge hinein kann ich mir das Kraftwerk ansehen. Mit chinesischer Hilfe bauen die Äthiopier hier sowohl das Kraftwerk als auch den höchsten Staudamm Afrikas – ein Sperrwerk, das eine fundamentale Veränderung im regionalen Kräfteverhältnis ankündigt. Denn die technologische Entwicklung wird dazu führen, dass die Karten im Spiel um das Nilwasser neu verteilt werden, da die Länder stromaufwärts inzwischen die Kraft für eigene Staudämme haben.

Als ich über die Absperrung schaue, die mich von der 200 Meter tiefen Schlucht trennt, in der das Fundament des Damms gegossen wird, während chinesische Ingenieure sich über Projektskizzen beugen und Einzelheiten diskutieren, wird mir schlagartig klar, dass im Niltal eine neue Zeitrechnung angebrochen ist.

Langfristig wird die Wasserfrage die politisch-strategische Stellung Äthiopiens gegenüber Ägypten stärken. Der afrikanische Wasserturm wird sich gleichsam erheben, und die Position der Länder stromabwärts wird geschwächt werden. Es ist abzusehen, dass sich der Nil zu einem der vielen internationalen oder multinationalen Wasserläufe entwickelt, bei denen das Kräfteverhältnis zwischen den Anrainerstaaten zu einem andauernden Machtkampf über Kontrolle und Nutzung des Wasser führen wird. Da es immer schwieriger wird, bindende internationale Gesetze für diese Regionen zu verabschieden, weil die tonangebenden Länder unterschiedliche und wechselnde Interessen haben, wird das Recht des

Stärkeren maßgeblich für den jeweils größeren Spielraum an den betreffenden Wasserläufen sorgen. Die generelle Unsicherheit über das Klima und die künftige Wassersituation wird darüber hinaus viel Unruhe hervorrufen, so dass der Kampf um das Wasser an vielen Flüssen einen übergeordneten Rang bekommen wird.

An einigen Wasserläufen, so im Niltal, wurden multinationale Organe geschaffen, die die Zusammenarbeit bei der Wassernutzung stärken sollen. Es bleibt nur zu hoffen, dass diese eine hydrologische Anarchie und Konflikte zwischen den zehn Anrainerstaaten verhindern können.

Private Wasserfälle an der skandinavischen Regenküste

»In den Dörfern hier haben wir eine Art Zusatzindustrie. Die soll ja für die Zukunft da sein, für die nächste Generation, verstehen Sie?« Der Bauer sitzt auf einem Stein unterhalb seines eigenen Wasserfalls und deutet auf das Kraftwerk, das er gerade baut. Natürlich redet er mit einem gewissen Stolz über seine eigene Schöpfung, aber auch so, als wäre dies das alltäglichste und normalste Phänomen, das es gibt. Dabei ist die Situation für Norwegen recht ungewöhnlich.

Ich befinde mich in einem kleinen Tal unterhalb des größten skandinavischen Gletschers, des Jostedalsbreen. Seit Jahrhunderten symbolisiert er das Abseitige und war lange Zeit nur bekannt für die Geschichte über das Mädchen Jostedalsrypa, das als Einzige in diesem Tal die Pest des 14. Jahrhunderts überlebt haben soll. Heute besitzen zwei Kleinbauern hier im Tal einen Stall mit ein paar Kühen und ein wenig Land, und sie haben zugleich Rechte an einem Wasserfall inne, an dem sie jetzt ein Kleinkraftwerk bauen. Mit diesem wollen sie Strom produzieren, der auf dem internationalen Markt verkauft werden soll. Die Bauern, die in dieser Gegend Strom erzeugen, repräsentieren die erste Generation der neuen norwegischen »Stromkraftbauern«.

Während ich das Kraftwerk der beiden Kleinbauern – ein viereckiges graues Ziegelhäuschen, das auf ihrem Grund und Boden steht – in Augenschein nehme, kann ich ihren Pioniergeist und Zukunftsoptimismus gut nachvollziehen. Doch was mag passieren, wenn alle Bauern mit Besitzrechten an Wasserfällen dasselbe machen?

Je öfter ich verreise, desto sicherer bin ich mir, dass es nur wenige Orte gibt, die schöner sind als die skandinavische Regenküste im Frühling. So geht es mir auch dieses Mal, nachdem ich von Ostnorwegen aus über Gebirgspässe gefahren bin, auf denen noch immer meterhohe Schneeverwehungen liegen, obwohl es fast

Juni ist, und dann weiter hinunter zum Sognefjord. Die einzigartige Mischung aus ursprünglicher Natur und Kulturlandschaft in Westnorwegen, die in dieser Region zahlreichen Fjorde – die in historisch-geologischer Perspektive dort entstanden, wo einst Flüsse waren – und die Wasserfälle, die von den schneebedeckten Berggipfeln über steile Kämme und sanfte Hügel direkt ins Meer fließen oder in Flüsse und Bäche münden, nachdem sie sich durch eine leuchtend grüne Vegetation gewunden haben, sind schon etwas Besonderes. All das schuf die Grundlage für eine von der UNESCO anerkannte Welterbe-Region – unberührte Natur und ländliche Besiedlung, direkt beieinander gelegen, zwischen Meer und ewig fließendem Süßwasser. Die Kombination aus neuer Technologie und besonderen Eigentumsstrukturen wird die norwegische Wasserlandschaft allerdings verwandeln und dem Kampf für die Umwelt ungeahnte Dimensionen verleihen.

Angesichts dieser neuen, aus Kleinkraftwerken bestehenden Einkommensquelle wird die Region ein kulturelles Dilemma bewältigen müssen. Auf der einen Seite haben die meisten kleinen Orte in Westnorwegen eine moderne und geglückte Entwicklung durchlaufen, die an verschiedene Formen der Wassernutzung als Energiequelle gebunden war und ist. Auf der anderen Seite – und in globaler Perspektive – beruhen der besondere Charakter und der Charme der Region darauf, dass Flüsse und Wasserfälle weiter so die Landschaft durchfließen, wie die Natur es vorgegeben hat, also unberührt von Menschenhand und inmitten der Allgemeinheit.

Eine solch unberührte »Wassernatur« – also eine natürliche Wasserlandschaft in einem von Menschen bewohnten Gebiet, doch ohne Kontrolle durch die Gesellschaft wie etwa durch Naturschutzgebiete oder Nationalparks – wird immer seltener werden, wenn in den nächsten Jahrzehnten überall auf der Welt neue, gigantische Wasserprojekte entstehen. Während die Wasserknappheit in anderen Teilen unseres Planeten zunehmend ein Land gegen das andere, eine Region gegen die nächste aufbringt, war die Verteilung des Wassers hier im Großen und Ganzen nie ein Thema. Norwegen verfügt über eine variantenreichere Wasserlandschaft als jedes andere europäische Land. Hier vereinen sich sieben der weltweit höchsten Wasserfälle sowie 3000 Wasserläufe, die fast alle vollständig in den Grenzen des Landes liegen und das ganze Jahr Wasser führen. Norwegen ist also eine Art Dorado des fließenden Wassers. Wasser ist in allen Gesellschaften gleich wichtig – in Wüstenstaaten genauso wie in niederschlagsreichen Ländern. Die norwegische Geschichte war bereits vom Zusammenspiel mit der besonderen Wasserlandschaft geprägt, als sich die ersten Siedler hier nach der Eisschmelze niederließen. Für die Entwicklung der Gesellschaft im Land war Wasser nicht in Bewässerungskanälen, sondern in Entwässerungsgräben unabdingbar – nur so konnte die norwegische Erde fruchtbar gemacht werden. Das typische Geräusch der Landschaft von zum Beispiel Jæren ist für mich daher nicht der Wind oder eine singende Lerche am Himmel, sondern das rauschende und glucksende Wasser, das in Röhren, Schächten oder Gräben verschwindet, die einst die physische Voraussetzung zur Fruchtbarmachung der Erde von Jæren waren.

Die Flüsse waren vom 16. bis zum Ende des 19. Jahrhunderts die Verkehrswege und Energiequellen für die wichtigste Handels- und Exportware: Holz. Sie transportierten die Stämme, setzten die Sägen in Bewegung und schufen so die Grundlage für viele Städte am Oslofjord oder kleine Orte in den norwegischen Tälern. Flüsse und Wasserfälle ermöglichten es dem Land gegen Ende des 19. Jahrhunderts, als die Wasserfälle als »weißes Gold« entdeckt wurden, in die moderne Zeit einzutreten. Plötzlich war Norwegen nicht mehr eines der ärmsten Länder Europas, sondern wurde als eines der ersten Länder der Welt elektrifiziert. Die zahlreichen rotglühenden Industrieorte zu Füßen der Wasserfälle ließen die sozialdemokratische Idee vom Wohlfahrtsstaat Wirklichkeit werden. Doch die Nähe zwischen Natur und Kultur ist noch immer greifbar, etwa im Ort Øvre Årdal nahe dem Kraftwerk Årdal. Unweit der Stelle, an der das aus den Gebirgen und Gletschern kommende Wasser im Kraftwerk Energie erzeugt, kann man an den 275 Meter in die

Tiefe stürzenden Vettisfossen herangehen, den ersten norwegischen Wasserfall, der – schon 1924 – unter Naturschutz gestellt wurde und seitdem ungehemmt weiterfließt.

Die Wasserlandschaft hat sich auch auf die sozialen Verhältnisse im Land ausgewirkt. Da es in Norwegen viele Flüsse gibt und außerdem sehr oft regnet, wurde um das Jahr 1830 mit dem Bau von Mühlen begonnen. Ihre Zahl wuchs auf bis zu 30 000 an; zum damaligen Zeitpunkt gab es im Verhältnis zur Einwohnerzahl hier mehr Mühlen als in jedem anderen Land. Viele dieser Mühlen waren einfache Hofmühlen, die den Bauern eine größere Unabhängigkeit von den Behörden verschafften, deren Gunst oder Kontrolle sie sich – wie in anderen Ländern Europas – jedes Mal hatten unterwerfen müssen, wenn Korn gemahlen werden sollte.

Tausende kleine und große Kraftwerke in kommunalem Besitz haben den Gemeinden Macht und ökonomisches Gewicht gegenüber dem Staat verliehen, insbesondere in einer Periode, in der die Energieproduktion als Motor der Wirtschaft fungierte.

Weil das Wasser in Norwegen überall fließt, hat es niemals Bedarf an großen Projekten zur Verlegung von Flüssen gegeben. Auch so ist das Land einer der weltweit größten Wasserkrafterzeuger (zwischen 90 und 150 Terrawattstunden pro Jahr). Dennoch ist die Zeit der großen Wasserkraftprojekte vorbei; sie gehören der Vergangenheit an und werden vom Staat künftig nicht mehr forciert.

Fast 400 Wasserläufe sind qua Gesetz vor größeren menschlichen Eingriffen geschützt; lokale Bauern, die Wasserfälle besitzen, werden in Zusammenarbeit mit Energiebetrieben die Zukunft prägen. Nicht mehr gigantische Projekte, sondern Kleinkraftwerke sind angesagt. Dieser Umstand ist vielleicht einer nationalen Besonderheit geschuldet: In Norwegen ist Wasser Privateigentum – undenkbar in vielen anderen Ländern, in denen Wasser dem Staat, Gott oder Allah gehört.

»Besitzen Sie einen Fluss? Dann rufen sie 03870 an!« steht auf einem Plakat der Firma Norges Småkraftverk AS (Norwegische Kleinkraftwerke AG). Welche Folgen mag es haben, wenn alle, die diese Anzeige sehen und tatsächlich einen Fluss besitzen, diesen auch ausbauen und nutzen wollen? Ich bin in ganz Norwegen umhergereist, von Kirkenes und Hammerfest nach Lindesnes, von den Wäldern in der nordnorwegischen Provinz Finnmark bis in die urbanen Gebiete. Überall fließen kleine Bäche, bescheidene Flüsse, ein Wasserfall stürzt von einem Felsvorsprung herab – und alle unterscheiden sich voneinander, sind geprägt von ihrer besonderen Schönheit, eingebettet in ihre Landschaft und durchwoben von Licht. Diese Wasserlandschaft könnte nun durch Kleinkraftwerke in vielerlei Hinsicht verändert werden. Schon bald wird womöglich das typische Geräusch des glucksenden oder fließenden Wassers an vielen Orten vom monotonen Gebrumm eines kleinen Kraftwerkes abgelöst werden, wenn das Potenzial vollends ausgenutzt wird. Früher waren nur Wasserkraftwerke mit einer Leistung von unter einem Megawatt (MW) von besonderen Naturschutzregelungen ausgenommen, doch mittlerweile liegt diese Grenze bei zehn MW, so dass alle Kleinkraftwerke unter diese Ausnahmeregel fallen. Das bedeutet, dass Mini- und Mikrokraftwerke auch an besonders geschützten Wasserläufen installiert werden dürfen, wobei das Beantragungsverfahren und die Bearbeitungsfrist vereinfacht beziehungsweise verkürzt wurden. Auch die Besitzer größerer Land- oder Waldgebiete werden in dieser Hinsicht wirtschaftliches Interesse entwickeln. Die norwegische Kirche beispielsweise, die viel Land besitzt, erwägt, bis zu dreißig Wasserläufe auszubauen und zu nutzen, um ihre wirtschaftliche Situation zu verbessern.

Aktuelle Schätzungen gehen davon aus, dass bis zu 4600 Klein-, Mini- und Mikrokraftwerke gebaut werden könnten. In den kommenden Jahren werden voraussichtlich 50 Kraftwerke pro Jahr errichtet, und im Laufe einer Generation werden bei gleichbleibendem Interesse und Bautempo bis zu 1500 neue Kraftwerke entstehen.[40] Die Möglichkeit, Kleinkraftwerke zu errichten, hat in zahlreichen landwirtschaftlichen Gebieten zu einer wahren Goldgräberstimmung geführt. Im Gegensatz zu vielen anderen Ländern in der Welt werden es in Norwegen die kleinen Projekte sein, die

die Wasserlandschaft und die Natur verändern. War der Staat früher führend im Bau von Kraftwerken, übernimmt er heute die – allerdings eingeschränkte – Rolle des Beschützers der Wasserläufe.

Die Lösung des Konflikts zwischen Naturschutz und Wassernutzung wird künftig darüber entscheiden, was von der authentischen Wasserlandschaft Norwegens übrigbleibt.

»Wir machen das für die nächsten Generationen«, sagt der Bauer, und es ist nicht schwer, ihn zu verstehen. Doch für das Land als Ganzes stehen andere Werte als die Wirtschaftlichkeit von Kleinbauern oder die Steuereinkünfte einzelner Kommunen auf dem Spiel. Denn wenn in die Natur erst einmal eingegriffen wurde, kann nichts mehr die Unberührtheit der Wasserläufe wiederherstellen. Die Natürlichkeit der Wasserlandschaft wäre für alle Zeit verloren.

Ich spaziere in den Wald hinein, setze mich ans Ufer eines unberührten Wasserlaufs und lese einen im Jahre 1854 erschienenen Text des amerikanischen Naturalisten Henry David Thoreau: »Ein See ist der schönste und ausdrucksvollste Zug einer Landschaft. Er ist das Auge der Erde. Wer hineinblickt, ermißt an ihm die Tiefe seiner eigenen Natur.«[41]

Was wird die norwegische Gesellschaft in ihrer Seele erblicken, wenn die von menschlicher Kontrolle freie Natur des Wassers in zunehmendem Maße dem ökonomischen Wachstum geopfert wird? Denn Flüsse und Wasserläufe, Wasserfälle und Seen beherbergen nicht nur Energie, die abgeschöpft werden kann, sondern sie repräsentieren auch kulturelle und soziale Werte und die Identität von Landschaften.

Der Staat, der den Monsun entmachten will

Mitunter werden Reisende durch Stereotype oder subjektive Erlebnisse getäuscht. Einige Tage lang halte ich mich an den Ufern des Ganges in Varanasi auf, versuche – als totaler Außenseiter – zu begreifen, was um mich herum geschieht und all das, was ich über das Verhältnis des Hinduismus zum Ganges und zu den heiligen Flüssen gelesen habe, damit in Zusammenhang zu bringen. Der berühmte, ungefähr 3000 Jahre alte Sanskrit-Text »Mahabharata« (XII.183) bringt die Bedeutung des Wassers auf den Punkt:
»Wasser ist das Leben aller Wesen, / durch das alle Kreaturen gedeihen, / aber auch vergehen, / wenn sie von ihm verlassen sind«[42].

Die kulturelle und religiöse Bedeutung der Ghats, dieser einzigartigen Treppenanlagen, die zum Fluss hinabführen, ist augenfällig: Familien, die ihre toten Angehörigen – eine Mutter, einen Vater oder ein Kind – auf Bahren an den Fluss tragen; das Eintauchen der Toten in den Ganges, um ihnen Wasser für die Reise zu geben; das Verbrennen der Leichen, deren Asche dann in den Fluss gestreut wird; die in Meditation versunkenen Sadhus; all die Gläubigen, die inmitten dieses Chaos aus Geräuschen und Gerüchen hochkonzentriert ein Bad im heiligen Fluss nehmen; und all die anderen, die – wie schon Millionen vor ihnen – die Treppen wieder hinaufsteigen, fort vom Fluss und hinein in das Gassengewirr von Varanasi, während sie das heilige Wasser, das sie dem Ganges entnommen haben, mit sich tragen. All das verstehe ich natürlich nicht; an den Ghats vollzieht sich so etwas wie die Huldigung einer mythischen Geografie – die Wahrnehmung eines Landschaftskonzeptes, das die rationale Wissenschaft schlichtweg nicht begreifen kann. Diese Verehrung des Wassers in Varanasi ist die Verkörperung des exotischen Indiens.

Doch dieses bekannte und nach einer Weile aufdringliche Sinnbild eines gleichsam zeitlosen Indiens darf nicht über die rasende Modernisierung hinwegtäuschen, der große Teile des Landes unterworfen werden. Die ökonomische Entwicklung hat sich überaus rasch vollzogen.

Das Interessante an dieser Modernisierung – nicht zuletzt der Wassersysteme – ist nun, dass dasselbe Wasser, das man der Macht der Ingenieure überantwortet, in kleinen vergoldeten Kannen vorsichtig vom Ganges in die engen Straßen Varanasis getragen wird. Indien ist eine der klassischen Flusszivilisationen, und die Geschichte des ganzen indischen Subkontinents kann aus einer Wasserperspektive heraus gelesen werden. Nur aufschreiben müsste diese Geschichte noch jemand. Flüsse wie der Ganges, der Indus, der Brahmaputra oder der Yamuna sowie der regel-, aber nicht immer gleichmäßig auftretende Monsun haben die Entwicklung Indiens gestaltet. Dieses Wassersystem schuf die Grundlage für landwirtschaftlich geprägte Zivilisationen und Handelswege – und eine der Besonderheiten des Landes: die »verlassenen Städte«. Diese Orte haben sich aus der Geschichte verabschiedet, weil der Fluss, an dem sie einst gegründet wurden, einen anderen Weg suchte oder in andere, größere Flüsse eingeleitet wurde. Die britische Kolonialverwaltung sah die künstliche Bewässerung und den Bau von Kanälen als vorteilhaft an. Für Staudämme und Kanäle wurde mehr Geld ausgegeben als für die berühmte Eisenbahn. Seit 1950 hat Indien über 3500 große Staudämme gebaut. Der legendäre indische Ministerpräsident Jawaharlal Nehru übertrieb nicht, als er diese als moderne Tempel Indiens bezeichnete. Sie sollten nicht nur ökonomische Zwecke erfüllen, sondern auch zum Aufbau der Nation beitragen und soziale Gegensätze überbrücken – ein überaus wichtiges Vorhaben in einem Land, in dem ein Mitglied der Pariakaste vor dem Betreten der Straße noch immer eine Warnung ausrufen musste, damit ein Brahmane rechtzeitig ausweichen konnte, um seinen Anblick nicht ertragen zu müssen. Die Staudämme repräsentierten die Vision eines modernen und rationalen Staates. Diese »Ingenieur-Ideologie« existierte parallel zu einer tiefen religiösen Verehrung des Wassers, insbesondere an den Ufern des Ganges und des Brahmaputra, und noch heute stehen die vielen kontrollierten

Flüsse für Millionen von Menschen im Zentrum ihrer rituellen Praxis.

In der Hauptstadt Neu-Delhi sind die Zeichen des Wachstums nicht zu übersehen. Es wird erwartet, dass Indien schon bald an Italien, Frankreich und Großbritannien vorbeizieht und zur fünftgrößten Wirtschaftsmacht aufsteigt. Darüber hinaus haben Reformen zu einem beschleunigten Wachstum geführt; das Land wurde für Investitionen geöffnet, und indische Betriebe und Unternehmen sind aufgerufen, effektiver und konkurrenzfähiger zu werden. Einige Beobachter vermuten, dass die indische Wirtschaftkraft bis zum Jahr 2050 die der USA übertroffen haben könnte. Manche Wirtschaftssektoren – wie die Informationstechnologie – gehören zu den modernsten weltweit, und die Bevölkerungszahl wird bald jene Chinas überschreiten.

Delhi hat viele Gesichter, die die unruhige Geschichte der Region widerspiegeln. Im Vergleich mit dem restlichen Indien gibt es hier nur wenige Sehenswürdigkeiten, etwa den Laxminarayan-Tempel, das Minarett Qutb Minar und das Rote Fort. Mit Blick auf das Wasser allerdings ist die Hauptstadtregion interessant. Wenngleich die Wirtschaftsleistung des Landes mit jener Großbritanniens wetteifert, ist die grundlegende Infrastruktur schlecht ausgebaut. In Delhi kann man beispielsweise auf Männer treffen, die zwar der Mittelklasse angehören und einen Anzug tragen, aber mit einem Eimer in jeder Hand nach Wasser anstehen müssen. Die reichsten und wohlhabendsten Mitglieder der Mittelklasse verbrauchen mehr Wasser als Reiche in Paris oder Sydney und bezahlen weniger dafür, als der Transport gekostet hat. In Delhi gibt es kein System, das den Wasserverbrauch misst. Für Millionen Menschen in den illegal errichteten Slums sind die Schlangen vor den Wasserpumpen zu lang, weshalb sie ihr Wasser lieber bei der sogenannten Wassermafia kaufen. Ein einziger Tagesverbrauch an Wasser kostet dann manchmal so viel, wie ein Bürger der Mittelklasse für einen ganzen Monat bezahlt. Diese Ungleichheit, Wasser zu erhalten, entwickelt sich zusehends zu einem der größten Strukturprobleme des Landes.

Die politische Führung hat die Warnzeichen erkannt. An vielen Orten herrscht akuter Wassermangel. Die Regierung im westlichen Bundesstaat Maharashtra hat Bananen- und Zuckerrohrproduzenten zusätzliche Wasserrationen zur künstlichen Bewässerung versagt, wenn sie mehr als zwei Kinder haben. Der für Wasser zuständige Minister begründete dies als notwendige Maßnahme, um den Wasserverbrauch und das Bevölkerungswachstum zu begrenzen. Berichten zufolge haben sich hunderte von Bauern das Leben genommen, weil ihnen das Wasser für eine auskömmliche Existenz fehlte. Einige Beobachter wollen festgestellt haben, dass sich die Minarette des Tadsch Mahal zur Seite geneigt haben, weil der Wasserstand im Yamuna, der an diesem Tempel vorbeifließt, so gering geworden sei, dass er das weltberühmte Symbol der Liebe aus dem Gleichgewicht gebracht habe.[43] Andere Untersuchungen hingegen bestreiten diese Behauptung.[44] Doch die Diskussion drückt das weit verbreitete Gefühl aus, dass sich das Land auf dem Weg in eine Wasserkrise befindet und die Auseinandersetzungen im Zusammenhang mit der Wassernutzung eskalieren werden. Aus allen Regionen Indiens kommen Berichte über Wasserkrisen. Da 90 Prozent des indischen Territoriums von Flüssen durchzogen werden, die zwei oder mehr Bundesstaaten berühren, ergibt sich ein enormes nationales Konfliktpotenzial. Viele regionale Unabhängigkeitsbewegungen von Assam bis Punjab sowie der Ruf nach einem eigenen Sikh-Staat waren und sind von Uneinigkeiten über die Besitzverhältnisse des Wassers beeinflusst.

Langfristig ist es auch politisch brisant, dass die ungleiche Wassersituation zu unterschiedlichen Entwicklungen der Bundesstaaten führt. Die Einheit der von Mahatma Gandhi und Nehru aufgebauten Nation ist in Gefahr. Einige Beobachter glauben, dass die westlichen und südlichen Landesteile größere Ähnlichkeit mit Kalifornien bekommen könnten, wohingegen sich der Norden und Osten dem Aussehen des afrikanischen Kontinents südlich der Sahara annäherten. Die indische Regierung nimmt an, dass bis zum Jahr 2025 in zwölf großen und 40 mittelgroßen Flüssen

Wasserknappheit herrschen wird, darunter Ganges, Subarnarekha, Krishna, Mahi, Tapti, Kaveri, Pennar und Sabarmati. Hunderte Millionen von Menschen sind betroffen. Hinzu kommt, dass hierbei mögliche Klimaveränderungen sowie Pläne Chinas, den Flüssen Wasser zu entnehmen, bevor sie Indien erreichen, noch gar nicht berücksichtigt sind. Und gleichzeitig besteht laut Regierung ein enormer Bedarf für den Ausbau der Landwirtschaft, was einen zunehmenden Bedarf an künstlicher Bewässerung zur Folge hat. Die Regierung betont, dass sich 40 Prozent des fruchtbaren Landes Asiens in Indien befänden, so dass eine Entwicklung des Landes im Interesse dieser ganzen Weltregion liegen sollte.

»Jede Haushaltsplanung ist wie ein Wetteinsatz auf den Monsun«, erklärte einst der indische Finanzminister. Der Monsunregen ist noch immer einer der größten Unsicherheitsfaktoren im Land. Er beginnt Ende Mai im südwestlichen Bundesstaat Kerala und erreicht in der Regel sechs Wochen später Rajasthan. Dieses mal kräftig, mal zögerlich auftretende Naturphänomen wurde von allen Dichtern und Schriftstellern beschrieben, die Indien schätzten – von Rudyard Kipling bis Rabindranath Tagore. Gefühl und Ausdruck sind dabei immer gleich: Wenn der Regen ausbleibt, kommt die Dunkelheit. Ohnehin ist der Niederschlag ungleich verteilt. In einigen Landesteilen regnet es mehr als überall sonst auf der Welt – zum Beispiel mehr als elf Meter pro Jahr in Cherrapunji im Bundestaat Meghalaya. Andere Regionen hingegen bleiben fast völlig trocken, wie etwa das westliche Rajasthan, in dem es lediglich einhundert Millimeter pro Jahr regnet.

Indiens Geschichte ist eine Folge von Dürre- und Flutkatastrophen, wenngleich die großen Unglücke, die jedes Jahr Millionen von Menschen töteten, dank erhöhter Kontrolle über das Wasser sowie der grünen Revolution und verbesserter Kommunikation heute mehrheitlich der Vergangenheit angehören. Doch trotz aller Dammanlagen wird die angespannte Wasserlage ein immer wichtigeres Thema, und die Lebensmittelproduktion in Indien kann mit dem Bevölkerungswachstum nicht Schritt halten.

Um dieser schweren Wasserkrise entgegenzuwirken, die die Einheit und Entwicklung Indiens nach Ansicht der Regierung gefährdet, arbeitet Delhi nun an einem der größten Gewässerverlegungsprojekte der Geschichte, dem »National River Linking Project« (Plan zur Verbindung von Flüssen), der im Jahr 2002 erstmals vorgestellt wurde. Diese Idee, die aus der Kolonialzeit in der zweiten Hälfte des 19. Jahrhunderts von Arthur Cotton, einem der führenden Vertreter des Imperiums, stammt, wird nun neu aufgelegt und erweitert: 37 große, aus dem Himalaja kommende Flüsse sollen mit den südlichen Strömen des Landes zu einem von Menschenhand erschaffenen Flusssystem verknüpft werden. Eine zentrale Wasserkontrollstelle könnte dann darüber entscheiden, wieviel Wasser die einzelnen Regionen des Subkontinents erhalten. Zwischen den verschiedenen Wasserläufen sollen jedes Jahr 170 Milliarden Kubikmeter Wasser verteilt werden. Dazu kommen 12 500 Kilometer neue Kanäle, einige davon in den Nachbarländern Nepal, Bhutan und Bangladesch. 350 000 Quadratmeter Land sollen dadurch künstlich bewässert werden können. Außerdem ist die Gewinnung von bis zu 35 000 MW Elektrizität durch Wasserkraft vorgesehen. Die Kosten für dieses Großprojekt werden auf 150 bis 250 Milliarden Euro geschätzt. Die umfassenden und technisch detaillierten Berichte, die die Regierung unter Berücksichtigung von Prognosen zum Bevölkerungswachstum – bis zum Jahr 2050 werden in Indien voraussichtlich 1,8 Milliarden Menschen leben – über den Bedarf an Wasser für Landwirtschaft und Industrie vorgelegt hat, vermitteln einen überwältigenden Eindruck vom gigantischen Umfang der Wasserprobleme und der Komplexität des Projektes.[45]

Die indische Regierung und die Wasseringenieure wollen den Monsun als launischen Herrscher des Subkontinents entthronen. Der bisher mit dem Wirken der Natur verbundene Fatalismus ist verschwunden; die mitunter despotische Macht des Monsuns soll gebrochen werden. Die Gegensätze, die sich daraus ergeben, dass der Brahmaputra und der Ganges zwei Drittel der indischen

Wasserressourcen mit sich führen, während ein Drittel des Landes von Trockengebieten beherrscht wird, will man somit überwinden. Der spektakulärste Teil des Projektes sieht vor, Wasser aus dem Brahmaputra durch Kanäle und Tunnel quer über den ganzen indischen Subkontinent zu verteilen – von der Grenze zu Bangladesch im Osten über den Wüstenstaat Rajasthan bis nach Pakistan im Westen. Mithilfe eines 457 Kilometer langen Verbindungskanals sowie Dämmen in den Flüssen Manas und Sankosh soll auch dem Ganges mehr Wasser zugeführt werden. Es ist sogar daran gedacht, den im Zentrum der hinduistischen Mythologie stehenden Fluss Sarasvati mit Wasser aus dem Satluj und dem Brahmaputra, die beide dem Manasarovar-See im Kailash-Gebirge in Tibet entspringen, nach 3500 Jahren zu neuem Leben zu erwecken. Und wenn das Wasser aus dem Himalaja erst die Südspitze des Subkontinents erreicht hat, wird ein Stück Geschichte fortgeschrieben: Vor circa tausend Jahren, als der Chola-König Rajendra I. die Gangesregion erobert hatte, forderte er nicht etwa Gold oder Land, sondern bat um eine Schale mit heiligem Gangeswasser, das in die Stadt Kanchipuram gebracht werden sollte, um dort mit den heiligen Brunnen vor den Tempeln vermischt zu werden. Dieses kulturelle Erbe wird mit dem Plan, Wasser vom Manasarovar-See in Tibet bis an die Südspitze Indiens zu führen, in die Zukunft gerettet.

Nach Ansicht einiger Beobachter ist die Debatte über den Plan zu einem »lautstarken Kampf, frei von wissenschaftlicher Analyse«[46] geworden. Umweltaktivisten und wasserreiche Bundesstaaten wehren sich gegen das Projekt. Die Aktivisten befürchten, dass es zerstörerische Auswirkungen auf Indien haben werde und dass das Land nicht die Mittel für ein Vorhaben aufbringen könne, das die Natur in solch großem Umfang manipuliert. Die wasserreichen Bundesstaaten meinen, keine Ressourcen abgeben zu können, da der Wasserbedarf in Zukunft noch über das hinauswachsen werde, was derzeit zur Verfügung steht. Der für Wasser zuständige Minister Westbengalens bezeichnet den Plan als »potenzielle Bedrohung« für seinen Bundesstaat, und in Assam, wo das Wasser des Brahmaputra als landeseigener Besitz gilt, halten die politischen Führer das Projekt für eine »ausgemachte Konspiration, um die Bewohner des Staates ihres gebührenden Wasseranteils zu berauben«[47]. Je umfassender sich das Projekt gestaltet, desto schwieriger wird es, das Wasser zwischen Bundesstaaten und Verbrauchern gerecht zu verteilen. Ständige daraus resultierende Konflikte werden somit das Verhältnis zwischen der Zentralregierung und den 25 Bundesstaaten auf die Probe stellen. Schon immer war ein starker Staat erforderlich, um komplizierte Projekte zur Wasserverteilung umzusetzen. Wenn dieser Plan, der alle anderen an Komplexität und Koordinationsbedarf übertrifft, eines Tages von Erfolg gekrönt sein sollte, wird er einen starken und hinlänglich autoritären Staat nicht nur voraussetzen, sondern auch rechtfertigen.

Die indische Regierung lässt sich nicht in die Karten schauen. Sie geht behutsam vor und bedient sich einer Schritt-für-Schritt-Strategie. Der ehemalige Präsident Abdul Kalam, der aus einer trockenen Region stammt und über technisches Hintergrundwissen verfügt – wie übrigens auch Nehru –, war ein Befürworter des »National River Linking«-Projektes. Seine Nachfolgerin Pratibha Patil – Präsidentin von 2007–2012 – kam aus Rajasthan, einem Bundesstaat, der mehr als alle anderen Vorteile aus dem Projekt zöge. Die Gegner des Projektes werfen der Regierung vor, damit nur die Ineffizienz des staatlichen Büros zur Kontrolle der künstlichen Bewässerung zu überdecken und glauben, dass viele von dem Plan regelrecht besessen seien. Die Regierung hingegen verweist darauf, dass unzählige Ingenieure das Projekt untersucht und sich positiv dazu geäußert haben. In Zukunft sollen die Flüsse des Landes zu einem System verknüpft werden, um die Ungerechtigkeit und das Ungleichgewicht der Natur auszugleichen. Die Unterzeichnung des Abkommens im Jahr 2005 zwischen den beiden bevölkerungsreichsten Nachbarprovinzen Uttar Pradesh und Madhya Pradesh, die zu den Gliedern in der Kette des »National River Linking«-Projektes gehören, war ein klarer Beweis dafür, dass die Regierung es ernst meint.

Vom Roten Fort aus, dessen Name sich von der Farbe des Sandsteins ableitet, mit dem seine 16 Meter hohen Mauern zwischen 1639 und 1648 in Delhi erbaut wurden, kann ich den Yamuna erkennen, der wegen zahlreicher Wasserentnahmen stromaufwärts im Sommer immer kleiner wird. Maßgebliche Politiker begründen das »National River Linking«-Projekt mit solch alarmierenden Zuständen. In Indien lassen sich zudem an vielen Orten neue rationale Argumente für die Umsetzung des Planes vernehmen, da nur so, wie behauptet wird, die künftige Wasserversorgung für ganz Indien gewährleistet ist und folglich Wachstum und nationale Einheit gesichert werden können.

Eine Flussebene im Griff des Wassers

Vermutlich gibt es kaum ein anderes Land, in dem sich die Bevölkerungsdichte derart klaustrophobisch und physisch überwältigend anfühlt wie in Bangladesch. An die 150 Millionen Menschen sind hier mehr oder weniger auf einer Flussebene zusammengepfercht, die ungefähr 150 000 Quadratkilometer umfasst. Und darin die Hauptstadt Dhaka: Eine klassische Stadt am Fluss, dampfend feucht, stickig heiß, mit monotonen Autoschlangen, hunderttausenden von Fahrraddroschken oder Rikschas, dazwischen der nicht zu verkennende Geruch schwitzender Männer, die eine scheinbar unendliche Anzahl von Karren vor sich her schieben, beladen mit Fässern, Eimern, Kokosnüssen, Schuhen und allen möglichen anderen Gegenständen. Nach ein paar Stunden Aufenthalt ist man schnell bereit, die gängigsten Theorien über den Ursprung des Wortes »Bangladesch« zu akzeptieren: Demnach ist es abgeleitet von *vanga*, das zum ersten Mal in der jahrtausendealten Hinduschrift »Aitareya-Aranyaka« erwähnt wurde und nach Ansicht vieler Sprachforscher von dem tibetischen Wort *bans* abstammt, das »nass und feucht« bedeutet.

Einer der Gründe dafür, eine solche Zehn-Millionen-Stadt ohne Anhöhen, ohne eigentliches Zentrum und ohne klassische Sehenswürdigkeiten aufzusuchen, ist eben die Möglichkeit, in diese Bevölkerungsdichte einzutauchen und das Phänomen der Überbevölkerung ganz unmittelbar zu erfahren. Dafür steigt man am besten in eine Rikscha, die als typisch bengalisches Transportmittel angesehen wird, aber eigentlich erst vor gut hundert Jahren unter der Herrschaft der Briten eingeführt wurde. Erst wenn man sich durch die engen Straßen fahren lässt und dabei aus allen Richtungen zehntausende von Fußgängern und Radfahrern den Weg zu kreuzen scheinen, begreift man, wie sehr diese massive Bevölkerungsdichte einer Plage ähnelt. Während sich die Rikscha weder vor- noch rückwärts einen Weg durch die Masse bahnen kann, kommt mir der Gedanke, dass ich vielleicht besser zu Hause geblieben wäre. Auch das dünne Leinwandverdeck bietet keinen Schutz: Ich bin in einer Menschenmenge gefangen, der ich anscheinend nicht mehr entkommen kann.

Der Rikschafahrer kämpft sich mühsam vorwärts, während ich unruhig dasitze und fürchte, dass wir von irgendeinem Auto überrollt werden, dessen Fahrer aufgrund des Verkehrschaos' womöglich die Besinnung verliert. Mir fällt eine Schicksalstragödie aus Bangladesch ein, die mir in der Stadt Sylhet, im Norden des Landes, erzählt wurde. Dort liegt das Grabmal von Hazrat Shah Jalal, und noch sechshundert Jahre nach seinem Tod pilgern Gläubige dorthin. Der Legende nach kam Shah Jalal aus Delhi, um den Islam zu verbreiten. Er besiegte den hinduistischen König Raja Gour Gobinda und verwandelte dessen Anhänger in Steinbeißer-Fische, deren Schicksal es nun war, bis in alle Ewigkeit in dem Brunnen vor dem Heiligtum herumzuschwimmen – wo sich übrigens noch das Schwert des Herrschers, seine Kleider und seine Ausgabe des Korans befinden. Erneut wird die Riksha von einer Menschenmenge aufgehalten, die sich um drei Männer versammelt hat, welche wie verrückt auf einen wehrlosen Hund einschlagen. Das irrsinnige Geheul des Tieres und seine verzweifelten Augen verfolgen mich bis in die kleinen Gassen der Hauptstadt hinein, während mir bewusst wird, was die Ursache für die zahlreichen Menschen des Landes ist – und gleichermaßen dafür, dass Bengalisch an siebenter Stelle der am häufigsten gesprochenen Sprachen der Welt steht: Es sind die großen Flüsse Ganges und Brahmaputra, die im Laufe von Jahrtausenden das Erdreich ringsherum ungewöhnlich fruchtbar gemacht haben.

Meiner Erfahrung nach begegnen einem die schönsten Naturerlebnisse oft dann, wenn man sie am wenigsten erwartet. Erst vor kurzem habe ich einen wunderschönen Morgen auf einer Teeplantage in Sylhet erlebt, gerade als der Nebel sich lichtete. Und jetzt werde ich – ausgerechnet mitten in Dhaka – geradezu überwältigt vom Anblick der aufziehenden Dämmerung, während ich in einem gemieteten Ruderboot auf dem Fluss Padma sitze.

Bangladesch ist von Padma, Brahmaputra und Ganges gebildet worden. Das Land – im Prinzip eine Flussebene mit einem Delta – ist sozusagen die Entwässerungsanlage Asiens. Bis zum Jahr 2050 wird die Bevölkerung um weitere 100 Millionen Menschen anwachsen, nach manchen Berechnungen soll Bangladesch dann sogar mehr Einwohner haben als die USA. In Europa weisen die Niederlande die höchste Bevölkerungskonzentration auf und bilden zugleich *die* Entwässerungsregion des Kontinents. Die größte Bevölkerungsdichte Chinas und Afrikas findet man am Jangtse und im Delta des Gelben Flusses beziehungsweise im Niger- sowie Nildelta. Zwar sind bisher noch keine vergleichenden historischen Studien über die Entwicklung der weit verzweigten Deltas erstellt worden, aber eines lässt sich nicht bezweifeln: All diese Regionen werden großen Herausforderungen gegenüberstehen, doch keine hat derzeit so schlechte Bewältigungschancen wie Bangladesch.[48] Ändert sich das Klima, schmelzen die Gletscher im Himalaja und steigt der Meeresspiegel, liegt Bangladesch im Schnittpunkt zweier Gefahren – gefangen in einer Falle, aus der es kein Entkommen gibt. Nicht zuletzt ist das Land aufgrund einer unglücklichen Kombination aus schwierigen sozialen und naturbedingten Verhältnissen sehr verwundbar. Und Bangladesch liegt am Unterlauf eines Wasserweges, den es nicht selbst kontrollieren kann.

Wenn kein Hochwasser herrscht, sind 13 Prozent des Landes von Wasser bedeckt. Während eines normalen jährlichen Hochwassers steht ein Drittel des Landes unter Wasser, das dann, aus der Luft betrachtet, einem Inselstaat gleicht. Bei extremem Hochwasser können bis zu 65 Prozent des Landes überflutet sein. 1998 dauerte solch eine Überschwemmung über zwei Monate an, und die Regierung musste Nahrung und Unterkunft für 20 Millionen Menschen herbeischaffen. Anders ausgedrückt: Die Allgemeinheit und der Staat stehen vor strukturellen Problemen, mit denen sich westliche Länder in diesem Umfang nie befassen mussten.

Überall bekomme ich die gleiche Geschichte zu hören: Das Leben in dieser Flussebene gleicht einer Risikosportart. So war es früher schon, so ist es heute, und so wird es in verstärktem Maße auch in Zukunft sein. Das extrem rasche Wachstum der Bevölkerung hat dazu geführt, dass tiefer liegende Bereiche der Flussebene besiedelt, mit Verkehrswegen und Häusern bebaut wurden. Kanäle und kleine Nebenflüsse, die früher das Wasser abgeleitet haben, wurden zugeschüttet. Beinahe im selben Takt, in dem die Gefahr erhöhter Wasserstände durch das Abschmelzen des Eises steigt, ist das Land noch verwundbarer für die Folgen des Hochwassers geworden. Bereits 1988 hatte Bangladesch mehr Straßen pro Gebietseinheit als jedes andere Land.[49]

Der Brahmaputra ist 2900 Kilometer lang. Ungefähr zur Hälfte liegt er in Tibet, dann durchquert er die indischen Bundesstaaten Arunachal Pradesh und Assam, um schließlich Bangladesch zu erreichen, wo er sich nahe des Golfs von Bengalen mit dem Ganges zu einem Riesenfluss vereint. Das gigantische Gewässer ähnelt hier einem Meer, so dass es oft nicht möglich ist, das andere Ufer zu erkennen.

Die Wasserfrage samt der Verteilung und Nutzung von Ganges und Brahmaputra beeinflussen die politischen Verbindungen und das Vertrauensverhältnis zwischen den Staaten der gesamten Region. In diesem wasser- und geopolitischen Spiel ist Bangladesch nur ein Zwerg, ein kraftloser Akteur im Vergleich zu den Großmächten Indien und China. Indien wird in Bangladesch dafür kritisiert, dem Ganges bei Wasserknappheit mehr Wasser zu entnehmen als gewöhnlich. Dies verstärke den Wassermangel in Bangladesch insbesondere in Zeiten, in denen das Land mit Wassermangel zu kämpfen hat. Andererseits wirft Dhaka Indien vor, sein Hochwasserproblem zu lösen, indem es Wasser einfach nach Bangladesch weiterleitet. Bangladesch hat sich um ein Wasserabkommen mit Indien bemüht, was allerdings nur teilweise und auf einige Regionen beschränkt zum Erfolg führte.[50]

Grundsätzlich ist es nicht unwahrscheinlich, dass der Wasserstand in den Flüssen Bangladeschs künftig abnimmt, weil Indien insbesondere in den Bundesstaaten Uttar Pradesh, Bihar, Haryana und Westbengalen mehr Wasser aus den Flüssen entnehmen wird. Darüber hinaus gibt es ein Abkommen zwischen Indien und Bhutan, nach dem Wasser aus den Brahmaputra-Nebenflüssen Sankosh und Manas in den Ganges überführt werden soll, um so die wasserarmen Regionen Indiens besser zu versorgen. Indien hat mittlerweile auch Kontrollanlagen an Tista und Mahananda errichtet und plant außerdem den Bau eines Wasserreservoirs am Barak, dem Oberlauf der Meghna. Der indische »National River Linking«-Plan wird nach Ansicht der politischen Führung in Bangladesch katastrophale Folgen für das Land haben. Das Projekt werde die Wasserressourcen Bangladeschs und folglich auch Wirtschaft und Umwelt des Landes zerstören. Weniger Wasser im Brahmaputra würde auch weniger Wasser in der Meghna bedeuten, was wiederum dazu führen könnte, dass sich das salzige Meer immer weiter in die tiefer liegenden Landesteile hineinfrisst.

Je mehr der Meeresspiegel ansteigt, desto verwundbarer wird Bangladesch. Und dabei muss er sich nicht einmal besonders stark erhöhen, um Millionen von Menschen zum Aufbruch in die wenigen Erhebungen des Landes zu zwingen. Bereits bei einem Anstieg um einen halben Meter verliert das Land 15 Prozent seiner Fläche – ein Areal, auf dem jetzt schon über 15 Millionen Menschen leben. Bei steigendem Meeresspiegel wird auch das Grundwasser in Mitleidenschaft gezogen, und nicht zuletzt erhöht sich ganz allgemein die Gefahr für Naturkatastrophen: Die zehn Meter hohe Flutwelle, die am 12. November 1970 bei einer Windstärke von 240 Kilometern pro Stunde das Land überschwemmte, führte innerhalb weniger Stunden zu einer halben Million Todesopfern. Es war eine der schlimmsten Naturkatastrophen in der Geschichte.

Während wir im Hotel Golden Gate sitzen und Huhn mit Curry verspeisen, schildert mir mein Kollege, ein Wirtschaftswissenschaftler aus Bangladesch, die düsteren Zukunftsaussichten für das Land, falls sich die Wassersysteme aufgrund von Klimawandel oder menschlichen Eingriffen stromaufwärts verändern. Als er die Lage Bangladeschs noch einmal zusammenfasst, verweist er auf das jahrtausendealte Gilgamesch-Epos[51], das über die Situation der Menschen im alten Mesopotamien berichtet: »Der Zeitpunkt kam herbei: / am Morgen gingen Küchlein nieder, am Abend ein Weizenregen. / Ich beobachtete das Wetter – / und es war fürchterlich anzusehen. [...] / Kaum daß ein Schimmer des Morgens graute, / stieg schon von den Gründen des Himmels schwarzes Gewölk auf. / In ihm drin donnert Adad [...]. / Ninurta ging und ließ das Wasserbecken ausströmen [...]. / Die Himmel überfiel wegen Adad Beklommenheit, / alles Helle in Düster verwandelnd. / Das Land, das weite, zerbrach wie ein Topf.«[52] »Und zu all den von der Natur verursachten Zerstörungen«, fügt mein Kollege hinzu, »kommt noch die Nutzung des Wassers durch die Länder stromaufwärts.«

Auf der flachen Flussebene am Golf von Bengalen vollzieht sich ein sisyphosartiger und konfliktreicher Kampf. Bangladesch braucht einerseits das Flusswasser zur künstlichen Bewässerung, als Transportweg und nicht zuletzt, um das Meer am Eindringen in das Land zu hindern. Der von den Flüssen mitgeführte Schlamm düngt die Erde und macht sie äußerst fruchtbar, was jedoch andererseits dazu führt, dass der Meeresgrund vor der Küste immer seichter und so auch gefährlicher wird. Die Deltaregion wird zusehends verwundbarer und erinnert immer weniger daran, dass hier einmal tropischer Wald wuchs, der 1894/95 die Kulissen für Rudyard Kiplings »Dschungelbuch« abgab. Die Unsicherheit über die Höhe des künftigen Meeresspiegels wirft generelle Fragen auf: Wo sollen die Menschen leben? Und wer möchte in ein Land investieren, das nach Ansicht Vieler zu Teilen bald schon verschwunden sein wird?

Als ich an der Padma stehe, blicke ich auf überfüllte Fähren, die zwischen ihren beiden Ufern hin und her fahren. Von überall, wie es scheint, strömen Kinder und Jugendliche herbei, um sich im Wasser abzukühlen. Die Häuser sind auf Pfählen erbaut, so knapp über der Wasseroberfläche, dass man sich gut vorstellen kann, wie ganze Gesellschaften und Zivilisationen durch Veränderungen in der Wasserlandschaft untergingen. Und die historische Erfahrung besagt: Überraschungen sind unvermeidlich.

Himalaja und der »Krieg im Himmel«

Kurz bevor ich in das Hunzatal im Norden Pakistans, an der Grenze zu China, reise, stoße ich auf eine unscheinbare kleine Broschüre aus der Zeit zwischen den Weltkriegen: »Das Geheimnis der Hunza oder wie die Hunza das sagenhafte Alter von 145 Jahren erreichen«. Ich nehme das Heftchen mit, zur Erinnerung und als warnendes Zeichen davor, nur das zu sehen, was man bereits zu kennen meint. Das Land der Hunzukuc wird in dieser Schrift als Paradies auf Erden dargestellt – eine Abwandlung des sagenumwobenen Shangri-La. Es heißt darin, dass die Hunzukuc das »glücklichste Volk der Erde« seien, ein Volk, das »seine Gedanken vollständig beherrscht« und in vollkommener Harmonie mit der Natur lebt. Die Broschüre ist ein gutes Beispiel für die orientalistische Reiseliteratur jener Zeit. Oft von nahezu metaphysischem oder religiösem Charakter, ermöglichte sie es den jeweiligen Autoren, die Flucht vor dem eigenen Selbst und der Gesellschaft, in der sie lebten, als poetisch-romantisches Abenteuer zu stilisieren.

Dazu bereiste man Regionen, in denen der Einfluss des Westens noch nicht zum Tragen gekommen war. Die hinter den Berggipfeln des Himalaja isoliert lebenden Hunzukuc waren somit ein geeignetes »Objekt« für europäische Fantasien von einem »wahren Leben« und verkörperten das Gegenteil zur Unnatürlichkeit des industrialisierten Westens. Die Europäer projizierten ihre Sehnsüchte auf ein weit entferntes Land, vergleichbar mit den Hippies der 1960er Jahre, die Erlösung und Geborgenheit im Indien der Maharischis und Bhagwans suchten.

In Islamabad beladen wir unseren Geländewagen mit Proviant und fahren in Richtung Norden über den Karakorum-Highway, der in den 1970er Jahren von den Chinesen gebaut wurde und die Region erst zugänglich machte. Vorbei an steilen Felswänden und den braunen, schäumenden Wassermassen des Indus bewegt sich der Wagen mühsam voran. Wir passieren kleine Dörfer, in denen

Frauen niemals das Haus verlassen und das Straßenbild von bärtigen Männern dominiert wird, die zum Markt gehen oder, an einem Tisch sitzend, Tee trinken. In Chilas stoßen wir auf das gewaltige Bergmassiv des Nanga Parbat, der sich wie eine Wand vom Flussufer über 7000 Meter in die Höhe streckt. Nach 20 Stunden Autofahrt erreichen wir schließlich Karimabad, die »Hauptstadt« des Hunzatals. Nach einer letzten Etappe über gewundene Straßen öffnet sich plötzlich eine grüne, von gezackten Berggipfeln umgebene Oase. Inmitten des Tals entdecken wir den Fluss Hunza, der sich grau und trotzig immer tiefer in den porösen Erdboden gräbt, während der Himalaja beständig weiter in die Höhe zu wachsen scheint.

Karimabad ist ein ausgesprochen schönes kleines Städtchen, in dem auch Frauen (mit und ohne Schleier) zum Straßenbild gehören. Ich nutze die Gelegenheit und kaufe ein kaltes Bier in diesem Teil Pakistans, der von den relativ liberalen Ismailiten dominiert wird. Im Westen erlangten die Ismailiten wohl hauptsächlich dadurch eine gewisse Aufmerksamkeit, dass der inzwischen verstorbene religiöse Führer Aly Khan im Jahre 1949 die Hollywood-Schauspielerin Rita Hayworth heiratete und sein Nachfolger zu den reichsten Männern der Welt zählt. Die Oase, die die Grundlage für eine beinahe autarke Landwirtschaft schuf, ist allerdings kein Werk der Natur oder das Resultat einer passiven, vermeintlich mit der Natur im Einklang stehenden Lebensweise der Hunzukuc. Von Natur aus ist das Hunzatal überaus niederschlagsarm und unfruchtbar. Und obwohl die Region von zahlreichen Flüssen durchzogen wird, können diese nicht direkt genutzt werden, weil sie oft hundert Meter tiefer liegen als das Erdreich. Während der Indus die Lebensader des südlichen Pakistans und Teilen Indiens darstellt, fließt der Hunza hier in einer Höhe von 3000 Metern über dem Meeresspiegel unerreichbar und fast unüberwindbar dahin. Gleichwohl haben die Hunzukuc über Generationen hinweg eine grüne Oase in diesem feindlichen Wüstenklima geschaffen. Ihre Lösung des Wasserproblems ist geradezu genial. Von einem üppigen Obstgarten aus kann ich lange Streifen erkennen, die in die steilen Felswände »eingeritzt« sind. Es handelt sich um kilometerlange Bewässerungskanäle, die das Schmelzwasser von den Gletschern ins Tal leiten und dadurch Landwirtschaft ermöglichen. Mit ein paar Arbeitern, die einen Kanal reparieren sollen, klettere ich zum Fuß des 7388 Meter hohen Berges Ultar Sar hinauf, der erst 1996 zum ersten Mal bestiegen wurde. Auf dem Weg nach oben passieren wir ein kompliziertes Netzwerk aus kleineren Kanälen, die das Wasser zu den verschiedenen Dörfern leiten. An ihrem Schnittpunkt liegt die Wachhütte des Mannes, der darauf achten soll, dass kein Dorf mehr Wasser erhält, als ihm zusteht. Als wir endlich oben angelangt sind, kann ich in das Tal zurückschauen. Während ich vorsichtig über das steinerne Kanalufer auf der Bergseite balanciere, bestätigt sich, was ich schon vorher gelesen habe: Jeder einzelne grüne Fleck in Karimabad erhält Wasser aus diesem Kanalnetzwerk.

Noch beeindruckender werden die Kanäle, wenn man direkt über solch einem künstlichen, mit Wasser gefüllten Felsgraben steht. Manchmal nur einen halben Meter breit, manchmal mehr, sind sie durchaus groß genug, um betreten zu werden, doch da sie viel Wasser führen, ziehe ich es vor, mich über die aus losen Steinen bestehende Begrenzungsmauer zu bewegen – nicht sehr elegant, wie ich zugeben muss, doch da wir ohne Seile oder sonstige Sicherungen hier herumklettern, muss ich mich an der Felswand festklammern. An einigen Stellen bleibt mir nichts anderes übrig, als zu kriechen, da der Kanal direkt unter einem Felsüberhang in den Stein gehauen wurde. Als ich vorsichtig über den Rand der Kanalbegrenzung blicke und den Lauf der schmalen, gewundenen Wasserader verfolge, die das Schmelzwasser vom Gletscher hinunter ins Tal führt, bin ich mir sicher: Die Kanäle sind das wohl großartigste Beispiel für den Kampf einer Gesellschaft um die alltägliche Versorgung mit Wasser. Nur mithilfe von Steinen, dem Horn Sibirischer Steinböcke sowie selbst hergestelltem Schießpulver wurden sie angelegt – oftmals von Männern, die an Seilen in der Gegirgswand hingen und diese Pflichtarbeit leisteten. Hinzu kommt, dass die Kanäle das richtige

Gefälle haben mussten: Waren sie zu steil, konnten sie von Steinen, die das Schmelzwasser mit sich führte, zerstört werden; waren sie zu flach, hätte sich der Schlamm in ihnen abgelagert. Gletscher sind aktive, pulsierende Gebilde. Sie bewegen sich ständig, was oft Erdrutsche verursacht. Daher sind permanente Reparaturarbeiten nötig, um die Kanäle offen zu halten. Da diese zudem mehrere Dörfer mit Wasser versorgen und die einzigen Wasserquellen der Bewohner darstellen, haben Bau, Überwachung und Instandhaltung des Systems eine Zusammenarbeit erzwungen, die in einer auf Niederschlag basierenden Landwirtschaft völlig unüblich wäre.

Für den Bau dieses revolutionären Bewässerungssystems war eine starke Macht vonnöten. Vermutlich wurde sie von Mir Silum Khan III zu Beginn des 19. Jahrhunderts eingeführt, nachdem dieser aus dem Exil in Badachschan im heutigen Afghanistan zurückgekehrt war. Die von ihm mitgebrachte Technik war im Prinzip einfach, bedurfte aber der Organisation, des Durchhaltevermögens und der Fähigkeit, die Landschaft »lesen« zu können. Anstatt Nachbarorte anzugreifen, deren Bewohner gefangenzunehmen und als Sklaven zu verkaufen, wie es Herrscher jener Zeit gemeinhin taten, um Reichtum zu gewinnen, hatte Silum Khan eine bessere Idee: Er baute Bewässerungskanäle, schuf damit die Grundlage für größere Ortschaften und konnte somit höhere Steuereinnahmen verzeichnen. Er verteilte neues Land, verbündete sich mit anderen und vermehrte seine Macht, indem er die Rolle eines traditionellen *thumen*, eines machtvollen Kleinfürsts, einnahm. Da ein Stück Boden ohne Versorgung mit Schmelzwasser im Hunzatal völlig wertlos war, der *thumen* im Volksglauben jedoch die Macht besaß, das Abschmelzen der Gletscher zu kontrollieren, hatten die anderen Bewohner keine Wahl: Wollten sie überleben, mussten sie sich seinem Regime unterwerfen. Dieses System der autokratisch regierenden und nicht gewählten Kleinfürsten im Norden Pakistans wurde erst Anfang der 1970er Jahre durch die Regierung von Zulfikar Ali Bhutto aufgelöst, als die betreffenden Gebiete, einschließlich des Hunzatals, der Zentralregierung unterstellt wurden.

Der ständig wachsende Bedarf an Wasser spiegelt sich auch in den Naturvorstellungen des örtlichen Volksglaubens wider: Während eines Mittagessens mit der technischen Leitung im lokalen Wasserwerk behaupten einige Ingenieure, dass durch die Paarung eines männlichen Gletschers, der schwarz und voller Steine sei, mit einem weißen weiblichen Gletscher neue Gletscher entstünden. Und indem man die Stelle mit Decken und Ähnlichem zudecke, würde dann das »Kind« wachsen.

Als die kleine Maschine bei meinem Rückflug in niedriger Höhe über eisbedeckte Berggipfel hinwegzieht (ohne dabei den Yeti aufzuscheuchen), kann ich nicht umhin zu denken, dass es sich bei dieser Geschichte um eine optimistische Vorstellung handelt, noch dazu in einer Region, die abhängig von derartigem Schmelzwasser ist.

Später sehe ich die Punjabebene vor mir und bemerke es sofort: ein Netzwerk aus Kanälen, die das Land in allen Richtungen durchkreuzt. Das größte zusammenhängende Bewässerungssystem der Welt: 60 000 Kilometer künstlich angelegter Bewässerungskanäle, die das Wasser vom Indussystem hierher führen.[53] Punjab bedeutet eigentlich »Land zwischen den fünf Flüssen«, was in der Tat eine zutreffende Bezeichnung ist. Britische Kolonialherren und Wasserbauingenieure verwandelten das heutige Pakistan, damals ein Teil Indiens, in eine gigantische Baumwollplantage. Flüsse wurden zusammengeführt oder umgeleitet, und die trockene Indusebene ist an vielen Orten zu einer Oase geworden. Die Landwirtschaft bildet das Rückgrat der pakistanischen Ökonomie, und die künstliche Bewässerung ist der empfindliche Nerv dieser grünen Revolution.

Es ist eine unbezweifelbare historische Tatsache, dass die Landwirtschaft in der heutigen Form ohne den Indus und seine Nebenflüsse nicht existieren könnte. Doch die Lebensader der nationalen Wirtschaft ist kein landeseigener Fluss. Er kommt aus China und – vielleicht noch wichtiger – muss mit Indien geteilt werden. Der Kampf um das Wasser in diesem Flusssystem wird über Krieg und Frieden zwischen jenen beiden Atommächten entscheiden, und auch die Lösung der Kaschmirfrage[54] wird er in großem Maße beeinflussen.

Nur selten habe ich etwas erlebt, das mich stärker beunruhigt hat: In der Hocke fahre ich mit der Hand über den rauen Boden und lese eine ganze Handvoll körnigen, groben Salzes auf. Um mich herum sind große Flächen weiß wie Schnee. An vielen Orten in den Provinzen Punjab und Sindh sieht es so aus. Der Indus führt enorme natürliche Salzmengen aus Tibet und dem Himalaja mit sich. Die künstliche Bewässerung hat dazu geführt, dass Millionen Hektar Land von diesem zunehmenden Versalzungsprozess bedroht sind. Mittlerweile gibt es in Pakistan viele Seen, die aus der Entfernung wie ganz normale idyllische Gewässer aussehen, sich bei näherer Betrachtung jedoch als tot entpuppen. Die Seen werden unterirdisch mit Grundwasser versorgt. Doch austretendes Wasser aus defekten Bewässerungskanälen lässt das Grundwasser ansteigen und verunreinigt es mit Salz, wodurch die Seen absterben.

»Etwa 40 Prozent des Areals sind vom salzhaltigen Wasser beschädigt, 15 Prozent sogar stark. Das Salz in der Erde hat zu einem Produktionsrückgang von 25 Prozent geführt.« Meine pakistanischen Kollegen, die ich in einer Forschungseinrichtung in Multan treffe, sind verzweifelt. Sie haben die Entwicklung langfristig beobachtet und versucht, etwas dagegen zu tun. Doch sie wissen auch, dass es sich um kein neues Problem handelt.

Kurz bevor die Sonne aufgeht und das Spiel von Licht und Schatten die 5000 Jahre alten Steinmauern zum Leben zu erwecken scheint, schreite ich einen 8 mal 12,5 Meter messenden Raum inmitten des »Großen Bades« ab. Ich befinde mich im prominentesten Gebäude der Mohenjo-Daro-Anlage in der Provinz Sindh. Sie liegt auf einer künstlichen Anhöhe, ungefähr zehn Meter über dem Wasserlauf des Indus, und ist das bekannteste Bauwerk, das von der Induskultur übriggeblieben ist. Diese entstand vor circa 5500 Jahren und erstreckte sich in ihrer Glanzzeit von Badachschan im nördlichen

Afghanistan über die weiter südlich gelegene Küste des Arabischen Meeres bis an die Westküste Indiens. Am unteren Teil des Indus siedelten sich immer wieder Nomaden aus dem Westen an, die in der Nähe zum Fluss offenbar einen Vorteil sahen. Wie sich aus diesen Ortschaften jedoch eine große Zivilisation entwickelte, ist bis heute ungeklärt.

Nachdem Archäologen im Jahr 1922 Mohenjo-Daro entdeckt hatten, musste ein Teil der Frühgeschichte des Menschen umgeschrieben werden. Als man sich schließlich ein genaueres Bild vom Entwicklungsniveau der Induszivilisation machen konnte, zeigte sich überraschenderweise, dass die Kulturen im Niltal und in Mesopotamien über ein Äquivalent auf dem indischen Subkontinent verfügten. In Mohenjo-Daro bauten die Menschen Weizen, Gerste, Erdnüsse, Melonen, Sesam und Baumwolle an. Ein Stück des ältesten Baumwollstoffs der Welt wurde hier gefunden, gefärbt mit Pfanzenfarbe. Die Induszivilisation betrieb darüber hinaus regen Handel. Karawanen durchquerten die Wüste, und Schiffe befuhren den Indus. Es gab Hunde, Katzen und Rinder, womöglich auch Schweine, Pferde, Esel und Kamele – vielleicht wurden sogar Elefanten gezähmt. Vermutlich lebten um die 40 000 Menschen in der Stadt. Während die Ägypter Sklaven zum Bau der Pyramiden einsetzten und die Handwerker zwischen Euphrat und Tigris großangelegte Tempel zu Ehren der Herrscher konstruierten, war die Induszivilisation von einem eher bescheidenen Baustil geprägt; auch der Bevölkerung war es möglich, anständige Häuser zu besitzen.

Niemand weiß genau, welche Funktion das »Große Bad« hatte. Vielleicht diente es Reinigungsritualen oder war der Ort für eine ähnliche religiöse Verehrung des Wassers, die später im Hinduismus so wichtig wurde. Mehr oder weniger alle Häuser verfügten über ein Bad und eine Abwasserleitung. Das Frischwasser stammte aus hunderten von Brunnen. Die Überreste der faszinierenden Kanalisation finden sich heute noch als Abwassergräben, die mit besonders gefertigten Mauersteinen abgedeckt wurden, am Rande der Straßen – eine sinnvolle Einrichtung in einem Land mit heißem,

feuchtem Klima, die darüber hinaus vom hohen Organisations-
niveau der Induszivilisation zeugt und effektiver war als die Ab-
fallbeseitigung in den heutigen Dörfern, ungefähr 5000 Jahre später.

Vor circa 3700 Jahren verschwand die Induszivilisation, nachdem sie immer wieder von fremden Soldaten, darunter auch indo-
germanischen Einwanderern, angegriffen worden war. Einige sind
der Ansicht, dass die Gesellschaft durch wiederholte Flutkatastrophen zugrunde ging, andere hingegen glauben, dass der Indus
durch massive Erdverschiebungen und Schlammablagerungen südlich von Mohenjo-Daro aufgestaut wurde. Wieder andere sehen die
Ursache für den Niedergang der Induszivilisation in der Zerstörung der Anbauflächen durch künstliche Bewässerung, ähnlich wie
vor 4000 Jahren in Mesopotamien oder heute in der Indusebene.
Das Grundwasser stieg, der Salzgehalt im Erdreich erhöhte sich
aufgrund von Verdunstung, es gab nicht genügend Wasser, um das
Salz auszuspülen und so weiter.

Heute wird Mohenjo-Daro, die »Stadt der Toten«, erneut vom
Wasser bedroht. Im Jahr 1922, als die Ausgrabungen begannen, lag
der Grundwasserspiegel 7,5 Meter unter der Erde. Mittlerweile
beträgt der Abstand zur Oberfläche stellenweise weniger als
1,5 Meter, und nicht weit entfernt vom »Großen Bad« findet man
Stellen, die mit Salz bedeckt sind. Um die Ruinenstadt verteilt gibt
es unzählige Pumpen, die Tag und Nacht arbeiten – allerdings nicht,
um die Menschen mit Trinkwasser zu versorgen, sondern um die
alten Bauwerke zu retten, die sich langsam auflösen, weil die vom
aufsteigenden Wasser gebildeten Salzkristalle die Lehmziegel an-
greifen. Die internationale Gemeinschaft und die pakistanische
Regierung kämpfen für den Erhalt der Ruinenstadt, doch das steigende Grundwasser ist und bleibt ein tückischer Feind.

Für ein besseres Verständnis der aktuellen geopolitischen Situation Pakistans ist es sinnvoll, die flache, heiße Indusebene zu verlassen und zurück in den Norden des Landes zu fahren. Vielleicht
wie nirgendwo sonst erheben sich hier die Berge in majestätischer
Schönheit; wie riesige Monolithen aus Granit steigen sie aus den

Tälern und von den Ufern der Flüsse fast gerade in die Höhe: Tirich Mir an der Grenze zu Afghanistan, der pyramidenförmige K2, der zweithöchste Berg der Erde, oder der Nanga Parbat, der sich als letzter Gipfel des Himalajamassivs einsam erhebt und die fruchtbaren Ebenen in Kaschmir von den gewaltigen Wasserschluchten des Indus trennt. Durch diese Landschaft fließt die Lebensader Pakistans, bevor sie breiter wird und mit ihren Nebenflüssen die Grundlage für die pakistanische Landwirtschaft bildet.

In einem kleinen Flugzeug fliege ich von Islamabad in den Norden, nach Skardu, heuere für wenig Geld einen Taxifahrer an und erlebe die schlimmste Autofahrt meines Lebens. Der günstige Preis beinhaltet, dass der Wagen alt ist, die Reifen schlecht sind und der Taxifahrer seine besten Tage schon lange überschritten hat. Zu Beginn schlängelt sich die Straße gemächlich über die sandigen Flussebenen im Skardutal, das von Gletschern umgeben ist, die, dem Volksglauben nach, ja »gezüchtet« werden können.

Nach einiger Zeit erreichen wir die Straße, die dem Lauf des Indus folgt. Stunde um Stunde fahren wir direkt am Fluss entlang; manchmal führt die Straße mehrere hundert Meter steil bergab, während unter uns die Fluten des Indus toben und über uns riesige Felsmassive in den Himmel ragen. Wir dürfen uns nicht zu dicht an der Felswand bewegen, weil sich sonst Steine daraus lösen, aber andererseits auch nicht zu nah am Abgrund, weil die Straßenbegrenzung aus losem Kies besteht. Gleichzeitig lauert hinter jeder Kurve die Gefahr eines Zusammenstoßes mit entgegenkommenden Fahrzeugen, die grundsätzlich viel zu schnell fahren. Nach einigen Stunden bricht die Dämmerung herein, und als wir schließlich in Gilgit ankommen, habe ich mich so vollständig dem Schicksal überlassen, dass ich mit fatalistischer Ruhe den Nanga Parbat betrachte, der im kalten Licht des Vollmonds glänzt.

Hier im Norden, auf dem Weg nach Tibet und in den Himalaja, hat der Indus tiefe, beinahe unpassierbare Schluchten in die Landschaft geschnitten. Von einem Verkehrsproblem zu sprechen, wäre völlig untertrieben. An einigen Stellen müssen sich die Menschen auf ihrem Weg zur Arbeit und nach Hause vom Ufer abseilen. Morgens und abends das gleiche Bild: Auf Felsvorsprüngen stehend, sichern sich die Menschen mit Seilen ab, um sich dann an einem dünnen Führungsseil über die tiefen Schluchten zu ziehen, die von riesigen Felsmassiven überschattet werden.

Nicht weit von hier findet der sogenannte Krieg im Himmel statt. 6000 Meter über dem Meeresspiegel liegt das höchste Schlachtfeld der Welt. Seit 1984 führen Soldaten aus Pakistan und Indien vor dem Hintergrund der ungelösten Kaschmirfrage einen blutigen Krieg um die Kontrolle über den größten nichtpolaren Gletscher, den Siachen, der 78 Kilometer lang ist. Doch mittlerweile sind mehr Soldaten durch Kälte und Lawinen als durch Kämpfe umgekommen. Die Temperaturen können hier unter minus 50 Grad sinken. Doch in Delhi und Islamabad sagt man immer dasselbe: Man ist darauf vorbereitet, den Krieg so lange wie nötig fortzusetzen. Der »heiße« Krieg in diesem kalten Klima erhält zusätzliche Bedeutung und kann außerdem eine mögliche Zukunft aufzeigen, wenn man berücksichtigt, dass die Gletscher in dieser Region generell als Wasserbank betrachtet werden. Das ganze Sommerwasser des Indus stammt mehr oder weniger aus den Gletschern im Himalaja, die für Pakistan so wichtig sind, dass die militärische Führung des Landes eine Zeit lang erwog, ihnen mehr Wasser zu entziehen, indem man sie mit Lasern beschießt oder mit brennender Holzkohle bedeckt. Damit sollte die Wasserkrise in den heißen Ebenen Pakistans gemildert werden, doch der Plan wurde fallengelassen. Der Krieg um den Siachen-Gletscher muss ohnehin in seiner Gänze betrachtet werden: In einer Situation, in der der Konflikt zwischen den Atommächten Indien und Pakistan um den Indus kreist, erlangen auch die Gletscher als Wasserbank der Region große Bedeutung. Zudem handelt es sich hier um unklare Grenzen, die bei der Teilung der Länder nach 1947 in aller Eile abgesteckt wurden. Der Siachen-Gletscher versorgt den Fluss Nubra mit Wasser, der sich mit dem Shyok vereinigt, um danach in den Indus zu münden. Der Krieg demonstriert also, wie das Verhältnis zwischen Machtverteilung,

Frischwasserzufuhr und unterschiedlichen Wassersituationen zu einem Bestandteil größerer nationaler oder regionaler Streitfragen werden kann.

Klimaveränderungen im Himalaja und die Wahrscheinlichkeit, dass Kaschmir unter indischer Führung mehr Wasser benötigen wird, führen auch zu einer Verstärkung der Wasserkrise im trockenen Pakistan. Die Möglichkeiten Pakistans, dem Indus mehr oder auch nur genauso viel Wasser wie bisher zu entnehmen, sind also von den Entwicklungen in Kaschmir abhängig. Und da zahlreiche Nebenflüsse des Indus durch Kaschmir fließen, wird die Nation, die Kaschmir kontrolliert oder eines Tages kontrollieren wird, auch über die Wasserzukunft des Subkontinents entscheiden können. Nur Wenige sprechen es offen aus, aber die Wasserproblematik wird den Ausgang des Konfliktes beeinflussen, wenn nicht sogar entscheiden.

Als die Briten während der Kolonialzeit den Lauf des Indus zu steuern begannen, betrachteten sie diesen als zusammenhängende Planungseinheit. Nachdem sich Indien und Pakistan 1947 als souveräne Staaten getrennt hatten, wurden auch das Fluss- und das Bewässerungssystem aufgeteilt. Der Konflikt um den Indus geriet schnell zu einer zentralen Streitfrage. Um Pakistan zum Nachgeben zu zwingen, drehte Indien 1948 der zu jener Zeit wichtigsten pakistanischen Stadt Lahore das Wasser ab. Nach 18 Tagen öffneten sie den Wasserhahn wieder und einigten sich mit Pakistan auf das »Inter Dominion Agreement« (Bilaterales Abkommen), das weitere Verhandlungen zur Lösung des Wasserproblems festschrieb. Das endgültige Abkommen – tatsächlich ein Drei-Parteien-Vertrag zwischen Indien, Pakistan und der Weltbank, die für sein Zustandekommen einiges unternommen hatte – wurde 1960 unterzeichnet und als Sieg von Frieden und Freundschaft sowie als Modell für andere internationale Wasserläufe gefeiert. Das Abkommen basiert allerdings nicht auf einer Zusammenarbeit beim Thema Indus, sondern auf einer Zersplitterung des gesamten Indussystems. Indien erhielt die Exklusivrechte zur Nutzung der drei östlichen Flüsse

Satluj, Beas und Ravi, wohingegen Pakistan über die Wasserläufe Indus, Jhelam und Chanab verfügen konnte. Nach dem Abkommen von 1960 hat Pakistan also auch ein Anrecht auf den Jhelam, der die unter indischer Hoheit stehenden Teile Kaschmirs durchfließt und bewässert. Die Regierung Pakistans ist der Ansicht, dass ihr Land dieses Wasser – in zunehmendem Maße – benötige, wohingegen Kaschmir, dessen rechtlicher Status zwischen den beiden Ländern noch immer umstritten ist, kein Anrecht auf Wasser aus dem Indus sowie dessen durch Kaschmir verlaufende Nebenflüsse habe.

Die wichtigsten mit Kaschmir verbundenen hinduistischen Mythen, mit denen unter anderem der indische Anspruch auf diese Region begründet wird, sind mit dem Indus verknüpft. In ihnen wird Kaschmir als eine riesige, von Bergen umgebene Wasserlandschaft geschildert. Ein Sanskrit-Text aus dem 8. Jahrhundert, das »Nilamatapurana«, beschreibt, wie das Kaschmirtal unter dem Schutz der Nagagötter, die ein Synonym für den Lebensquell sind, durch Wasser entstand. Die Schrift erzählt von Kaschmir als Materialisierung der Göttin Uma, als heiliges Land Vitastas, wie der Jhelam als Nebenfluss des Indus einst genannt wurde. Noch heute feiern die Hindus den Geburtstag Vitastas – oder Jhelams – und opfern ihm Milch und Blumen. Dieses Land, das also von Vitasta beziehungsweise Jhelam erschaffen worden sein soll, besitzt heute kein Recht an dem Wasser aus eben diesem Fluss, weil Pakistan infolge des Indusabkommens die Nutzung jenes Wassers vorbehalten ist.

1984 schlug Indien vor, einen kleinen Staudamm über den Jhelam zu bauen, um ihn auch in den wasserarmen Monaten schiffbar zu machen. Die Regierung in Pakistan allerdings wehrte ab. Tatsächlich hat Pakistan ein Vetorecht, doch fraglich ist, ob sich dessen Anwendung als kluge Politik bezeichnen lässt.

»Die Regierung hat die Ressourcen Jammus und Kaschmirs geopfert.« Die Kritik der politischen Führer Kaschmirs an der Regierung in Delhi ist deutlich. Sie sind davon überzeugt, dass auch Kaschmir Wasser aus dem Jhelam benötigt. Allerdings können sie ohne diplomatische Unterstützung aus Delhi nichts unternehmen, weil die pakistanische Landwirtschaft in Mitleidenschaft gezogen wird, wenn Kaschmir dem Fluss Wasser entnimmt. Indien verweist auf eine Vertragsklausel, die eine »ökonomische Entnahme« des Wassers gestatte, vorausgesetzt, dass diese dem Wohle Kaschmirs diene und das Wasservolumen insgesamt nicht reduziere. Gleichwohl betrachten viele in Kaschmir das Abkommen als Zwangsjacke, die jegliche Entwicklung verhindere.

Jeder neue, groß angelegte Plan für Kaschmir wird dem Indusabkommen entgegenstehen. In Srinagar, der Hauptstadt des indischen Kaschmirteils, wird der Ruf nach einem anderen Vertrag immer lauter. Die Verfassungsgebende Versammlung des indischen Bundesstaates Jammu und Kaschmir hat sich für eine umfassende Neubeurteilung des gesamten Abkommens ausgesprochen. Sie fordert, dass Kaschmir für die aus dem Vertrag resultierenden Verluste entschädigt werden müsse und dass Pakistan dafür aufzukommen habe.

Die Regierung in Kaschmir wirft der Zentralregierung in Delhi darüber hinaus vor, sich gegenüber Pakistan viel zu gemäßigt zu verhalten. Indien hat mehrmals angedeutet, dass es sich eine Aufhebung des Indusabkommens vorstellen könne, wenn Pakistan zur Zusammenarbeit nicht gewillt sei, doch meist werden solche Vorschläge gerade dann eingebracht, wenn die Situation zwischen beiden Ländern besonders angespannt ist. Allerdings können die indischen Politiker, selbst wenn sie es wollten, das Abkommen nicht einfach einseitig außer Kraft setzen, weil die Folgen unabsehbar wären. Eine Aufkündigung des Vertrages würde nicht nur Proteste der internationalen Gemeinschaft nach sich ziehen, sondern auch innenpolitische Auseinandersetzungen um die Verteilung des Wassers heraufbeschwören. Langfristig könnte der Jhelam allerdings den Ausschlag geben, wenn es um Indiens Bemühungen geht, ganz Kaschmir zu kontrollieren. Die Einschränkungen bei der Nutzung des Wassers werden früher oder später zu Konflikten führen – insbesondere zwischen dem indischen Kaschmir und Pakistan. Durch Unterstützung einiger Pläne Kaschmirs kann Delhi seine Position dort verbessern, wohingegen Pakistan als Land dastehen würde, das die wirtschaftliche Entwicklung Kaschmirs verhindert.

Das Indusabkommen von 1960 war ein diplomatischer Triumph, der unter anderem den Frieden zwischen Pakistan und Indien bislang gesichert hat. Zweifellos werden das zu erwartende Bevölkerungswachstum und die Entwicklungsstrategien beider Länder dazu führen, dass mehr Wasser als bisher zur Verfügung stehen muss oder dass Maßnahmen für eine effektivere Nutzung des heute vorhandenen Wasservorkommens ergriffen und umgesetzt werden. Darüber hinaus hat mit der Lokalregierung Kaschmir ein dritter Akteur die Bühne betreten, und zudem fordern immer mehr Menschen eine Außerkraftsetzung des Abkommens. Auch die Unsicherheit über das Schicksal der Gletscher in Tibet und im Himalaja beeinflusst die Zukunft des Indusabkommens. Zwar gibt es zurzeit vielfältige Möglichkeiten, Wasser zu sparen, so dass die Wasserkrise auch nicht überbewertet werden sollte. Gleichwohl besteht immer die Gefahr, dass Politiker die Situation zu ihrem Vorteil ausnutzen und dabei die »Wasserkarte« ausspielen – mit ungeahnten Folgen.

Das ursprünglich friedensstiftende Indusabkommen wird mit großer Wahrscheinlichkeit früher oder später unter noch stärkeren Druck geraten, wodurch sich die Anfälligkeit einer ohnehin schon instabilen Gesellschaft weiter erhöht. Da hunderte Millionen von Menschen vom Wasser des Indus abhängen und der Fluss auch weiterhin die Lebensader dieser Länder darstellt, resultieren die Zwistigkeiten aus rationalen wie materiellen Gründen und werden auch dann nicht verschwinden, wenn das Klima der Zusammenarbeit zeitweilig aufklart. Der Kampf um Kontrolle und Nutzung des Indus wird für die Machtverhältnisse in der Region künftig seine große Bedeutung behalten. Alle Akteure sowie die internationale Gemeinschaft sind angehalten, institutionelle und politische Rahmenbedingungen zu schaffen, die die Gefahr eines offenen Konfliktes mindern können.

Gift im heiligsten Fluss

Jede Reise hat ihre Höhepunkte. Einer davon erwartet mich in Nepal, wo ich an Shivas Geburtstagsfeier teilnehmen möchte. Hier wird der Tag begangen, an dem der Gott in der Nähe des Pashupatinath-Tempels, der außerhalb der Hauptstadt Kathmandu liegt, in der sichtbaren Form des Linga-Zeichens auf die Erde kam. Was mich an diesem Tag jedoch am stärksten beeindruckt und das religiöse Fest in ein völlig neues Licht taucht, ist der Anblick eines Mannes in mittleren Jahren, der mit einem T-Shirt bekleidet ist, auf dem in Landessprache steht: »Finger weg vom Wasser!« Er hockt ganz oben auf den Treppenstufen, die die Gläubigen benutzen, um hier, am heiligsten Ort des Landes, ein Bad im heiligen Fluss, dem Bagmati, zu nehmen. »Finger weg vom Wasser des Bagmati! Es ist giftig!« Vermutlich habe ich noch nie zuvor ein so deutliches Zeichen gesehen, das ausdrückt, wie wirtschaftliche Entwicklung und zunehmende Urbanisierung einen Konflikt zwischen Glaube und Modernität hervorrufen. Die einfache Handlung des Mannes hinterlässt eine Botschaft mit Symbolkraft.

Am Tag zuvor war ich an diesem heiligsten aller nepalesischen Flüsse entlanggelaufen, der sich 36 Kilometer durch das Kathmandutal zieht, bevor er sich mit dem Ganges vereint, in Richtung Indien weiterfließt, vorbei an Varanasi, um schließlich Bangladesch zu durchqueren und in den Golf von Bengalen zu münden. Die Topografie des obersten Flussabschnitts macht es leicht, den ökologischen Hintergrund für die mit dem Bagmati verbundene hinduistische Schöpfungsgeschichte zu verstehen. Diese erzählt, dass Shiva einen Lachanfall bekam, bei dem ihm der Fluss aus seinem Mund hervorstürzte.

Über lange Strecken fließt der Bagmati durch ein Flussbett aus Steinen, die er aus dem Gebirge mit sich führt. Auf einer Anhöhe am Nordufer liegt ein tibetisches Kloster. Während meines Spaziergangs komme ich an ein paar Hindutempeln vorbei, an denen ich Opferplätze und Lingas entdecke. Die Kombination aus grüner Erde, klarer Luft, monotoner tibetischer Klostermusik und gläubigen Hindus, die Blumen in den heiligen Fluss werfen, zeitigt eine Aura von Unschuld und Harmonie, von dörflichem, wahrhaftigem Frieden.

Je näher ich der Hauptstadt komme, desto mehr ändert der Fluss seinen Charakter. Mit jedem zurückgelegten Kilometer gerät das Verhältnis zwischen Natur und Gesellschaft ein wenig mehr aus dem Gleichgewicht. Zwar wird der Fluss nicht wesentlich breiter oder wilder, verwandelt sich aber sehr schnell und spektakulär in etwas, das sich ohne Übertreibung als Giftader bezeichnen lässt. Eine Teppichfärberei neben der anderen säumt hier den Fluss; fast hundert Betriebe haben sich in den letzten Jahren am Bagmati angesiedelt. Die bei der Produktion verwendeten Chemikalien werden ungefiltert in das Flusswasser geleitet. Hinzu kommen Abfälle aus anderen Industriezweigen sowie Abwässer und Exkremente. Der Name Bagmati stammt von einem Wort ab, das »Mantra« oder »Strom« bedeutet – ein Strom aus Worten, die eine Erzählung bilden. Doch die Erzählung, die der Fluss heute mit sich führt, ist die Geschichte der Kollateralschäden der Modernität.

Pashupatinath liegt ein paar Kilometer stromaufwärts von Kathmandu entfernt. Der Tempelkomplex ist unter allen heiligen Stätten des Landes die allerheiligste. Die Gläubigen stehen in kilometerlangen Warteschlangen, um den Tempelplatz betreten zu können; heilige Männer aus Indien – Sadhus – haben den halben Subkontinent durchquert, um ihr Ziel zu erreichen, und tausende von Menschen sind hierher gekommen, um in dem heiligen Fluss ein Bad zu nehmen, das sie von ihren Sünden befreien und ihre Wünsche erfüllen soll.

»Ich habe in den letzten zehn Jahren nur Milch getrunken«, sagt Paramahamsa Ram Krishna Das, der Milch-Baba. Er ist ein Asket, der die meiste Zeit des Jahres in einem Raum im Tempel lebt, in dem er seine Schüler empfängt und verkündet, dass man keine andere Nahrung als Milch zu sich nehmen solle (wenngleich mit einer Vitamin-A-Pille und einem Glas Tee als Nahrungsergänzungsmittel). Eine blasse Mittzwanzigerin aus Deutschland oder den Niederlanden, die offenbar ihren Meister gefunden hat, sitzt in der Ecke auf einem Kissen und lauscht. Überall auf dem Tempelplatz sitzen oder liegen Sadhus um kleine Feuer herum, rauchen Haschisch und unterhalten sich leise.

Während ich mich mit ein paar Sadhus, die hunderte von Kilometern durch die trockenen Ebenen Indiens gewandert sind, über den Zustand des Bagmati und die Rolle des Wassers im Hinduismus unterhalte, sehe ich blaugrauen Rauch von Leichenfeuern aufsteigen und beobachte Menschen, die Asche und Leichenteile in den verdreckten, seichten Fluss streuen.[55] Die hier vollzogene Verehrung des Wassers ist ein beredter Ausdruck für die nichtmaterielle Rolle des Wassers in vielen Religionen und Kulturen.[56] Wie in den anderen großen Weltreligionen dient das Wasser an diesem Ort – anders als bei jedem anderen Phänomen der Natur – als Symbol für Gott und das Göttliche, für das Paradies und das Leben selbst. Fast überall gebührt Wasser ein zentraler Platz in den Kosmologien, Mythen und Ritualen der verschiedenen Kulturen: von der Taufe im Christentum, bei der Wasser den Menschen mit Gott verbindet, bis zum Hinduismus, bei dem der Mensch der ewigen Wiedergeburt entgehen kann, indem er verbrannt und seine Asche in die heiligsten Flüsse gestreut wird. Angesichts des Einfühlungsvermögens, mit dem die Gläubigen Lotusblüten in das verschmutzte Wasser werfen, ist es umso interessanter, wie Kunst, Musik, Poesie und sprachliche Metaphern überall auf der Welt vom veränderlichen Charakter des Wassers geprägt wurden: durch seine Rolle als fließendes Elixier in konstanter Bewegung und nicht zuletzt, weil es sowohl natürlich vorkommt als auch ein Produkt der Gesellschaft ist und sich daher als unerschöpfliches rhetorisches Reservoir anbietet. In solch einem Zusammenhang wird auch verständlich, wieso sich Hindus im englischen Bradford die Umwidmung eines kleinen Abschnitts des Flusses Aire in eine Art englischen Ganges wünschten: Sie wollten, dass die Gläubigen, die sich eine Reise nach

Indien nicht leisten können, die Asche ihrer Angehörigen in diesen lebendigen Fluss streuen dürfen, was aber nicht genehmigt wurde.[57] Es ist also Shivas Geburtstag, an dem der Mann seine Botschaft auf dem T-Shirt verkündet. Der Kontrast zwischen der Bedeutung des Flusses im religiösen und rituellen Leben des Landes und der stinkenden Kloake, die unterhalb der Tempeltreppen vorbeifließt, könnte nicht deutlicher ausfallen. Niemand badet im heiligen Fluss. Die Behörden haben an seinem Ufer ein paar Wasserhähne montiert, zu denen Wasser in Plastikleitungen aus anderen Quellen herbeigeführt wird, so dass sich die Menschen zumindest waschen können – was der sonst mit einem Bad im Fluss verbundenen religiösen Dimension allerdings entbehrt. Die Macht der Mythologie – oder die Vorstellung von der heiligen und reinigenden Kraft des Bagmati – kann die Realität nicht außer Kraft setzen. Obwohl die Gläubigen ein Bad im Bagmati vom ewigen Zyklus aus Tod und Wiedergeburt befreit und obgleich sie Tage und Wochen gewandert sind, um an Shivas Geburtstag zu Ehren des Herrn über alle lebenden Dinge im Universum den Tempel zu erreichen, verzichten sie. Die T-Shirt-Botschaft symbolisiert in globaler Hinsicht den Konflikt zwischen sich schnell vollziehender Modernisierung und traditionellen Wertvorstellungen – und vor Ort ganz konkret den Konflikt zwischen der Entwicklung, die der Bagmati in Nepal durchgemacht hat, und der Bedeutung, die dem Fluss durch den Glauben sowie die religiösen Symbole und Rituale der Menschen beigemessen wird.

Hier, beim Pashupatinath-Tempel, erscheint mir der Bagmati wie ein kultureller Außenseiter, ein Opfer der Modernität. Wenn der Fluss ein Strom von Worten ist, dann erzählt er mir allerdings eine recht deprimierende Geschichte. »Es ist eine Katastrophe und eine Schande«, meint der alte Ingenieur, der sich entschieden hat, seine letzten Kräfte für die Rettung des Flusses zu mobilisieren. Seine Frustration lässt sich leicht verstehen, denn der Bagmati wird als fließende Abfallbeseitigungsanlage missbraucht. Die zarte Morgensonne verstärkt nur die Misere und die Traurigkeit in den großen Augen des Ingenieurs, die er hinter dicken Brillengläsern versteckt.

In Nepal braucht man gar nicht viel umherzureisen, um festzustellen, dass der Bagmati für das nepalesische Flusssystem eher untypisch ist. Tausende, riesige Wassermengen umfassende Flüsse – ihr Gesamtvolumen beläuft sich auf circa 225 Milliarden Kubikmeter – strömen nahezu unberührt durch das Land in Richtung Indien.[58] Die großen Flüsse – Karnali, Kali Gandaki und Koshi – sind allesamt transhimalajische Wasserläufe, die zusammen mit ihren Nebenflüssen, wie dem Bagmati, für fast die Hälfte der Wasserzufuhr in den Ganges sorgen.

Im Gegensatz zu Bangladesch und Pakistan befindet sich Nepal von Indien aus gesehen stromaufwärts. Für die 600 Millionen Menschen am Ganges könnte ein verbessertes Wassermanagement in vielerlei Hinsicht vorteilhaft sein. Beispielsweise ließe sich Strom nach Nordindien exportieren, wo sich ein zusehends höherer Energiebedarf abzeichnet, der allein mit lokalen Maßnahmen nicht zu decken ist. Bangladesch wünscht sich den Bau von Anlagen, die das Wasservolumen in den Flüssen in Hochwasserperioden reduzieren und in Trockenperioden erhöhen würden. Sowohl Indien als auch Bangladesch könnten dadurch die mit den unterschiedlichen Wassersituationen verbundenen Gefahren mildern. Nepal seinerseits möchte Energie aus Wasserkraft exportieren und die Wasserwege so ausbauen, dass sie sich für Transporte zum Meer nutzen ließen. In der trockenen Jahreszeit führt der Ganges zu wenig Wasser, als dass er den Bedarf Indiens und Bangladeschs decken könnte. Durch Regulierungsmaßnahmen in Nepal ließe sich die Wassermenge so verändern, dass sie im Vergleich zu heutigen Trockenperioden vier Mal höher wäre. Diese regulierten Volumen stünden in Indien und Bangladesch zur Bewässerung von hunderttausenden Quadratkilometern Land bereit, zumal Nepal nur über eine begrenzte Landfläche verfügt, die landwirtschaftlich genutzt werden kann.[59]

Die mit dem Wassermanagement verbundene politische Macht allerdings lässt solch rationale Lösungen für die Wasserprobleme des Subkontinents eher zweifelhaft erscheinen. Indien wird sicherlich keine großen Dämme in Nepal bauen, weil das nördliche Nachbarland im Falle einer künftig womöglich antiindisch gefärbten Grundhaltung die indische Lebensader stärker kontrollieren könnte. Und Nepal wird sich einer Zusammenarbeit mit Indien verweigern, solange dieses nicht bereit ist, Nepal sowohl ökonomische als auch politische Vorteile einzuräumen. Kein Abkommen ist besser als ein schlechtes Abkommen – so scheint das Motto zu lauten. Die Spannungen zwischen dem Königreich Nepal, wo der Hinduismus bis 2006 Staatsreligion war, und der hinduistischen Regierungspartei in Indien verschärften sich, nachdem Indien im Jahr 1998 den Tanakpur-Staudamm im Fluss Mahakali gebaut hatte, der an der westlichen Grenze zwischen Nepal und Indien verläuft.

In Nepal beschuldigten sich die politischen Parteien gegenseitig, nationale Interessen zu Spottpreisen an Indien verkauft zu haben, zumal für das Projekt 50 000 Menschen umgesiedelt werden mussten. Aufgrund zahlreicher Flutkatastrophen galt der Fluss Koshi, in den der Mahakali mündet, lange Zeit als Sorgenkind des indischen Bundesstaates Bihar. In Nepal sind mittlerweile Viele der Ansicht, dass der Fluss zu einem nepalesischen Sorgenkind geworden ist, weil Indien die negativen Folgen des Dammprojekts dem schwachen, stromaufwärts gelegenen Land zugeschoben hat. Die Kritik wird jedoch meist nur leise und selten offiziell geäußert – mit Ausnahme des 2001 ermordeten Königs Birendra, der ausgedrückt hatte, dass er sich von Indien getäuscht fühle.[60]

Noch einmal fahre ich zurück zum Pashupatinath-Tempel und setze mich auf die dem Fluss zugewandten Steintreppen. Am Tag nach dem Geburtstagsfest Shivas ist der Anblick des Bagmati noch deprimierender. Ich frage mich, wieso es bei all dem Wasser, das dieses Land durchströmt, nicht möglich ist, den Fluss sauber zu halten. Unwillkürlich muss ich an die Themse-Bilder denken, die ich gesehen hatte: Mitte des 19. Jahrhunderts hingen an Londons Hauswänden Plakate mit dem Text »A Cup of Death« (Ein Todeskelch). Heute ist die Themse sauber.[61] Wird sich dies irgendwann auch von Nepals heiligstem Fluss behaupten lassen? Stabilität und Entwicklung des Landes hängen entschieden von Indien ab. Andererseits ist Indien bei der Umsetzung des »National River Linking«-Planes sowie der Generierung von ausreichend elektrischer Energie für die am wenigsten entwickelten Regionen des Landes an Nepal gebunden. Die übergeordnete Frage zur Entwicklung Nepals wird daher lauten: Werden die Länder am Ganges in der Lage sein, beim Thema Wasser zusammenzuarbeiten?

Auf dem Dach der Welt

»Haben Sie gehört, dass die Chinesen einen Damm in den Satluj oder Langchhen Khamba gebaut haben, direkt über die Zada-Schlucht, im westlichen Teil von Tibet?« Der gut informierte Niederländer, den ich im Hotel Yak in Lhasa treffe, ist offenbar genauso überrascht wie ich, als er mir die Neuigkeit verkündet. Nein, das habe ich nicht gehört. Eine wirklich große Nachricht von geopolitischer Reichweite. Kann das tatsächlich wahr sein? Was sagen die Inder dazu? Sofort suche ich eines der vielen Internetcafés in Lhasa auf und beginne zu recherchieren. Nicht eine einzige internationale Zeitung berichtet irgendetwas darüber, aber es scheint zu stimmen. Die Satellitenbilder zeigen, dass der Damm fertig ist.[62] Hat China seinen stromabwärts liegenden Nachbarn Indien überhaupt informiert? Zumindest ist offiziell nichts berichtet worden. Und die indische Regierung wird es vorziehen, keinen Kommentar abzugeben, weil dies die schwache, stromabwärts gelegene Position des Landes unterstreichen würde. Zwischen Indien und China gibt es keinerlei Abkommen über die gemeinsame Nutzung des Wassers, obwohl fast alle Ströme, von denen Indien abhängt, aus dem großen Nachbarland China bzw. aus Tibet kommen. China hegt große Pläne zur Nutzung des Wassers in Tibet, und die Eroberung der tibetischen Wasserlandschaft hat bereits begonnen.

Ich verlasse Lhasa und komme nach einer mehrstündigen Autofahrt zum Hochgebirgspass. Nachdem der Fahrer uns mit sicherer Hand durch eine unendliche Zahl von Haarnadelkurven manövriert hat, erreichen wir den Yamthog Yumco. Der in fast 4500 Metern Höhe liegende, von grasbewachsenen Hügeln und schneebedeckten Bergen umgebene See leuchtet in einem einzigartigen und geradezu unnatürlichen Türkis. Jeden Sommer kommen Scharen von Pilgern hierher, um zu beten und ihren Segen zu empfangen. Sie glauben, das Wasser im See mache Alte wieder jung und lasse Kinder klug werden. Für sie beherbergt dieses Gewässer die eigentliche Lebenskraft der tibetischen Nation. So wie viele Exiltibeter heute sind tibetische Nationalisten der Auffassung, dass der See beschützt werden müsse, um die Nation zu behüten. Bis 1950 war es üblich, dass die politischen Führer Tibets hierher kamen und dem See Opfergaben darbrachten. Mittlerweile haben die Chinesen begonnen, den See als Wasserkraftquelle zu nutzen. Da der Yamthog Yumco keinen Ablauf hat, ist ein Staudamm nicht erforderlich; stattdessen wird das Wasser zehn Meter unter der Oberfläche in Tunnel gepumpt, durch Turbinen geleitet und dann hinunter zum Brahmaputra geführt. Das Projekt ist eine der zahlreichen Maßnahmen, die verdeutlichen, dass die Chinesen die Nutzung der regionalen Wasserressourcen mit Nachdruck verfolgen. Einige der großen staatlichen Energieunternehmen haben mit der autonomen tibetischen Regionalregierung Abkommen über den Bau umfangreicher Wasserkraftanlagen geschlossen, gehen vorläufig allerdings noch behutsam vor, weil der lokale Bedarf an Energie eher gering ist. Nicht zuletzt viele Exiltibeter behaupten, dass die Errichtung von Dämmen in Tibet aufgrund des empfindlichen ökologischen Gleichgewichts sehr riskant sei, und haben die chinesische Regierung bereits des »Ökomords« beschuldigt. Die politische Führung Chinas hingegen betont, mit dem Vorhaben zur Modernisierung und Entwicklung Tibets beizutragen.

Im Gegensatz zu dem allgemein dichtbesiedelten Wasserlauf des Brahmaputra, an dem 600 Millionen Menschen leben, liegen die Orte im tibetischen Brahmaputratal nordwestlich von Lhasa eher weit auseinander. Der Himmel ist hier von einem milchigen Blau überzogen, und die Wolken sehen insbesondere an den Rändern sehr eigenartig aus, weil das in ihnen befindliche Regenwasser in der Atmosphäre verdunstet.

Wir halten vor einer über den Fluss gespannten Hängebrücke an, die im Nachmittagswind leicht schwankt und dicht an dicht mit traditionellen bunten Gebetsfahnen geschmückt ist. Auch der mich begleitende Beamte vom chinesischen Außenministerium scheint endlich aufzutauen und muss ein paar Fotos schießen. »Unser Fluss sieht klein, aber schön aus, finden Sie nicht?« Im Gegenlicht wirkt der Fluss wie vergoldet und erinnert tatsächlich an einen kräftigen Strom aus lebensspendendem Wasser, während er rasch den trockenen Ebenen des indischen Subkontinents entgegenfließt. Der Brahmaputra – oder Tsangpo, der »Reinigende«, wie er hier heißt – ist einer der vielen Flüsse, die die tibetische Hochebene durchqueren. Die ländlich-friedliche Stimmung dieser Einöde kontrastiert stark mit der Tatsache, dass der Fluss weltpolitisch bedeutsam ist und viel Konfliktpotenzial in sich trägt.

Der Brahmaputra – oder »Brahmas Sohn«, wie der Fluss in Indien genannt wird, um seine religiöse, kulturelle und ökonomische Bedeutung zu unterstreichen – fließt über 1000 Kilometer durch Tibet, bevor er den indischen Bundesstaat Arunachal Pradesh erreicht, um von dort eine ebenso lange Strecke durch Indien zurückzulegen, bis er nach Bangladesch gelangt. Die Wassermenge stammt überwiegend aus den im Zentrum der Hochebene gelegenen Gletschern sowie dem Niederschlag in den nördlichen Landesteilen Indiens und Bangladeschs.

Bislang gab es für die stromabwärts befindlichen Staaten im Hinblick auf die politischen Ereignisse in Tibet keinen besonderen Anlass zur Sorge. Angesichts des Terrains, der verfügbaren Technologie sowie der ökonomischen Möglichkeiten war der tibetische Handlungsspielraum gering. Gleichwohl hat Indien seiner Befürchtung Ausdruck verliehen, dass die geplanten chinesischen Wasserkraftprojekte die saisonalen Wasserstände beeinflussen könnten. Nun allerdings scheint sich die Gesamtsituation zu ändern. Durch Pekings Konzentration auf die wasserarmen Gebiete im Nordwesten Chinas geraten die tibetischen Flüsse zunehmend ins Zentrum der Aufmerksamkeit. An der chinesischen Akademie der Wissenschaften haben Experten bereits Möglichkeiten erörtert, Felsmassive am Brahmaputra zu sprengen, um riesige Dammanlagen zu errichten. Sollte China eines Tages beschließen, viel mehr des auf seinem Territorium befindlichen Flusswassers zu nutzen, werden die Menschen in den großen Ebenen am Indischen Ozean zu ihrer

Überraschung feststellen, dass China der mächtige Wasserfürst der Region ist. Werden die chinesischen Pläne in die Tat umgesetzt, wird Indien dies wahrscheinlich als wasserpolitische Kriegserklärung auffassen; die Befürworter des indischen »National River Linking«-Planes werden darüber hinaus einen herben Rückschlag einstecken müssen.

Die stromaufwärts gelegene Position der wirtschaftlichen Großmacht China, die immer mehr Wasser benötigt, ist gegenüber Indien und den kleineren Ländern der Region eine potenzielle Trumpfkarte, die kein Staat ohne kriegerische Auseinandersetzung – oder um gutnachbarlicher Beziehungen willen – einfach aus der Hand geben wird. Peking wird den Ausbau der Flüsse weiter so vorantreiben, als ob es sich um rein nationale Flüsse handele, genauso wie es den Oberlauf des Mekong verändert hat, ohne sich mit den anderen an diesem Gewässer gelegenen Ländern abzusprechen. Die internationale Gemeinschaft wird weder daran interessiert noch stark genug sein, China zu zwingen, diese Flüsse als internationale Wasserläufe anzuerkennen. Genauso unrealistisch ist es anzunehmen, dass die stromabwärts gelegenen Länder mächtig genug sind, China herauszufordern. Am wahrscheinlichsten ist es daher, dass sich diese Länder sowohl den vom Menschen geschaffenen als auch den klimabedingten Veränderungen anpassen werden und gleichzeitig darauf hoffen, dass China sich in Zukunft zur Zusammenarbeit bereit erklärt oder dass interne politische Konflikte des großen Nachbarn vielleicht dessen Egoismus schmälern.

Obwohl Tibet über keinerlei historische Traditionen im Wassermanagement verfügt, wird es darin globale Bedeutung erlangen. Wer Lhasa kontrolliert, wird der Wasserfürst eines ganzen Kontinents sein. Zum ersten Mal in der Geschichte ist es technologisch möglich, die tibetischen Flüsse zu steuern, bevor sie den indischen Subkontinent erreichen. Hierin liegt das Potenzial des Wassers als Machtmittel und Quelle des Konflikts – im besten Fall allerdings auch als Keim möglicher Zusammenarbeit. Der Kampf um Nutzung und Verteilung des Wassers aus dem Brahmaputra oder

Tsangpo sowie den anderen Flüssen, die vom Dach der Welt hinabstürzen, wird somit die Zukunft eines ganzen Kontinents prägen. China wird Tibet um keinen Preis als Teil seines Territoriums abgeben, erst recht nicht, wenn die Flüsse aufgrund der schrumpfenden Gletscher weniger Wasser führen werden. Wer weiterhin von einer tibetischen Souveränität träumt, wird enttäuscht werden. Denn solange sich die chinesische Staatsmacht auf die Kontrolle des Wassers und der Flüsse im Himalaja konzentriert, bleibt solch ein Ziel unrealistisch. Tibet ist der Wasserturm Asiens, also auch Chinas.

Ich fahre zurück ins Hotel Yak und freue mich auf italienisches Essen und eine Flasche Bier auf der Hotelterrasse, von der aus ich auf das Straßenleben Lhasas hinunterblicken kann. Außerdem möchte ich noch einmal den Niederländer treffen, der mir von dem Dammprojekt am Satluj erzählt hat, denn ich habe vergessen, ihn zu fragen, was er sonst noch über die Wassersituation in Tibet weiß. Doch leider kann ich ihn nicht finden – wahrscheinlich ist er unterwegs zum Mount Everest.

»Cooles« Wasser in Paris
und heiliges Wasser in Lourdes

An einem ziemlich warmen Samstagmorgen sitze ich fast allein auf einem der Ausflugsdampfer, die Touristen gern nutzen, um Paris von der Seine aus zu betrachten. Die weltberühmten Bauwerke Eiffelturm, Louvre und Notre Dame, die an den Ufern des Flusses liegen, machen deutlich, wie wichtig die Seine für die Geschichte der Stadt war und ist.[63] Im Louvre, der jährlich von vielen Millionen Menschen besucht wird, habe ich mir tags zuvor den »Codex Hammurapi« angesehen. Die Steinstele entstammt der mesopotamischen Zivilisation des 18. Jahrhunderts v. Chr. und enthält die ersten bekannten Gesetze zur Verwendung von Wasser.

In der sommerlichen Wärme und der trägen Samstagmorgenstimmung falle ich in einen Zustand der Ruhe; ein Gefühl, als würde sich die Gegenwart auflösen – so, wie man es nur auf Reisen erleben kann. Natürlich habe ich die Gebäude schon früher angeschaut, doch jetzt, in diesem Halbschlaf, kommt es mir vor, als ob ich deutlich sehen könnte, wie Napoleon zusammen mit Jean-Paul Sartre den Triumphbogen errichtet. Jäh werde ich von einem schwedischen Paar, das sich auf einer Bank ein paar Reihen hinter mir niedergelassen hat, aufgeschreckt. Laut regt sich der Mann über die Leistungen eines Fußballers auf. Ich beeile mich, an der nächsten Anlegestelle auszusteigen.

In einer der kleinen Straßen in der Nähe der Tuilerien finde ich, was ich suche: Colette – die erste »Wasserbar« Europas. Sie liegt im Keller einer trendigen Boutique, die Musik, Designerschmuck, Designerbücher und Designerkleidung verkauft. Die Gäste in diesem minimalistisch eingerichteten Lokal können zwischen ungefähr hundert verschiedenen Wassersorten wählen.[64] »Dieses hier ist bei den Modesklaven gerade äußerst populär«, sagt der Kellner, als er eine Flasche aus New York vorzeigt. Er präsentiert das Wasser so, als ob es sich um kostbare Weine handele. »Voss« aus Norwegen ist natürlich auch dabei – Madonnas Lieblingswasser, das in exklusiven Restaurants und Hotels in den USA verkauft wird. Die Marke demonstriert eindringlich die Bedeutung von Image und Verpackung. Das Wasser kommt allerdings nicht aus Voss, sondern aus Iveland in Telemark – der Name »Voss« wurde nur aufgrund des einprägsamen Wortklangs ausgewählt. Es schmeckt weder besser noch schlechter als irgendein anderes Mineralwasser. Aber die Flasche strahlt eine moderne Ästhetik aus: ein klares Design, das gleichzeitig Reinheit assoziieren lässt.

Während ich die verschiedenen Flaschen inspiziere, ein paar der mir präsentierten Sorten probiere (deren angeblich unterschiedlichen Geschmack ich auch nach zahlreichen Kostproben nicht herausfinden kann) und mir den leicht monotonen Vortrag des Kellners über die Vorzüge der einzelnen Produkte anhöre, wird mir einmal mehr klar, dass der Kampf um die Herrschaft über reines, unberührtes Wasser weltweit zunehmen wird. In Flaschen abgefülltes Wasser ist mittlerweile teurer als Rohöl geworden und kann bis zu 5000 Mal mehr kosten als gewöhnliches, aus dem Wassserhahn stammendes Wasser. In einem Restaurant gekauftes Mineralwasser übersteigt den Preis von Leitungswasser um mehr als das Tausendfache.

Die Mineralwasserindustrie ist eine Wachstumsbranche, nicht nur im Westen, sondern überall auf der Welt. In den letzten zehn Jahren hat sich der Verbrauch mehr als verdoppelt. Während das Colette eine reine Wasserbar ist, gibt es mittlerweile auch in exklusiven Restaurants nicht nur eine Wein-, sondern zudem eine Wasserkarte. Oft ist sie ziemlich umfangreich und bietet ebenso nationale wie importierte Wassersorten. Hier drückt sich ein historisch völlig neues Phänomen aus: Von einer bestimmten Quelle aus wird Trinkwasser über tausende Kilometer verschickt, um auf Restaurant- und Cafétischen in der ganzen Welt zu landen.

Parallel dazu findet ein zunehmender Kulturkampf um Mineralwasser und seine soziale Bedeutung statt. Die größte protestantische Kirche in Kanada hat eine Kampagne begonnen, um die Menschen vom Mineralwasserkonsum abzuhalten. Nach Ansicht der Kirche handelt es sich bei diesem Thema um eine der wichtigsten ethischen Fragen unserer Zeit; eine Gabe Gottes darf, wie die Kirchenvertreter verkünden, nicht zum Bestandteil eines kommerziellen Spiels werden. Rein pragmatisch argumentiert die Kirche mit dem Preis: In Kanada kostet Flaschenwasser 3000 Mal mehr als Leitungswasser. Obwohl Geschmack und Bekömmlichkeit völlig gleich sind, wird – nach Ansicht der Kirche – der Konsum von Flaschenwasser in dem Maße, in dem er zur Mode wird, nur dazu führen, dass ein paar große Unternehmen Unsummen verdienen, während arme Familien ihr Geld für völlig unnütze Produkte ausgeben. Doch sehr wahrscheinlich ist der Kampf der Kirche bei einem Teil der Menschen schon verloren, da sich Wasser, gerade weil es von allen Menschen benötigt wird und eines der gewöhnlichsten Dinge der Welt ist, ganz besonders als Unterscheidungsmerkmal für sozialen Erfolg oder Misserfolg eignet, wenn es als Markenprodukt vertrieben wird. Paradoxerweise sind ausgerechnet die absurden Preisunterschiede die Ursache für den Markterfolg des Mineralwassers.

Während ich einen weiteren Blick auf den Tresen der Wasserbar werfe, frage ich mich, was wohl Pierre Bourdieu dazu gesagt hätte. Der französische Soziologe wurde unter anderem durch seine Arbeit über Geschmack[65] berühmt; er untersuchte, wie Menschen im Alltag permanent zwischen Dingen auswählen, die sie als ästhetisch anziehend oder als abstoßend, durchschnittlich oder schlicht hässlich empfinden. Seine Schlussfolgerung lautete, dass das bürgerliche Dasein überall von Snobismus geprägt sei. Die jeweilige Auswahl werde stets im Gegensatz zu der Entscheidung vorgenommen, die andere soziale Gruppen oder Klassen treffen. Geschmack sei daher weder pur noch neutral. Bourdieu analysierte ein ganzes Universum an Bedeutungen, die er als symbolisches System beschreibt, in dem kleine Geschmacksunterschiede zur Basis für soziale Reputation und Bewertungen werden. Doch wenn ich mich in dieser Wasserbar umsehe, scheint es mir, als wären Bourdieus Theorien über den Geschmack, die auf mehrjährigen Untersuchungen und

Befragungen basieren, viel zu subtil und feinmaschig gestrickt, um erklären zu können, was hier geschieht. Auf mich wirkt das Colette wie eine intellektuelle Beleidigung; in seiner abstoßend selbstbeweihräuchernden Staffage scheint es einzig darum zu gehen, eine Bühne bereitzustellen, auf der soziale Unterschiede mithilfe des Trinkwassers in einem gewöhnlichen sozialen Zusammenhang verdeutlicht und inszeniert werden können.

Nur wenige Orte, die ich besucht habe, kehren die Unterschiede so direkt und unsentimental hervor: nicht nur jene zwischen dem Westen und der restlichen Welt oder zwischen einzelnen Zivilisationen, sondern auch die zwischen Arm und Reich. Ein als vornehm geltendes Wasser wird tausende von Kilometern durch die Welt transportiert, damit Gäste wie ich eine Kostprobe dessen genießen dürfen, was *alle* oder doch zumindest sehr viele glauben haben zu müssen. Und während im Hintergrund Technojazz gespielt wird und die Bar eine Atmosphäre aus Hektik und unendlicher Leichtigkeit des Seins – des angesagten Lebensstils also – verbreitet, muss ich an die zwei Milliarden Menschen denken, die über keinen Wasseranschluss verfügen und sich das Wasser da holen müssen, wo sie es finden können. Denn ich habe diese Frauen in Bangladesch oder Äthiopien, die durch das Fernsehen zu einem Klischeebeispiel für Entwicklungsländer geworden sind, selbst gesehen. Und je länger ich hier sitze, desto wirklicher werden solche Frauen, die stundenlang in der Hitze umherwandern müssen, um Wasser für die Familie – womöglich ein krankes Kind oder eine sterbende Mutter – zu holen. Jeden Tag sterben 6000 Menschen, vor allem Kinder, weil sie verunreinigtes Wasser getrunken haben.

Viele Menschen müssen große Teile ihres Einkommens – in einigen Städten sogar bis zu einem Drittel – für Wasser aufbringen, ohne das sie nicht leben können. Die Lösung des Wasserproblems bleibt somit eine Grundvoraussetzung für die Bekämpfung der Armut.

Die politische Führungsspitze der Welt erklärte auf der Konferenz von Johannesburg im Jahr 2002 die bessere Versorgung mit sauberem Wasser zu einem der wichtigsten Entwicklungsziele des Jahrhunderts. Bis 2015 soll die Zahl der Menschen, die ohne sauberes Trinkwasser auskommen müssen und in unzureichenden Sanitärverhältnissen leben, halbiert werden. Dazu müssten allerdings pro Tag 300 000 Menschen Zugang zu einem bestehenden Leitungsnetz erhalten, was jährliche Kosten in Höhe von 25 Milliarden Dollar nach sich zöge – ein höchst ambitioniertes, und leider völlig unrealistisches Ziel.

»Ich mache mir überhaupt keine Sorgen«, sagt er bestimmt. Der Mann, der sich mit mir unterhalten möchte, ist tadellos gekleidet und aus Lyon in die Hauptstadt gekommen, um an einer Konferenz über pädagogische Computerspiele teilzunehmen. »Ich habe noch nie versucht herauszufinden, woher ich komme oder was ich bin. Mich interessiert einzig und allein die Handlung.« So kann man es auch sehen, denke ich, als ich auf die Designerflasche »Voss Water« blicke.

Ein gutes Stück von Paris entfernt kann man eine Welt erleben, in der säkulare Modernität und Postmodernismus keine Chance haben, Wunderglaube und Anbetung des lebensspendenden Wassers zu ersetzen. Zwischen drei und fünf Millionen Menschen kommen jedes Jahr nach Lourdes am Fuße der Pyrenäen. Mit Ausnahme von Rom zieht keine andere christliche Stadt so viele Wallfahrende an wie dieser Ort mit seinem heiligen Wasser. In den Geschäften rund um die Basilika boomt der Kommerz, und so ist es weniger die fast aufdringlich zur Schau gestellte Religiosität, die ins Auge sticht, als vielmehr der unverblümte Geschäftssinn. Überall hängen große und kleine Wasserflaschen, manche in Form der Jungfrau Maria, während andere einfachen Wasserkanistern ähneln, wie man sie heute fast nur noch bei Menschen findet, die gern zelten. Es wirkt leicht absurd, Menschen über dichtbevölkerte Einkaufsstraßen bummeln zu sehen, mit einer Marlboro oder eine Ausgabe des *Le Soir* in der einen und einer mit Wasser gefüllten Jungfrau-Maria-Flasche in der anderen Hand. Auf dem Platz vor der Basilika allerdings, inmitten dieser bunten, internationalen Menschenmenge, umgeben von Kranken, die nicht gehen können und deshalb von ihren Begleitpersonen zu den heiligen Bädern gebracht werden, und angesichts des Schweigens während der Prozessionen, der zum Himmel aufsteigenden Chorgesänge und des kollektiven Hilferufs, der scheinbar in der ganzen Stadt erschallt, ist es schwierig, nicht ergriffen zu werden. Hier manifestiert sich eine ungeheure Glaubenskraft, ein kollektives Gebet für all jene, die die erkennbare und manchmal letzte Hoffnung in sich tragen, dass sie dieses Wasser von ihren Leiden erlöst.

In dem kleinen Ort im Geburtsland des modernen Rationalismus ist das »Wasser des Lebens« als religiöses Symbol, als Bestätigung der Existenz Gottes und als sein Medium wiederauferstanden. Zwei Tage lang habe ich die Gläubigen mit ihren Flaschen beobachtet, wie sie nach dem heiligen Wasser anstehen, das einige Meter neben der heiligen Quelle aus Wasserhähnen strömt. Die Stimmung in den Warteschlangen strahlt Normalität und Seriosität aus; niemand schämt sich, das Wasser abzuzapfen oder seinen Glauben an dessen Wirkung zur Schau zu stellen. Niemand spottet darüber, wenn irgendwer eine Flasche mit heiligem Wasser füllt, um sie mit in die Heimat zu nehmen, sei diese nun in Sydney oder Zagreb. Alles wirkt so, als drücke sich ein stiller und vielleicht unartikulierter Protest gegen die Vorstellung vom Triumph des wissenschaftlichen Rationalismus aus.

Die besondere Bedeutung Lourdes' beruht auf einer einfachen und – wie viele sagen würden – rührenden Geschichte. Am 11. Februar 1858 offenbarte sich die Jungfrau Maria zum ersten Mal der 14-jährigen, asthmakranken Müllerstochter Bernadette Soubirous in der Massabielle-Grotte. Vier Tage später geschah das, was die Grundlage für Lourdes' Platz in der Christenheit schuf und die Beziehung des Ortes zum Wasser so interessant macht: Nach Bernadettes späteren Aufzeichnungen sagte die Jungfrau Maria: »Geh und trinke von der Quelle und wasche dich im Wasser.« Das Mädchen, das älteste von neun Geschwistern aus einer armen Familie, konnte kein Wasser entdecken, ging aber zur Grotte hinüber. Die Jungfrau Maria bedeutete ihr mit dem Finger, dass sie unter dem großen Stein hindurchgehen solle, der den Eingang überragte. Das Mädchen fand ein wenig schlammiges Wasser, gerade so viel, dass sie etwas davon mit der Hand schöpfen konnte. Drei Mal goss sie es wieder weg, weil es so trübe war, doch beim vierten Mal schließlich konnte sie es trinken. Die Menschen in der Nähe hatten von der Offenbarung gehört und begannen, die Quelle freizulegen. Immer mehr sauberes Wasser kam zum Vorschein. Noch am selben Tag wurden zwei Flaschen in der Grotte gefüllt und in die nächste Stadt gebracht. Unmittelbar danach hörte man Geschichten von Menschen, deren ernste Krankheiten geheilt wurden, nachdem sie von dem Wasser getrunken hatten. Im März 1858 trug sich das erste der sieben Wunder zu. Eine schwangere Frau legte in der Grotte die Hände in das Wasser, woraufhin sie zwei gelähmte Finger wieder bewegen konnte. Der Papst entschied einige Jahre später, dass die Jungfrau Maria sich Bernadette tatsächlich offenbart habe, unter anderem weil Untersuchungen gezeigt hatten, dass das Wasser keine speziellen physischen oder chemischen Eigenschaften aufwies. Als Bernadette im Jahr 1933 heiliggesprochen wurde, war Lourdes bereits weltberühmt. 1955 wurden 16 Badewannen installiert, und jeden Tag nehmen hunderte von Menschen ein Bad, indem sie von Helfern auf den Rücken gelegt und einige Sekunden in das heilige Wasser getaucht werden. Der Nächste, bitte!

Aus den zahlreichen Wasserhähnen in Lourdes fließt das heiligste Wasser Europas. Aus der ganzen Welt nehmen es Menschen mit nach Hause, so wie die Hindus seit tausenden von Jahren Wasser aus dem Ganges zu Fuß über den indischen Subkontinent tragen oder Muslime es aus Mekka holen und auf dem Rücken der Kamele quer durch die afrikanische Savanne bis nach Mali und Mauretanien bringen. Millionen von Menschen glauben, dass dieses heilige Wasser Wunder vollbringt und dass seine übernatürlichen Qualitäten Krankheiten zu heilen, die Seele zu reinigen und das Leben zu verlängern vermögen.

In vielen Versuchen, die menschliche Ideengeschichte zu beschreiben, wurden solche Phänomene entweder als Magie oder moderne Religion interpretiert oder man hat versucht, das Phänomen wissenschaftlich zu erforschen. Magie wird dadurch erklärt, dass es »primitiven« Menschen daran mangele, zwischen eigenen, subjektiven Assoziationen und einer äußeren, objektiven Wirklichkeit zu unterscheiden. Daher wurden wissenschaftliche Methoden verwandt, um zu beweisen, dass die Quelle tatsächlich bestimmte Wirkungen hervorbringt. Die ganze Atmosphäre ist tief religiös und birgt dadurch offenbar auch ein magisches Element. Im Laufe der Geschichte hat es viele Einzelpersonen, Gruppen und Bewegungen gegeben, die Krankheiten mit nichtmedizinischen Mitteln behandelt haben; Krankheiten wurden als Ausdruck des Bösen betrachtet. Pilgerfahrten zu heiligen Stätten und die Anbetung eines heiligen Objektes waren wichtige Mittel für eine Heilung. Schon seit frühester Zeit wurden solche Heilungskulte mit Wasserquellen assoziiert. Zahlreiche Quellen in Westeuropa zum Beispiel hingen nachweislich mit neolithischen und bronzezeitlichen Heilungskulten zusammen.

Die Basilika von Lourdes, die Grotte und die an der Decke über der heiligen Quelle hängenden Krücken repräsentieren somit die Erneuerung eines langen und tiefgehenden Wasserkultes in der europäischen Geschichte. Lourdes ist ein Beispiel dafür, dass sich der Mensch zwar nicht der Macht des Wassers, aber den Vorstellungen von der Macht des Wassers unterwirft. Die stummen Auftritte all derer, die in Rollstühlen an das heilige Wasser gebracht werden, können auch als Protest gegen die moderne Medizin und die Idee von der Allmacht des Menschen über die Natur verstanden werden – des Menschen, der sich weder von tosenden Wasserfällen noch vom steigenden Meeresspiegel oder vom Monsunregen zum Schweigen bringen lässt, aber von einem Strahl aus einem Wasserhahn.

Ein neues Wasserzeitalter

»Höchste Güte ist wie das Wasser.
Des Wassers Güte ist es,
allen Wesen zu nützen ohne Streit.«

(Laozi, »Tao te king«)[66]

»Der Mensch steigt immer höher, während das
Wasser dem tiefsten Punkt zustrebt.«
(Taoistisches Traktat »Guanzi«, 7. Jahrhundert v. Chr.)[67]

Eine der grundlegenden Bewegungen in der Weltgeschichte ist die schrittweise Befreiung des Menschen davon, durch Quellen und Flüsse an bestimmte Orte gebunden zu sein. Während sich wilde Tiere das ganze Leben um ein Wasserloch scharen müssen, hat es der Mensch im Laufe der Zeit gelernt, das Wasser dorthin zu bringen, wo er wohnt und es braucht. Als Jericho in grauer Vorzeit an einer Quelle entstand, mussten seine Bewohner sich selbst und ihre Macht über das Wasser durch eine Mauer vor Angreifern schützen. Heute können Großstädte und riesige landwirtschaftliche Unternehmen hunderte Kilometer entfernt von großen Seen und Flüssen liegen, weil der Mensch nun in der Lage ist, Dämme und Kanäle zu bauen und Wasser aus den Tiefen der Erde heraufzupumpen.

Dieser Teil des Buches beschreibt, wie gigantische Pläne zum Bau neuer Flüsse und zur Umleitung enormer Wassermengen von Fluss zu Fluss sowie in Wüstengebiete hinein das Antlitz der Erde in vielen Regionen radikaler und schneller verändern werden als jemals zuvor in der Geschichte. Dass der Mensch Wasser von einem Ort zu anderen befördert, ist nichts Neues. Die Entwicklung der Zivilisation erforderte die Verlagerung von Wasser. Erst als der Mensch fähig war, Wasser aus den Flüssen des Mittleren Ostens in trockene Wüstengebiete zu bringen und so die Grundlage für eine stabile Landwirtschaft zu bilden, die genügend Erträge hervorbrachte, so dass Handwerker, Soldaten, Staatenlenker und Dichter nicht mehr selbst auf die Jagd nach Essbarem gehen oder ein Feld bestellen mussten, konnte Zivilisation entstehen und erhalten bleiben. Die Umleitung von Wasser verknüpft somit Vergangenheit und Zukunft der Zivilisation miteinander und drückt eine tiefgehende Kontinuität in unserer Entwicklung aus.

Während viele Menschen, besonders in Westeuropa, der Ansicht sind, dass die Zeit der großen Projekte vorbei sei, weil sie zu sehr in die natürlichen Kreisläufe eingreifen und enorme Summen verschlingen, werden trotz allem im Laufe der nächsten Jahrzehnte die größten Pläne des Wassermanagements der Weltgeschichte in Gang gesetzt. Diese werden nicht nur das physische Erscheinungsbild ganzer Weltregionen verändern, sondern auch die Entwicklung wichtiger Länder und Landschaften sowie die Stabilität und Autorität zentraler Staaten beeinflussen.

Die Angst vor einem steigenden Meeresspiegel, vor noch mehr Überschwemmungen oder längeren Trockenperioden wird dazu führen, dass in den Kampf gegen oder für Wasser immer mehr Länder verwickelt werden. Derzeit ist zunehmend von einer globalen Wasserkrise die Rede, doch parallel dazu werden mehr und mehr große Süßwasservorkommen unter der Erde oder dem Meeresboden entdeckt. Auch die Entsalzung von Wasser wird künftig wichtiger sein als heute. Denn es gibt keine globale Wasserkrise, sondern nur mangelnde Fähigkeiten, Wasser zu kontrollieren, zu nutzen und angemessen zu verteilen. Die Art der Wassernutzung wird, wie schon früher in der Geschichte der Menschheit, fundamentale Bedeutung für Besiedlungsstrukturen, für die Beziehungen zwischen Stadt und Land sowie das Machtverhältnis der Staaten untereinander haben. Hinzu kommt, dass einige Wissenschaftler Wasser für den Treibstoff der Zukunft halten und die NASA die Entdeckung von Wasser auf dem Mars als einen »Fahrschein ins Weltall« betrachtet.

Wasserüberfluss in der Wüste,
Wasserfabriken in Florida

Der Schrifsteller Mark Twain soll einmal gesagt haben, dass Whisky zum Trinken da sei und Wasser, um darum zu kämpfen. Vor kurzem klagte der Gouverneur von Arizona, dass Nevada und Las Vegas Wasser aus dem gemeinsamen Colorado River stehlen würden – und zwar »mit vorgehaltener Pistole«. Aber als ich während meiner Taxifahrt über den Las Vegas Strip aus dem Fenster blicke, kann ich weder Krisenstimmung noch Wassermangel erkennen, dafür jedoch eine abstoßend prahlerische Modernität, die gleichwohl verlockend und verwirrend wirkt – das Pilgerzentrum des Postmodernismus. Denn Las Vegas ist so etwas wie die übersteigerte Selbstinszenierung der modernen Gesellschaft. Wie eine exotische Pflanze aus Stahl und Beton reckt sich die Wüstenmetropole in den Himmel, als bezöge sie ihre Nahrung von den Sternen. Vor gut einhundert Jahren von Mormonen gegründet, war Las Vegas bis weit über den Zweiten Weltkrieg hinaus ein Durchgangsort und ein verstaubter Rastplatz für alle, die die Wüste durchqueren mussten, bis es schließlich zum Mekka der Unterhaltungsindustrie und der Kasinospieler avancierte. Innerhalb weniger Jahrzehnte wurde aus der Wüste ein urbanes Neonparadies, und im Schein der Lichter überbieten sich gigantische Springbrunnen und riesige Swimmingpools am Straßenrand mit ihrem Reichtum an Wasser.

Ich betrete eines der großen Hotels, die hier in Reih und Glied stehen, um mir die künstlichen Wasserfälle und Flussläufe im Inneren anzusehen. Die auf nostalgische Stimmung angelegte Stadt bedient mit aparten Nachahmungen römischer Tempel und Fontänen sowie pyramidenförmigen Hotels und einer ganzen Hotelgruppe, die die Skyline von Manhattan kopiert, die Publikumserwartungen der Gegenwart. Technologie und Künstlichkeit machen das heutige Las Vegas brutal faszinierend, lassen es aber auch in einem interessanten historischen Licht erscheinen. Ich kenne keine andere Stadt, in der der Glaube an die Überwindung der Natur so energisch, vordergründig und ohne jeden Zweifel daherkommt.

An den Spieltischen und Glücksspielautomaten dieser großen Kasino-Hotels mit bis zu 5000 Betten, in denen einst Elvis Presley sein Abschiedskonzert gab und Mike Tyson seinem Gegner Evander Holyfield ein Stück Ohr abbiss, servieren leicht bekleidete Kellnerinnen den einsamen Spielern kühle Drinks. Doch das wirklich schicksalhafte Spiel in Las Vegas findet an den Zeichenbrettern der Wasserbauingenieure und den Verhandlungstischen der Wasserbaukommission statt. Denn in Las Vegas, dem Sinnbild für Show und Illusion, muss die Vorstellung aufrecht erhalten werden, dass die Stadt Wasser im Übermaß zur Verfügung hat.

Tatsächlich jedoch sitzt Las Vegas in einer Wasserklemme. Der Wasserverbrauch pro Einwohner gehört zu den höchsten weltweit, und das, obwohl die Stadt auf Sand gebaut und von Wüste umgeben ist. Sie liegt in einem der trockensten Gebiete des zu den niederschlagsärmsten US-Staaten gehörenden Nevada. Wie andere Regionen der USA ist Las Vegas vom Colorado River abhängig, der aber nicht mehr hergeben kann als das, was Nevada schon bekommt. Das Grundwasser in Las Vegas wird schneller heraufgepumpt, als es nachfließen kann. Die dreifache Menge dessen, was die Natur selbst wieder auffüllt, wird jedes Jahr abgezapft. Las Vegas überstrapaziert sein aquatisches Kapital, und die natürliche Wasserbank wird unbarmherzig geleert. Mittlerweile kann die Stadt Wasser aus anderen Reservoiren oder Quellen importieren; Wasserbauingenieure haben für mehrere Millionen Dollar einen Tunnel gebaut, der Wasser aus dem künstlich angelegten Lake Mead heranführt. Darüber hinaus streben die Behörden neue Verhandlungen an und versuchen, mehr Wasser aus dem Colorado zu bekommen, als bisher vertraglich festgelegt ist. Der Kampf um das Wasser wird sich aller Voraussicht nach mindestens genauso turbulent gestalten, wie die Stadt selbst es ist.

Las Vegas wird als Hauptstadt des Laisser-faire-Kapitalismus gefeiert. Aber kann das wirklich so weitergehen? Und wenn ja, wie lange? Der Wasserverbrauch muss sinken. Doch für wen? Das ist die große Streitfrage, die die ganze Region im Laufe der nächsten Jahrzehnte beschäftigen wird. Immer mehr Unternehmen und Einwohner siedeln sich in Las Vegas an; kaum eine Stadt der USA wächst schneller. Ohne staatliche Regulierungen und Zwangsmaßnahmen bleibt zweifelhaft, ob die Wasserkrise gelöst werden kann. Doch fraglich ist ebenso, ob eine länger anhaltende Knappheit dieser für die Hotels, die Gärten der Einwohner und die gesamte Wirtschaft im Las-Vegas-Tal so unverzichtbaren Ressource tatsächlich ein energischeres öffentliches Eingreifen auf Kosten des freien Marktes und der liberalen Institutionen zur Folge haben wird.

Die Pioniere der modernen, künstlich bewässerten Landwirtschaft im Westen der USA sind die Mormonen. Für sie ging es in erster Linie um eine Verwirklichung der Prophezeiung Jesajas (Jesaja 35, 1–10): Wenn Jesus auf die Erde zurückkehrt, wird die Steppe »jauchzen [...] und aufblühen wie eine Narzisse. [...] Denn in der Wüste bricht Wasser hervor und Bäche in der Steppe«. Beseelt von der biblischen Beschreibung über die Göttlichkeit des Wassers, standen die Mormonen im 19. Jahrhundert an der Spitze einer sozialen Bewegung, die die amerikanischen Prärien und Wüsten in die Kornkammer der Welt verwandeln wollte. Brigham Young, zweiter Präsident und Prophet der Kirche der Heiligen der Letzten Tage, entwickelte ein ideologisch-religiöses Projekt mit enormen praktischen Konsequenzen, und kaum einem anderen gelang es wie ihm, Ideologie in Handlung umzusetzen. Er lebte polygam, hatte 27 Frauen und 56 Kinder, konnte seine »Fruchtbarkeit« allerdings auch auf die Wüste übertragen. Zwar wurde der Idealstaat nicht errichtet, doch die Mormonen gründeten ab 1850 mehrere Städte. Salt Lake City – oder »Das Neue Jerusalem«, gelegen an einem Fluss, der nach dem Vorbild der Bibel in »Jordan« umgetauft wurde – avancierte zur Welthauptstadt der Heiligen der Letzten Tage. Zu Beginn des 20. Jahrhunderts erstreckten sich mormonische Siedlungen über ein Sechstel des nordamerikanischen Kontinents, zu ihnen gehörten 500 exakt geplante Städte.

Der in den Colorado River gebaute Hoover-Damm, zur Zeit seiner Errichtung in den 1930er Jahren der größte Staudamm der Welt, ist vielleicht das deutlichste Symbol dafür, dass der Staat mit dem »Bureau of Reclamation« (Büro für Landgewinnung) übernahm, was die Mormonen begonnen hatten – allerdings in einer ganz anderen ökonomischen und technologischen Größenordnung. Der Staudamm und die mit ihm verbundenen Wassernutzungspläne wurden als Modell für umfassendes und ganzheitliches Wassermanagement schon bald überall in der Welt kopiert. Als ich am Rande des Staudamms stehe und in den von nackten roten, wilden Felsen umgebenen dunkelblauen Fluss blicke, kann ich den Optimismus, der sich während der Großen Depression in Amerika angesichts des Staudammbaus verbreitete, gut nachvollziehen. Nicht von ungefähr wurde er zum Symbol der »New Deal«-Politik Franklin D. Roosevelts. Tausende Kilometer neuer Kanäle wurden gegraben. Städte wie Los Angeles – dessen Kampf um das Wasser aus dem Owens Valley durch Roman Polanskis Film »Chinatown« von 1974 weltbekannt wurde –, Phoenix, Las Vegas und San Diego konnten zu Metropolen heranwachsen, und das südliche Kalifornien avancierte zur führenden Landwirtschaftsregion. Wie durch ein Wunder ermöglichte der Damm die Verwirklichung des von der Mormonen-Bibel inspirierten Traums in ganz neuen Ausmaßen.

Mittlerweile sind das Potenzial des Colorado und des Damms sowohl umgesetzt als auch aufgebraucht. Der Fluss bewässert Dattelpalmen in Kalifornien und Rebstöcke in New Mexico, ist zum Dorado der Rafter in Arizona und zu einer Naturschönheit in Nevada geworden und wird in den Bars und Kasinos von Las Vegas als Eiswürfel konsumiert. Alle wollen immer mehr Wasser haben. Besonders die Städte im Süden strecken die Arme zunehmend nach dem Colorado aus, doch viel mehr als bisher ist ihm nicht abzuringen. Gleichwohl muss er immer drängender werdende Ansprüche erfüllen, weil der Bedarf steigt.

Der Colorado-River-Aquädukt, der durch Arizona und zu den Städten in Südkalifornien führt, wirkt wie ein Fluss. Über mehrere hundert Kilometer zieht er sich durch die Wüste. Als technologisches Bauwerk steht dieser »Fluss« nicht für Romantik und Individualismus, sondern für »Big Business« und »Big Government«. Mitten in der Wüste höre ich erfrischende Geräusche fließenden Wassers, das indes nicht wie ein Gebirgsbach spielerisch die Felsen hinunterströmt, sondern kilometerweit durch einen kontrollierten, von Mauern begrenzten Schacht geführt wird, um schließlich Los Angeles und das südliche Kalifornien mit Wasser zu versorgen. In weiten Teilen Kaliforniens regnet es zwischen Mai und Oktober, wenn der Wasserbedarf am höchsten ist, so gut wie gar nicht.

»Ich möchte auf dem Wasser gehen«, erkläre ich einem erstaunten Bauern. Er versteht nicht sofort, was ich meine. Sehe ich vielleicht aus wie der leibhaftige Christus? Ich befinde mich im kalifornischen Bakersfield. Hier haben Bauern und große landwirtschaftlich-industrielle Gesellschaften Wasservorräte unter der Erde angelegt. In geologischen Hohlräumen lagern sie überschüssiges Wasser, um es nach Bedarf und zu möglichst hohen Preisen an Städte in der Nähe verkaufen zu können.

»Die Wasserkrise«, setze ich an zu erklären – doch der Bauer hat begriffen, was ich meine, und unterbricht mich sofort. »Kommen Sie mit.« Er führt mich zu einem großen Feld, das wie jeder andere Acker aussieht, doch unter ihm verbirgt sich ein künstlich angelegtes Wasserreservoir.

Zwei Drittel der amerikanischen Bundesstaaten befürchten ernsthaften Wassermangel in den kommenden Jahrzehnten. Die Wasserkrise bedroht insbesondere den Südwesten, in dem Wirtschaft und Bevölkerung am stärksten wachsen. Städte und landwirtschaftlich geprägte Gebiete streiten sich um Wasser. Kalifornische Bauern sind inzwischen gezwungen zu akzeptieren, dass ihnen Wasser abgenommen und in wasserdurstige Städte umgeleitet wird. Die Bundesstaaten kämpfen um das Wasser, und in Kalifornien und anderen Teilen der westlichen USA haben die Behörden bereits Alarm geschlagen.[68] Und im Ölstaat Texas sagte der frühere

US-Präsident und ehemalige Geschäftsmann der Ölbranche, George W. Bush, dass Wasser wichtiger sei als Öl. Die Kapazität der Flüsse ist aufgebraucht, und die Grundwasservorräte werden schneller heraufgepumpt, als sie sich naturgemäß wieder auffüllen. Berechnungen zufolge verliert die amerikanische Landwirtschaft zu Beginn des 21. Jahrhunderts durch den Wassermangel jährlich 400 Milliarden Dollar.

Seit den Tagen des Goldrauschs im 19. Jahrhundert, als an den Ufern der Flüsse, aus denen sich Gold waschen ließ, Städte gegründet wurden, hat das zunehmend kontrollierte Wasser sowohl Besiedlungsstrukturen als auch Landschaften verändert. Kalifornien ist als gesellschaftliches Konstrukt nicht viel älter als einhundert Jahre. In dieser kurzen Zeit hat es seine Wasserlandschaft radikal umorganisiert, ohne eine beständige und nachhaltige Lösung der »hydraulischen Klemme« finden zu können. Die Bevölkerung soll im Laufe der nächsten 25 Jahre von 37 auf 48 Millionen Menschen anwachsen. Immer häufiger berichten Lokalzeitungen von Auseinandersetzungen um Wasser. Bewegt sich Kaliforniens Wasser- und Bewässerungssystem auf eine ökologische Katastrophe zu?

Von Kalifornien aus reise ich nach Norden. Nachdem ich von Chicago am Michigansee entlang nach Kanada gefahren bin und kurzzeitig in einem Hausboot auf dem Eriesee gewohnt habe, wache ich eines Tages in goldenem Septemberlicht an einem kleinen, milchfarbenen See auf, dessen Farbe seine Verunreinigung anzeigt. Als ich schließlich zu den Niagarafällen komme, wie jeder Andere einen blauen Regenmantel erhalte und mich im Boot zu den Fällen fahren lasse, wird mir die besondere Dimension von Planungen für diese Region bewusst: Wirtschaftliche und politische Kräfte möchten die riesigen Seen in eine Zwischenstation für das wohl größte amerikanische Ingenieurprojekt verwandeln, das je existiert hat. Für die Lösung der Wasserkrise wurden schon etliche Vorschläge eingebracht – von der Idee, Wasser in riesigen Plastikballons aus Nordkalifornien abzuschöpfen, über Projekte zum Abschmelzen der Eisberge Alaskas bis hin zu Überlegungen, Wasser aus dem Ogallala-Aquifer, der sich unter den Great Plains erstreckt, abzupumpen und in riesigen Röhren weiterzuleiten. Mächtige Politiker wie der damalige US-Präsident George W. Bush und der frühere US-Botschafter in Kanada, Paul Cellucci, verlangten, dass die USA auch Wasser kanadischen Ursprungs erhalten müssten. Die Gründe sind offensichtlich: Kanada hat einen gigantischen Wasserüberschuss. Es verfügt über 20 Prozent der weltweit vorhandenen Reserven (obwohl solche Zahlen nie ganz genau sind) und konkurriert mit Brasilien um den Status des größten Wasserriesen. Einer der Pläne zur Lösung der Wasserkrise in den USA hieß »GRAND Canal« (Great Recycling and Northern Development Canal). Danach sollte mehr Wasser in die Großen Seen, von dort in die südlichen Teile der USA und vielleicht bis nach Mexiko geleitet werden. Das Projekt wurde in den 1980er Jahren verworfen, doch mittlerweile möchten es Manche in Teilen wieder aufleben lassen. Allerdings regt sich massiver Widerstand gegen die Pläne. Viele Kanadier wollen dem mächtigen Nachbarn im Süden kein Wasser überlassen. Andere indes sagen, dass Kanadas Wasser nach dem NAFTA-Abkommen von 1994 als kontinentale und nicht als nationale Ressource betrachtet werden müsse. Was mag geschehen, wenn die Bundesstaaten im Süden und die Regierung in Washington diese Idee, wenn auch aus unterschiedlichen Gründen, in Zukunft nachdrücklicher verfolgen? Und was passiert, wenn ökonomische Machthaber in Kanada den Bau solcher Projekte und den Verkauf von Wasser als wirtschaftlich und politisch zweckdienlich erachten?

An der südöstlichen Spitze der USA wird an anderen Plänen gefeilt, die weitaus größere globale Konsequenzen haben. Die Tampa-Bucht mit den Städten Tampa, Saint Petersburg und Clearwater liegt am Golf von Mexiko, an der Westküste Floridas. Die prosperierende Region zieht mit ihren Palmen und den zahlreichen Sonnenstunden viele Menschen an, und während die erste Volkszählung im Jahr 1850 nur 974 Einwohner in Tampa registrierte, leben heute

2,7 Millionen Menschen an der Bucht. Direkt am Wasser liegen viele Häuser, die sich nach dem Maßstab eines Mittelklasseeuropäers durchaus als Schlösser bezeichen lassen und deren Rasenflächen so groß sind wie Fußballplätze. Es gibt zahlreiche Gründe dafür, hierher zu kommen, nicht zuletzt für Jene, die American Football und besonders die Tampa Bay Buccaneers mögen. Doch mich hat etwas anderes an diesen Ort geführt, das zwar weniger bekannt, dafür umso bedeutender ist: die größte Entsalzungsanlage der westlichen Hemisphäre, die gleich bei Tampa City liegt. Sie wird wegen ihrer Größe und Technologie von der Entsalzungsindustrie auf der ganzen Welt sorgfältig beobachtet.

Jedes Jahr werden hunderte kleiner und großer Entsalzungsanlagen gebaut. Die allergrößten stehen in Saudi-Arabien und den Vereinigten Arabischen Emiraten.[69] Israel plant, bis zum Jahr 2017 15 Prozent seines Wassers aus Entsalzungsanlagen zu gewinnen, und auf den Kanarischen Inseln Spaniens vollzieht sich eine aus dem Massentourismus resultierende technologische Revolution: Die meisten Hotels bereiten inzwischen ihr eigenes Wasser auf. Die ungefähr 16 000 Entsalzungsanlagen produzieren vorläufig nur circa ein Prozent des weltweiten Wasserverbrauchs. Doch der Bedarf an Anlagen steigt, weil immer mehr durstige Millionenstädte an den Küsten heranwachsen und zwei Drittel der Menschheit nicht weiter als fünfzig Kilometer vom Meer entfernt leben.

Die Tampa-Bucht ist ein typisches Beispiel für solch eine Küstenstadt, wenngleich sie wohlhabender als die meisten anderen ist. In den letzten Jahren berichteten die örtlichen Zeitungen regelmäßig über lokale Auseinandersetzungen über Wasser. Die Kluft zwischen Angebot und Nachfrage würde immer breiter. Die städtische Region produziert nicht genügend Wasser, um den steigenden Bedarf zu befriedigen, während gleichzeitig zu viel Grundwasser heraufgepumpt wird. Nach Aussage der Behörden ist die Wassersituation auf lange Sicht höchst problematisch und in Trockenperioden gestaltet sich die Lage jedes Mal sehr ernst. Deshalb wurde der Bau der größten Meerwasserentsalzungsanlage der USA von öffentlicher Seite unterstützt. Die Technologie beruht auf dem Prinzip der umgekehrten Osmose, bei dem Salzwasser mit großem Druck durch Membranen gepresst wird. Auf der einen Seite bleibt Salz zurück, während auf der anderen klares, trinkbares Süßwasser herausläuft.

Ken Heard, der Direktor der Tampa-Anlage, führt mich herum und erklärt, dass diese für eine Tagesproduktion von 37 000 Kubikmeter Wasser geplant war, ihre Leistung jedoch bei Bedarf auf bis zu 95 000 Kubikmeter Wasser täglich erweitert werden kann. Die Anlage besteht aus der eigentlichen Entsalzungsfabrik mit sieben getrennten umgekehrten Osmosesystemen und den dazugehörigen Komponenten, einer Seewasser-Aufnahmestation, einem Ablaufsystem für die Salzlake, zahlreichen Lagerstätten für chemische Zusatzstoffe sowie einem 24 Kilometer langen Leitungsnetz für das produzierte Süßwasser. Das frische Wasser wird in einem 20 000 Kubikmeter fassenden Tank innerhalb der Anlage aufbewahrt, bevor es zu den Verteilerstationen in der Stadt weitergeleitet wird.

Heard erzählt mir, dass die Anlage mit einigen Problemen zu kämpfen hatte und deshalb erst verspätet ans Netz gehen konnte.[70] Sein leicht gequälter Gesichtsausdruck rührt zweifellos von all den Schwierigkeiten, die die Fabrik zu bewältigen hatte und die er mir detailliert schildert. Aber trotz allem, oder vielleicht gerade deswegen, wirkt seine Überzeugung, hier nicht nur für die Tampa-Bucht, sondern für alle Küstenstädte mit Wassermangel etwas Großartiges aufzubauen, umso authentischer.

Und er hat völlig recht: Die Entsalzung lässt sich wohl kaum als technologische Sackgasse bezeichnen. Die Unsicherheit über künftige Niederschlagsmengen sowie der Zustand der Wasserbänke in den Gebirgen macht die Entsalzung zu einer überaus anziehenden Lösung, zumal dadurch unabhängig von Hochwasser oder Trockenheit Wasser produziert werden kann.

Da der Preis für Wasser ohnehin steigt, ist die Konkurrenzfähigkeit der Entsalzungstechnologie inzwischen gegeben. Deshalb bin ich davon überzeugt, dass der Mensch in absehbarer Zeit in der Lage sein wird, Wasser günstig zu produzieren.

Die preiswerte Erzeugung von Wasser wird ungeahnte Folgen für die Entwicklung der Städte haben. Die Attraktivität der Küstenstädte wird zunehmen. Wenn diese in der Lage sind, eigenes Wasser zu produzieren, werden sie wie ein Magnet noch mehr Menschen – auch Umweltflüchtlinge aus trockenen Regionen – anziehen. Der Versuch, billiges Trinkwasser aus dem Meer zu gewinnen – von Israel bis zum Arabischen Golf, von China bis in die USA –, will den Traum verwirklichen, natürliche Beschränkungen zugunsten gesellschaftlicher Entwicklung zu überwinden. Sind diese Bemühungen eines Tages von Erfolg gekrönt, werden sich die Prophezeiungen über eine globale Wasserkrise relativieren oder an manchen Orten sogar als Spuk erweisen. Ein geregelter und vorhersehbarer Zugang zu Wasser könnte dann Städte und Gesellschaften, die einst von natürlichen Schwankungen des Wasserkreislaufs betroffen waren, als historisch erscheinen lassen. Mittlerweile gibt es sogar Überlegungen, den Bau vieler Meerwasserentsalzungsanlagen als Gegenmittel zu steigenden Meeresspiegeln wirken zu lassen: Durch die Entnahme von Salzwasser aus strategisch betroffenen Meeresregionen sowie dessen Umwandlung in Trinkwasser könnte der Wasserstand in den entsprechenden Meeren in Schach gehalten werden.

In den letzten Jahren hat ein beachtlicher technologischer Fortschritt stattgefunden. Jeder, der einmal auf einem modernen Segelboot war, weiß um die Möglichkeit, eigenes Trinkwasser zu produzieren. Als Reisender auf solch einem Boot gehört man einer der ersten Gruppen eines fahrenden Volkes an, die sich frei und unabhängig von Wasserquellen oder mitgenommenen Wasserbehältern bewegen können. Die Mannschaften auf den modernen Hochseeseglern stechen ohne Wassertanks in See und steuern auf eine Zukunft zu, in der ein Vorrat an natürlichem und zugänglichem Trinkwasser nicht mehr die menschliche Mobilität und Aktivität beschränken muss.

Ein künstliches Niltal in der Sahara

Ich fahre auf dem Nil stromaufwärts, von der pulsierenden Metropole Kairo mit ihren fast 20 Millionen Einwohnern zu einem der heißesten Orte der Welt, um mir anzusehen, was das ägyptische Wasserbauministerium dort »als Wendepunkt in der Geschichte Ägyptens« plant. Zunächst kommen wir nach Assuan in Oberägypten, eine hübsche, auf der Ostseite des Nil gelegene Stadt mit langen Uferpromenaden, auf denen Liebespaare auf grünen Bänken sitzen, sich leise unterhalten und über den ruhigen Fluss blicken. Feluken, die traditionellen Segelschiffe, gleiten lautlos über den Fluss, wie sie es schon immer getan haben, und heben sich mit ihren weißen Segeln deutlich von den sandigen Höhenzügen ab, die am Ostufer steil aufragen. Nach der obligatorischen Tasse Tee im nahen Militärlager klettern wir an Bord eines alten russischen Militärhubschraubers, der – mit geöffneter Tür – uns und die vierköpfige Mannschaft über dem Nil zum Assuan-Stausee und zu dem neuen Projekt in der Wüste fliegt. Eingehüllt in den Lärm von Motor, Wind und Propeller, lasse ich den Blick über den mächtigen Bogen des Staudamms gleiten, der einen etwa 500 Kilometer langen, künstlichen See entstehen lässt. Nachdem ich mich jahrzehntelang mit der Geschichte des Nil beschäftigt und unzählige alte Bücher und Archivmappen über die Hydrologie des Flusses und den Kampf um seine Beherrschung gelesen habe, ist dieser Anblick ein Höhepunkt.

Der Assuan-Staudamm – oder Nassersee, wie er nach dem ehemaligen ägyptischen Präsidenten auch genannt wird – änderte zahlreiche Prämissen für die Entwicklung des Landes und war enorm folgenreich für den gesamten Mittleren Osten, für den Niedergang des europäischen Kolonialsystems und die Entwicklung am Horn von Afrika. In Ägypten ist es seitdem nicht mehr wichtig, wann die Nilschwemme einsetzt, sondern nur noch, wie viel Wasser der Fluss führt.

Der erste, vor circa 5000 Jahren entwickelte Kalender der Ägypter sollte der Bevölkerung vor allem vorhersagen, wann die Nilschwemme zu erwarten war, und löste mit seinem 365-Tage-System den bis dahin gebräuchlichen Mondkalender ab. Die Ägypter hatten herausgefunden, dass Sirius, der Hundsstern, einige Tage vor Beginn der Nilschwemme bei Sonnenaufgang sichtbar wurde. Zwar verlor das Land damit einen historischen Feiertag – denn der Tag, an dem der Nil genügend Wasser führte, um die Kanäle zu öffnen und das Wasser in die trockenen Ebenen zu leiten, war jahrtausendelang gefeiert worden. Doch dafür wurde das Land von der despotischen Macht befreit, die mit den saisonbedingten und jährlichen Schwankungen des Wasserstandes im Nil verbunden war.

Durch den Bau des Staudamms erhielt Ägypten elektrischen Strom und konnte weitere hunderttausende Quadratmeter Land bewirtschaften. Darüber hinaus symbolisiert der Damm den ewigen Dualismus des Wassers: Einerseits konnte durch die Stauung des Wassers verhindert werden, dass die Felder von nicht vorhersehbaren Schlammmassen überschwemmt wurden, den der Fluss seit tausenden Jahren von den äthiopischen Hochebenen heruntergespült hatte. Andererseits fehlte der düngende Schlamm und blieb dieser nun auf dem Grund des künstlichen Sees liegen, was den Damm früher oder später zerstören wird, wenn es nicht gelingt, ihn mit moderner Technik – die noch erfunden werden muss – zu entfernen: ein Sisyphos-Projekt der fernen Zukunft. Ich fahre zunächst weiter, um mir ein Vorhaben der näher liegenden Zeit anzusehen, welches das heutige Aussehen der Sahara verändern wird: das Toshka-Projekt.

Der Nil soll ein neues, bewirtschaftetes Tal schaffen. Die Regierung ist der Ansicht, dass Ägypten den natürlichen Lauf des Flusses durchbrechen müsse, wenn es langfristig den Bevölkerungszuwachs verkraften wolle. Wir verlassen deshalb die Ufer des Stroms und fliegen mit dem Helikopter in die Wüste hinaus. Unter uns erstreckt sich die goldene Sahara endlos in alle Richtungen. Die Hitze lässt undeutliche Konturen und Spiegelungen entstehen. Sie werden schließlich von kilometerlangen, schnurgeraden Wasserwegen unterbrochen, die die Regierung hat ausgraben lassen. Einige Male kreisen wir über der Pumpstation, mit der die vom Nil produzierte Energie genutzt werden soll, um das Wasser in die Wüste zu pumpen. Die nach dem ehemaligen Präsidenten Hosni Mubarak benannte Pumpstation ist das Herz des Projektes. Dessen Ziel ist es, eben jene Wüste zu bewirtschaften, aus der die ersten Ägypter kamen, nachdem sie vor mehr als 6000 Jahren von der Sahara her eingewandert waren – eine Sahara, die zu jener Zeit grün war und von umherstreifenden Giraffen und Elefanten bevölkert wurde.

Wo immer man den Nil in Ägypten aufsucht, kann man sehen, wie die Ägypter den Fluss einst genutzt haben.[71] Nicht lange nachdem die Ägypter aus der Wüste eingewandert waren, fanden sie Wege, das Wasser aus dem Nil für die Bewässerung der Wüste zu nutzen. Über Jahrtausende verwendeten sie *saqiya* und *shaduf*, ein von Tieren angetriebenes System aus Rädern und Schaufeln, sowie die Archimedische Schraube, eine Art Schneckenpumpe. Dadurch konnten nur geringe Wassermengen pro Tag gewonnen werden. Heutzutage steht an den Ufern des künstlichen Sees eine riesige Pumpstation. Auch diese soll Nilwasser in die Wüste leiten, allerdings in weitaus größerem Umfang, um eine Vision zu verwirklichen, die einer Revolution in der ägyptischen Geschichte gleichkäme: ein neues Niltal.

Die Pumpstation arbeitet nur einige Kilometer von Abu Simbel entfernt, einer der weltweit bekanntesten Sehenswürdigkeiten: Tempelanlagen, die vor 3000 Jahren in Oberägypten aus dem Fels gehauen wurden. Als der Nassersee mit seinen Wassermassen sie an ihrem ursprünglichen Standort bedrohte, wurden sie unter Leitung der UNESCO Stein für Stein abgetragen und stehen heute in all ihrer beeindruckenden Pracht an anderer Stelle. Pharao Ramses II., der sechs Frauen und 100 Kinder hatte, ließ dieses in seiner Selbstverherrlichung wohl kaum zu überbietende Bauwerk errichten. Vor dem Eingang stehen vier mehr als zwanzig Meter hohe Statuen des Herrschers, im Tempel selbst befinden sich weitere Abbilder des

Pharaos. An der Eingangsfront ist ein Relief der Nilgötter angebracht, die Ober- und Unterägypten einst vereinten, und die in der Darstellung auf afrikanischen und asiatischen Sklaven herumtrampeln. In Ägypten wird gemunkelt, dass das Toshka-Projekt Mubaraks Pyramide gewesen sei.

»Etwas Ähnliches habe ich noch nie zuvor gesehen. Die Mubarak-Pumpstation ist einzigartig.« Der englische Leiter der Firma Skanska, die die Pumpstation gebaut hat, kann seinen Stolz kaum verbergen. Ich treffe ihn in einem Pub in der Nähe der Anlage, in dem britische Arbeiter durch Billardtische und über Satellit empfangene Premier-League-Spiele versucht haben, ein Gefühl von *britishness* in der Sahara nachzuempfinden. Er leitet eine Gruppe erfahrener Experten, die von Land zu Land fahren, um große Infrastrukturprojekte zu bauen, doch selten das große Wort führen. »Die Pumpstation kann einen neuen Nil in die Wüste hineinpumpen«, sagt er.

Das rechteckige Gebäude, das 2002 fertiggestellt wurde, ist nicht weniger als ein von Menschen erschaffener Geburtshelfer für das künstliche Flusstal. Jedes Jahr kann die Station fünf Milliarden Kubikmeter Wasser in die Wüste pumpen. Die Generatoren am Ausgang des Assuan-Damms versorgen die 21 Pumpen mit Strom, mit denen der Nil sich sozusagen selbst in die Wüste hineinpumpt. Das Wasser wird über einen in 50 Metern Tiefe liegenden Auffangkanal zu den Pumpen geführt. Der Hauptkanal ist 50 Kilometer lang, sieben Meter tief, am Grund 30 Meter und an der Oberfläche 58 Meter breit. Er gehört zu einem hunderte Kilometer langen Kanalsystem. In dessen Reichweite sollen Städte gebaut, Industrieanlagen errichtet und auf Export ausgerichtete Landwirtschaft angesiedelt werden. Man träumt von einer blühenden Wüste und zehn neuen Industriezonen. In der westlichen Wüste beläuft sich die Landwirtschaftsfläche auf 30 000 Quadratkilometer. In der Anfangsphase des Projektes sollen an die 4000 Quadratkilometer zusätzlich bewässert werden, wobei sich die gesamte Anlage über 300 Kilometer in die Wüste hineinzieht. Bei Abschluss der zweiten Phase im Jahr 2017 soll der Kanal gen Norden bis in die neue Hauptstadt der Wüstenregion – New Valley Governorate – führen. Bis dahin ist vorgesehen, weitere 1600 Quadratkilometer zu bewirtschaften. Wenn das Projekt im Jahr 2020 fertig ist, sollen hier mehr als drei Millionen Menschen leben. Nach diesem recht ambitionierten Ziel wird damit gerechnet, dass Ägypten in Zukunft über eine landwirtschaftliche Gesamtfläche von circa 43 000 Quadratkilometern verfügt. Die Regierung spricht davon, bis zu 17 Millionen Menschen im neuen Niltal anzusiedeln, wenn das Projekt verwirklicht sein wird.

»Wenn wir davon ausgehen, dass die Pyramiden pharaonische Projekte sind, und dann ein paar Vergleiche anstellen, dann ist dieses Projekt natürlich hundert Mal größer als die Pyramiden.«[72] Der langjährige Wasserbauminister Dr. Abu Zeid unterstreicht die strategische Bedeutung des Projektes. Nach seiner Ansicht repräsentiert es die Hoffung künftiger Generationen.

Als ich an dem von endloser Wüste umgebenen Kanalufer entlanggehe, denke ich, dass dieses Projekt mehr als jedes andere als eine von Menschenhand erschaffene Lebensader bezeichnet werden kann. Kilometerlange Kanäle erstrecken sich dort, wo seit Jahrtausenden kein klares Wasser entlanggeflossen ist.

Als ein Arbeiter des Projektes bei Sonnenuntergang auf die Knie geht, um gen Mekka gewendet zu beten – in dieselbe Richtung, in der auch die Pumpstation liegt, entspricht diese zufällige Verknüpfung seiner religiösen Handlung mit dem säkularen Bauwerk einem weiteren Gegensatz, von dem die Atmosphäre des Ortes geprägt ist: der paradoxen Vermischung von Technologieoptimismus und Einöde, von einer kraftvollen Pumpstation und der totalen Stille der Wüste.

Das größte Ingenieurprojekt der Geschichte und Gedanken an Kaiser Yu

»Der Niederschlag in Peking, London und Paris ist beinahe derselbe. Aber wenn man die jährliche Verteilung betrachtet, dann sieht es schon ganz anders aus. In Europa regnet es das ganze Jahr, während wir viele Monate lang gar keinen Niederschlag haben.« Der stellvertretende chinesische Minister für Wasserbau unterstreicht die Besonderheit der chinesischen Hauptstadt. Weil er in einer Stadt mit fast 15 Millionen Einwohnern lebt, fragt er:»Müssen wir da nicht etwas tun?«

Unsere Gegenwart wird eines Tages als Periode gelten, in der Chinas märchenhaftes Wachstum die Welt veränderte. Wenn ich in chinesische Großstädte wie Peking, Schanghai, Zhengzhou, Nanking, Kunming oder Chengdu reise, beschäftigt mich zunächst nicht die Situation des Wassers vor Ort, sondern die frenetische Bauaktivität überall, das hektische Tempo und der dichte Autoverkehr. Sie künden von einem Land, das sich in einem Entwicklungsprozess befindet, wie ihn die Welt noch nicht gesehen hat.

Die politische Führung weist seit langem darauf hin, dass das Land einer katastrophalen Wasserkrise gegenüberstehe und der Wassermangel einer tickenden Bombe gleiche, die die gesamte Entwicklung Chinas zu bremsen, ja vielleicht sogar zu untergraben drohe. Wegen Chinas Position in der Welt wird seine Antwort auf die Wasserfrage globale Bedeutung erlangen. Schon seit vielen Jahren gibt es alarmierende Berichte über die Wassersituation: In der Nordchinesischen Ebene geht der Wasserstand dramatisch zurück; über 100 000 Brunnen sind ausgetrocknet. Der Grundwasserspiegel unter Peking ist in kurzer Zeit stark gefallen, was die Frage aufwirft, ob die Hauptstadt ans Wasser verlegt oder das Wasser in die Hauptstadt gebracht werden muss. Die Fluten des Gelben Flusses erreichen immer seltener das Meer, weil ihm mittlerweile viel zu viel Wasser entnommen wird. Darüber hinaus hat China offiziell zugegeben, dass 400 der fast 700 Großstädte an ernsthaftem Wassermangel leiden. In neun von zehn Städten ist das Wasser verunreinigt, weil oft zu viel Grundwasser entnommen wird, in Großstädten an der Küste Salzwasser eindringt und das Frischwasser verdrängt. Generell steht jedem Einwohner in China relativ wenig Wasser zur Verfügung. Im Land leben knapp 20 Prozent der Weltbevölkerung, doch nur acht Prozent des weltweit vorkommenden Süßwassers können dort genutzt werden. Jedem Chinesen steht umgerechnet ein Fünftel der Wassermenge zu, über die ein Amerikaner verfügt, und ein Zehntel dessen, was jeder Russe verbrauchen kann. Zudem ist das Wasser in China sehr ungleichmäßig zwischen wasserreichen und -armen Regionen verteilt. Im Süden gibt es viel Niederschlag und Überschwemmungen, wohingegen der Norden trocken ist und die dortige Wasserlandschaft China zum weltweit fünftgrößten Wüstenstaat macht.

Die Fähigkeit des Regimes, die Wasserprobleme des Landes zu lösen, wird über seine Legitimität und Autorität entscheiden, so wie es bereits in der Vergangenheit den Kaisern erging.[73] Die Doktrin vom »Mandat des Himmels«, das die kaiserliche Macht legitimieren sollte, verlieh der Bedeutung des Wassermanagements politisch-institutionelles Gewicht. Weil ein guter Herrscher die Macht kraft der Billigung des Himmels innehatte, würde dieser seine Zustimmung zurückziehen und sein Missfallen ausdrücken, wenn der Herrscher das Land schlecht regierte. Der Himmel ließe dann das Wasser durch »Dürren, Überschwemmungen und Erdbeben« Rache nehmen, so die alte Lesart.[74] Es lässt sich also schlussfolgern, dass die kommunistische Führung jetzt das »Mandat des Himmels« übernommen hat, denn nie zuvor ist China von weniger ernsthaften Flutkatastrophen heimgesucht worden, nie zuvor konnte der Bevölkerung mehr Wasser gegeben werden als heute. Gleichwohl reicht das vorhandene Wasser aufgrund des enormen wirtschaftlichen Wachstums und der steigenden Bevölkerungszahl nicht aus.

Über alle ideologischen Schwankungen hinweg, denen China im Laufe der letzten Jahrzehnte unterworfen war, verfolgt der Staat unbeirrt den Bau von Stauseen und -dämmen und Kanälen. In den letzten fünfzig Jahren wurden im Land durchschnittlich drei große Anlagen pro Tag errichtet. Allein die Zahl der Staudämme ist von acht im Jahr 1949 bis heute auf ca. 20 000 gewachsen. Die nachhaltige Ausweitung dieser Wassermanagement-Projekte hat letztlich neue Städte, erhöhte Lebensmittelproduktion und schnelle Industrialisierung erst ermöglicht – sie bilden also die Voraussetzung für das kontinuierliche wirtschaftliche Wachstum des modernen China. Im Vergleich mit allen anderen Ländern kann China deshalb als Staat des Wassermanagements und der Wasserkontrolle bezeichnet werden. Es hat den aquatischen Kampf wie kein anderes Land auf ein hohes Niveau gehoben – praktisch wie theoretisch.

Der Jangtse ist die Hauptverkehrsader und der größte Fluss Chinas. Er kommt aus Tibet, durchquert neun chinesische Provinzen und mündet nicht weit von Schanghai ins Meer. Zusammen mit seinen 700 Nebenflüssen leitet er das Wasser aus einem Fünftel des Staatsgebietes weiter und bewässert ein Viertel der landwirtschaftlich nutzbaren Fläche. Über tausende von Jahren hat er zum Gedeihen der chinesischen Kornkammer beigetragen. Sehr viele der Produkte, die im Laufe der chinesischen Geschichte entstanden sind, haben ihren Weg über den 6300 Kilometer langen Fluss gefunden. Heute durchquert er viele der wichtigsten Industrieregionen des Landes. Zwei Drittel aller chinesischen Exportwaren werden über den Jangtse verschifft, der bis 2000 Kilometer ins Land hinein befahrbar ist.

Wie an vielen anderen Orten haben die Bewohner hier durch die Gewalt des Flusses Jangtse und des Niederschlags katastrophale Überschwemmungen erlebt und großes Leid erfahren. Eine der eindrucksvollsten Geschichten handelt von einer mächtigen Flut im Sommer des Jahres 813, während der Tang-Dynastie. Sie wurde im altchinesischen Verständnis, nach dem das Weibliche das fruchtbare, feuchte und rezeptive Element in der Natur repräsentierte, auf die Frauen zurückgeführt. Die Metaphysiker betrachteten das Ungleichgewicht in der Natur als Missverhältnis zwischen den beiden kosmischen Grundkräften: Yin ist das dunkle, erdig-feuchte, sich unterwerfende, weibliche Prinzip, das die Kontinuität der Natur und des Wasserkreislaufs sicherte; Yang hingegen repäsentierte das helle, positive, himmlische, männliche Prinzip. Die Ungleichheiten in der Natur spiegelten sich im Verhältnis der Menschen wider, wie zum Beispiel in einer als unnatürlich stark empfundenen Position von Frauen, die die etablierte Ordnung beschädigen könnte. Der regierende Kaiser Xianzong war davon überzeugt, dass die Flutkatastrophe das Ergebnis von zu viel Yin im kosmischen Verhältnis zwischen Yin und Yang war. Folglich ließ er am 21. Juli 813 mehrere Frauen auf Wagen »verladen« und jagte sie aus dem Palast. Mit diesem männlichen Eingriff sollte das Gleichgewicht wieder hergestellt werden.

Die riesige Wand aus Erde, Stein, Stahl und Beton, die sich heute über den Jangtse erhebt, gehört indes einer völlig anderen Tradition an und wird wahrscheinlich hunderte von Jahren stehen bleiben. All das Wasser hat Menschen angezogen, die sich ober- und unterhalb des Damms dem neuen künstlichen Fluss angepasst haben, hier Landwirtschaft betrieben und Industrie aufbauten. Allein am Lauf des Jangtse leben mehr Menschen als in ganz Europa. »Der goldene Wasserweg«, den die Chinesen seit Urzeiten besungen, geachtet und gefürchtet haben, verschwindet – als Fluss – endgültig und soll zu einem kontrollierbaren Kanal umgestaltet werden.

In einer kalten Januarnacht fahre ich auf einem Schiff von Yichang den Jangtse hinauf, und während ich, in dicke Wollsachen eingepackt, einzuschlafen versuche, muss ich an das Gedicht denken, das Mao Zedong hier schrieb, nachdem er 1956 die erste seiner berühmt gewordenen Schwimmtouren unternommen hatte: »Eine Brücke überspanne im Fluge Norden und Süden, / daß aus der Himmelsschranke ein Verkehrsweg werde. / Und weiter große Staudämme am Oberlauf des Jangtse, / die Wolken und Regen des Wu Shan scheiden, / ein Stausee träte dann in hohen Schluchten hervor. / Die Göttin, wohl bei Gesundheit, / erstaunte sicher über den Wandel der Welt.«[75] Die Stauung des Jangtse erhielt unter anderem durch dieses Gedicht grünes Licht. Die Führung der Kommunistischen Partei beschloss, den größten Damm der Welt in den drittgrößten Fluss der Erde zu bauen: den Drei-Schluchten-Damm, der 2008 vollendet wurde. Der erste moderne politische Führer Chinas, Sun Yat-sen, hatte bereits in den 1920er Jahren den Bau eines solchen, wenngleich kleineren, Sperrwerkes vorgeschlagen. Die Flussufer – gesäumt von historischen Denkmälern, die vom kriegerischen Kampf um die Kontrolle des Jangtse zeugen – werden unter Wasser gesetzt, darunter auch die »Eisenpforte«, die bereits während der Song-Dynastie (960–1279) den Fluss überquerte. Zwei Meter hohe Eisenpfosten und sieben 250 Meter lange Ketten erlaubten es jahrhundertelang, alle Militärtransporte zu kontrollieren und einen Großteil des Handels in Zentralchina zu besteuern. Auch die Stromschnellen, in denen noch zu Beginn des 20. Jahrhunderts jedes zwanzigste Schiffen versank, verschwinden. Auf schmalen Pfaden in den Berghängen balancierende Treidler zogen Dschunken durch das Wasser. Schamanen schwangen rhythmisch gelbe Fahnen, auf denen »Macht des Wassers« geschrieben stand, während zur Besänftigung der Drachen und Geister Reis ins Wasser geworfen wurde. All das ist nun Geschichte und versinkt im Wasser hinter dem neuen Damm.

Als ich während der Bauphase in einem Schnellboot den Jangtse weiter gen Norden hinauffahre und dabei Hühnchen mit Reis von Plastiktellern esse, die hinterher einfach über Bord geworfen werden, blicken die chinesischen Passagiere auf Städte und Flussufer, die definitiv veschwinden werden, und beobachten skeptisch die sich nähernde, riesige Baustelle: einen technologischen Ameisenhaufen mit Bulldozern, Lastwagen, Kränen und Betonmischmaschinen. Drücken diese Blicke eine Mischung aus Trauer und Fortschrittsoptimismus aus? Ist der Damm ein Extrembeispiel für den menschlichen Größenwahn gegenüber der Natur, oder repräsentiert er des Menschen endgültigen Sieg über den Fluss mit einem Monument, das Zeugnis von der Macht der modernen Technologie ablegt? Wird der Damm verhindern, dass sich Katastrophen wie jene im Jahre 1954 wiederholen, als 30000 Menschen durch die Flut starben und riesige Landwirtschaftsflächen zerstört wurden? Fachleute halten den Schlamm für das Krebsgeschwür des Projektes, denn was wird geschehen, wenn sich jedes Jahr 680 Millionen Tonnen Schlamm auf dem Flussgrund vor der Staumauer ablagern? Wird dadurch der Strom oberhalb des Dammes langfristig unbefahrbar, weil sich der Schlamm auch dort unaufhaltsam anhäuft? Und wird der Staudamm einer Jahrtausendflut widerstehen können?

Schon immer hat der chinesische Staat durch Kontrolle von Flüssen seine Macht ausgeweitet. Vielen gilt der Drei-Schluchten-Staudamm als Ausdruck dieser Tradition. Bereits 250 Jahre v. Chr. bauten die Chinesen den ersten großen Staudamm der Welt. Das Dujiangyan-Projekt in der Provinz Sichuan existiert mit seinem Damm und Kanalsystem noch heute an einem Nebenfluss des Jangtse und ist nach einigen Modernisierungen weiterhin in Betrieb. Etwas weiter flussabwärts thront, einer buddhistischen Pagode ähnelnd, ein Tempel am Flussufer, der zu Ehren des Gouverneurs Li Bing errichtet wurde, der einst das Bewässerungssystem erbauen ließ. Nach der Legende, die man auf einem kleinen Schild nachlesen kann, soll der Tempel dort stehen, wo Li Bing den »Drachen im Fluss niederwarf«. Ungeachtet dessen erlangte das Flussmanagement erst in unserer Zeit, nach Gründung der Volksrepublik China, seine größte Ausprägung. Mittlerweile sind 90000 Wasserreservoire verschiedener Größen und mehr als 20000 Kraftwerke erbaut worden.

Die Ereignisse am Drei-Schluchten-Damm sind ein Paradebeispiel für den gegenwärtigen globalen Wettlauf um die Beherrschung der Flüsse: Fast scheint es, als ob in den letzten fünfzig Jahren eine außergewöhnliche Kraft die Frischwasserlandschaft des Planeten verändert habe. Hunderttausende von Wasserfällen werden zur elektrischen Energieerzeugung genutzt, zehntausende neuer Seen sind entstanden, und 60000 Staudämme mit Höhen von über fünfzehn Metern regulieren den natürlichen Lauf der Flüsse. Sollten

Archäologen eines fremden Planeten eines Tages die Reste unserer Zivilisation erforschen, werden sie mit gutem Grund sagen können, dass die Dammanlagen der Menschen unserer heutigen Zeit die Tempel waren. Viele von ihnen sind derart massiv und mit so viel technischem Verständnis konstruiert, dass sie viel länger als Wolkenkratzer, Brücken oder Kirchen bestehen werden. Anzahl und Haltbarkeit der Anlagen werden die außerirdischen Forscher sicher beeindrucken. Noch immer wird nur ein Bruchteil des technisch maximal möglichen Wasserkraftpotenzials in den sogenannten Entwicklungsländern tatsächlich ausgenutzt und umfasst im weltweiten Vergleich weniger als zwanzig Prozent. Das Zeitalter des Staudammbaus hat vermeintlich noch nicht einmal seinen Höhepunkt erreicht. Die Projekte werden immer größer und stoßen in zunehmendem Maße auf Widerstand von Umweltschutzorganisationen und von Millionen Menschen, die die Kehrseite des Fortschreitens des »technischen Rationalismus« erkennen.

Als das Boot in Yichang anlegt, gleich unterhalb des Drei-Schluchten-Staudamms, frage ich mich, ob die Göttin, die Mao erwähnte, nur erstaunt oder auch betrübt ist?

Stromabwärts, im Mündungsgebiet des Jangtse, liegt Schanghai – ein Name, den die meisten Ausländer mit Hochseeschiffen in Verbindung bringen und dessen Klang schon den Geruch von Salzwasser hervorruft. Die Seeleute wider Willen, die in der Vergangenheit gewaltsam »schanghait« wurden, lebten allerdings nicht in Küstenstädten. Der Huangpu, ein Nebenfluss des Jangtse, an dem Schanghai liegt, bildet einen Binnenhafen; bei Flut können Hochseeschiffe den Fluss bis hinauf in die Stadt befahren.

In der frühen Abenddämmerung gleiten große, hochseetüchtige Lastschiffe vorbei, hunderte von Flusskähnen liegen fest vertäut am Ufer, und überall flattern rote Fahnen im Wind – all das vermittelt den Eindruck von enormer Aktivität, Unruhe und von Wachstum. An diesem Ort ist leicht zu verstehen, warum die Chinesen gar nicht den Namen Jangtse verwenden, der sich von dem alten Königreich der Yan ableitet. In China heißt der Fluss Chang Jiang, »der lange

Fluss«, oder einfach Chang, »Fluss«. Dieser Name spricht von der Bedeutung des Jangtse als wichtigster Wasserweg Chinas.

Inzwischen hat die chinesische Führung einen neuen Plan vorgestellt, der den Drei-Schluchten-Staudamm und alle früheren Projekte in den Schatten stellt. Chinas große Epoche der Kanäle zog sich von etwa 300 v. Chr. bis ins Jahr 1200. Das spektakulärste Bauwerk war damals der »Große Kanal« oder »Kaiserkanal«. Über ihn wurden Peking und das Heer mit 400 000 Tonnen Getreide pro Jahr beliefert, und im 11. Jahrhundert wurden 300 000 Soldaten aus der Nähe Pekings sowie weitere 750 000 aus den nördlichen Grenzgebieten über den Kanal transportiert.

Auf diesem Kanal fahre ich nach Hangzhou, einer Stadt, die etwas nördlich von Schanghai im Landesinneren liegt. »Im Himmel über uns liegt das Paradies, auf der Erde gibt es Suzhou und Hangzhou«, heißt es in einem alten chinesischen Sprichwort über die Stadt.

Schon viele Kanäle habe ich auf meinen Reisen besucht: Ich fuhr auf dem Eriekanal, der zu Beginn des 19. Jahrhunderts gebaut wurde, um den Hudson mit den Großen Seen zu verbinden, und der wesentlich zur industriellen Revolution in den USA und zur Bedeutung New Yorks beitrug; auch den Bridgewater-Kanal habe ich mir angesehen, der bereits 1761 eröffnet wurde und in der Frühphase der industriellen Revolution in England einen neuen Transportweg bildete; und schließlich bin ich dem Canal du Midi (Kanal des Südens) gefolgt, der seit dem 17. Jahrhundert in Frankreich das Mittelmeer mit dem Atlantik verbindet. Doch im Verhältnis zum Kaiserkanal wirken all diese Projekte geradezu winzig. Steht man heute an diesem großen, breiten Wasserweg, der nach so vielen Jahrhunderten noch immer in Betrieb ist und sich über 1800 Kilometer von Nord nach Süd zieht, lässt sich seine politische und ökonomische Bedeutung nur allzu gut verstehen.

Als wolle er die Wasser-Kontinuität in der Geschichte Chinas unterstreichen, hat der chinesische Staat Teile des 2000 Jahre alten Kaiserkanals in ein neues Kanalprojekt integriert, bei dem das

Wasser auf einer Gesamtstrecke von mehreren tausend Kilometern durch drei große künstliche Flüsse fließen soll. Diese neuen Wasserläufe – im Osten, in der Mitte des Landes sowie am Rande des Himalaja gelegen – sollen fünf Prozent des Wassers aus dem Jangtse in Richtung Norden leiten. Dies entspricht 40 Milliarden Kubikmeter Wasser pro Jahr oder der Menge Wasser, die acht Flüsse von der Größe der Themse führen. Dabei sollen hunderte Pumpstationen, riesige Staudämme sowie lange Tunnel, die unter der Erde und unter anderen Flüssen verlaufen, Wasser aus dem Jangtse fortleiten, diesem Fluss, der fast 1000 Milliarden Kubikmeter Wasser pro Jahr – zehn Mal mehr als der Nil – mit sich führt.

Der neue Kanal, der schon heute einen Teil der östlichen Route des neu geplanten, dreiteiligen Kanalsystems darstellt, ähnelt äußerlich vielen anderen chinesischen Kanälen. Doch trotz seines gewöhnlichen Aussehens wird mir bewusst, dass ich jeden meiner Schritte an seinem Ufer an einem der wenigen Orte gehe, die langfristig globale Bedeutung erlangen werden – durch die Verbindung des neuen Kanals mit dem Jangtse.

An der Baugrube dieses neuen Kanals, noch einige hundert Meter vom Jangtse entfernt, liegt eine riesige Pumpstation. Diese Kathedrale des Wassermanagements wird Wasser auf eine höhere Ebene pumpen, um es dann auf den Weg in die 1800 Kilometer entfernte Hauptstadt zu leiten. Die Betriebshalle ist ein architektonisches Meisterwerk. Durch große Fenster strömt Licht herein, rückt die lange Reihe mit riesigen Pumpen in den Mittelpunkt und unterstreicht so den Charakter des Ortes.

Das Projekt stellt in jedweder Hinsicht alle Bauten und Planungen des Westens in den Schatten. Jiao Yong, der stellvertretende Minister für Wasserressourcen in China, mit dem ich in Peking sprach, sagte dazu: » Ja, es ist sehr, sehr groß. Es wird halb China umfassen.«[76] Das Projekt soll sowohl die Landwirtschaft der Nordchinesischen Ebene retten als auch die gesamte landwirtschaftlich genutzte Fläche Chinas um eine Million Quadratkilometer erweitern. Darüber hinaus soll es einhundert Großstädte mit Wasser versorgen und das industrielle Wachstum fördern. Und schließlich hat das Projekt eine weitere, nicht weniger spektakuläre Aufgabe: die Rettung der Hauptstadt Peking.

Eine Zugfahrt über die Nordchinesische Ebene ist ein eher monotones Erlebnis. Städte, Dörfer, Fabriken und riesige Landwirtschaftsflächen lösen einander in einem endlosen Strom ab. Vom Zugfenster aus hat man keineswegs den Eindruck, dass hier fast eine halbe Milliarde Menschen leben oder die Hälfte des chinesischen Getreides angebaut wird. Doch das hat auch viele Konsequenzen: Innerhalb der letzten Jahrzehnte ist der hiesige Grundwasserspiegel um teilweise bis zu 30 Meter abgesunken.

»Du und dein Ruhm werden eines Tages verschwinden, die Flüsse jedoch fließen für alle Zeit.« Während ich vom Zugfenster aus die Silhouetten der großen Fabriken und die ausgetrockneten Flussläufe betrachte, murmle ich diese von einem Dichter während der chinesischen Tang-Dynastie geschriebenen Verse halblaut vor mich hin. Wie falsch klingen sie heute, da 300 Flüsse der Nordchinesischen Ebene ausgetrocknet sind oder offenen Kloaken ähneln. Es wurde mittlerweile sogar bekannt, dass die CIA die Lage in Nordchina wegen der katastrophalen Wassersituation genauso gründlich beobachtet wie einst Truppenverlagerungen in der Sowjetunion. Denn wenn China nur zehn Prozent seines Getreides importieren muss, werden 20 Prozent des weltweit verfügbaren Getreides aufgekauft. Steigende Getreidepreise könnten dann die politische Stabilität in vielen Ländern der Erde gefährden. Die Chinesen hoffen nun, dass Produktivität und Wohlstand in der nördlichen Ebene durch die neuen Flüsse gesichert werden können.

Wenn ich an den Kanälen entlangreise, die die Chinesen in hohem Tempo vom Jangtse nach Peking bauen, werde ich Zeuge eines der ambitioniertesten und umfassendsten Versuche, den Lauf des Wassers nach menschlichem Willen umzugestalten.[77] Das dem Jangtse entnommene Wasser wird von Süd nach Nord geleitet, was der natürlichen Fließrichtung von West nach Ost widerspricht. Das Wasser, das sich durch die schnurgeraden Kanäle bewegt, unterliegt nicht mehr den Kräften des Drachens, die in vielen Erzählungen der chinesischen Mythologie erwähnt werden und über tausende Jahre hinweg gefürchtet wurden. Das Wasser des Jangtse wird die Nordchinesische Ebene nur noch mit der Stärke eines bis zur Unkenntlichkeit gezähmten Flussgottes durchqueren. Bei vollem Bewusstsein für die historische Symbolik wurde daher entschieden, dass der in das Zentrum der Macht – die Hauptstadt – führende Kanal am kaiserlichen Sommerpalast enden solle. Fast alle, mit denen ich darüber spreche, sind anfangs derselben Meinung: Im Süden gibt es viel Wasser, im Norden wenig. Das Wasser müsse also um jeden Preis umgeleitet werden, denn dies allein sei der Schlüssel für Chinas künftige Entwicklung. Doch bald gab es auch kritische Stimmen. Der Bau des am weitesten im Westen liegenden Kanals wurde mittlerweile auf Eis gelegt, weil sich regionale Interessengruppen vehement dagegen ausgesprochen haben, Wasser aus dem Jangtse gegen seinen natürlichen Lauf Richtung Norden umzuleiten.

Das Kanalprojekt soll eigentlich auch den zweitgrößten Strom des Landes, den Gelben Fluss, vor einer Überstrapazierung schützen. Der große Fluss erreicht heute immer seltener das Meer. Austrocknung, Verschlammung und übermäßige Nutzung sind die Ursachen.

Als ich vor einigen Jahren zum letzten Mal am Gelben Fluss war, strömte ein mächtiges Gewässer an mir vorbei, doch heute sind große Teile des Flussbetts so trocken, dass sie fast einer Wüste ähneln. Nur selten habe ich die Folgen der Modernisierung so hautnah erlebt wie in dem Augenblick, als ich mir im Flussbett eines der größten Ströme der Erde trockenen Sand durch die Finger rieseln lasse. Der mächtige Gelbe Fluss, der sein Wasser über tausende von Jahren in den Indischen Ozean ergoss, gerät mehr und mehr in Gefahr, zu einem Binnenfluss zu werden.

Deshalb haben die Chinesen einen Hundertjahresplan für den Fluss erarbeitet. Schon jetzt werden Sand und Schlamm aus ihm herausgewaschen. Während ich an ihm entlangfahre, sehe ich den Fluss sich zwischen terassenförmigen Hügeln aus lockerer Erde hindurchschlängeln. Er ähnelt dabei keineswegs einem klaren blauen Gebirgsbach, sondern bewegt sich als braune Flut fort – an einigen Stellen führt er sieben Teile Sand und nur drei Teile Wasser. So wird schnell deutlich, dass es besonderer Maßnahmen bedarf, um den Fluss unter Kontrolle zu bringen. Baute man aus dem Schlamm, den der Strom innerhalb eines einzigen Jahres mit sich führt, einen Turm von zwei Metern Durchmesser, so würde er den Mond erreichen, wie mir erzählt wurde. Geplant ist nun, Wasser aus Reservoiren mit hoher Geschwindigkeit in den Fluss zu leiten, damit der dabei entstehende kräftige Strom den tonnenweise abgelagerten Sand in Richtung Meer befördert. So soll unter anderem das Wasser aus dem Jangtse den Gelben Fluss retten und ihn »gesunden« lassen.

»Ganz offensichtlich bringt es etwas, auf Wolken zu schießen.« Der Forscher am zentralen chinesischen Institut für Wettermodifizierung hegt keine Zweifel, und auch seine Kollegen nicken zustimmend. Sie geben mir Material, das auf Forschungsberichte verweist, und händigen mir eine DVD aus, die zeigt, wie das Ganze durchgeführt wird. Während einst vermutet wurde, chinesische Kaiser könnten kraft ihres Willens Regen herbeirufen, hat die chinesische Regierung heute ein umfangreiches Programm zur Wettermodifizierung begonnen und hält 37 000 Soldaten in »Wetterkampfbereitschaft«. Die Angehörigen des zuständigen Instituts sind sich ihrer Sache vollkommen sicher, und ich bin höchst erstaunt von dem festen Glaubens an solche Projekte. Gleichwohl sind sich alle einig, dass dieses Projekt nur eine von vielen Maßnahmen sein kann, um das chinesische Wasserproblem zu lösen.

Die Hauptstadt braucht wesentlich mehr Wasser, als sie innerhalb eines Jahres selbst mit überdurchschnittlichem Niederschlag zu generieren vermag. Laut Aussage der Behörden steht den Bürgern Pekings nur ein Achtel des Wassers zur Verfügung, das jeder Chinese im Landesdurchschnitt verwenden kann, und lediglich ein Dreißigstel dessen, was im weltweiten Vergleich für jeden Bürger vorhanden ist.[78] Seit Beginn der 1990er Jahre ist der Grundwasserspiegel pro Jahr um mehr als einen Meter gesunken. Der Inhalt der Wasserreservoire hat sich dramatisch vermindert – jener des Hauptspeichers sogar um einige Meter. Ohne drastische Maßnahmen steht das politische Machtzentrum Chinas vor einer großen Bedrohung.

Der Kampf zur Lösung des Wasserproblems in Peking und im Norden des Landes hat verschiedene Formen. Wassersparer haben mittlerweile den Status von Nationalhelden errungen. Ich besuche solch eine Familie in einem heruntergekommenen Vorort der Hauptstadt und werde gebeten, auf dem Sofa unter dem Porträt Maos Platz zu nehmen, das eine zentrale Position in dem ansonsten fast leeren Wohnzimmer einnimmt. Die Familie beteiligt sich an den Kampagnen zum Wassersparen, die der Staat ins Leben gerufen hat und die von örtlichen Komitees beaufsichtigt werden. Das weibliche Familienoberhaupt berichtet stolz, dass die Familie schon Preise für ihre Wassersparmethoden erhalten hat. Sie lassen zum Beispiel das Wasser nicht in die Kanalisation ablaufen, nachdem sie es zum Händewaschen benutzt haben, sondern in einen Bottich, so dass es mehrfach verwendet werden kann. Das enge, nur wenige Quadratmeter große Badezimmer ist deshalb angefüllt mit Eimern und diversen Behältnissen – ein primitives System der Wiederverwertung, das gleichwohl bedeutsam wäre, wenn ihm eine Milliarde Menschen folgen würden. Aber auch das würde bei dem gegenwärtigen Entwicklungstempo nicht ausreichen. Die chinesische Führung will daher bekanntlich eine ganze Reihe von Projekten umsetzen.

Eine Wasserreise in China muss natürlich dort enden, wo der Große Yu, der Urkaiser, majestätisch auf seinem Sockel steht und über den Gelben Fluss blickt, denn schließlich erzählen die Mythen davon, dass er das Land erschuf, als er vor über viertausend Jahren den Fluss zähmte. Es scheint, dass die chinesische Entwicklunggeschichte geradlinig vom Großen Yu zur heutigen politischen Führung des Landes verläuft. Sollten die gigantisch angelegten

Wasserprojekte gelingen, wird vielleicht auch die Erinnerung an gegenwärtige Politiker ähnlich ehrenvoll ausfallen und genauso lange währen wie jene an Yu, denn dann wird China die strukturelle Grundlage für Wachstum und Stabilität geschaffen haben. Gelingen die Projekte hingegen nicht, oder verkehren sie sich ökonomisch gar in ihr Gegenteil, wird nicht nur das Regime, sondern der ganze Staat vom Zusammenbruch bedroht sein, weil die riesigen Investitionen und die zentrale Autorität in Frage gestellt werden. Sollte dieser Versuch zur Änderung der Geografie und des Aussehens Chinas misslingen, wird sich zeigen, dass ein Großteil der chinesischen Ökonomie auf einer Illusion beruhte – auf Wasser nämlich, das es dann nicht mehr ausreichend gibt. Angesichts eines weiteren jährlichen Wirtschaftswachstums von zehn Prozent auf der einen Seite und der staatlich legitimierten Kontrolle der Gesellschaft auf der anderen Seite ist es keinswegs die Demokratiebewegung, die für die chinesische Führung die größte strukturelle Herausforderung darstellt. Zu Füßen der Statue des großen Yu bin ich mir sicher: Auch in Zukunft wird die Beherrschung des Wassers die Entwicklung Chinas bestimmen – so wie schon seit tausenden von Jahren.

Ändert den Lauf der sibirischen Flüsse!

»Es ist klar, dass wir diesen Kanal bauen müssen.« Juri Luschkow, der bis 2010 amtierende Bürgermeister von Moskau, zweifelt nicht. Mit gefalteten Händen sitzt er mir in der beeindruckenden Bibliothek aus der Zeit der russischen Zaren gegenüber, blickt mich an und sagt: »Damit lösen wir Probleme, die die ganze Menschheit betreffen.«

»Zeitgeist« ist ein problematischer Begriff, doch zweifellos passiert es immer wieder, dass gewisse Perioden von bestimmten Ideen oder Visionen beherrscht werden und das Denken und Handeln der Menschen beeinflussen. Mitunter mögen einzelne Jahre – wenn man sie herausgelöst aus Gegenwart und Zukunft betrachtet – als extrem zeittypisch erscheinen, wie ein Prisma für die Visionen der Gegenwart, weil sich in ihnen epochemachende Begebenheiten abspielen, die sich gleichzeitig an vielen Orten der Welt ähneln, ohne unmittelbar dieselbe Ursache zu haben. In Bezug auf Wasser war 2002 ein solches Jahr und wird, wenn wir es eines Tages aus der nötigen Distanz betrachten, auch als zeittypisch in die Geschichte eingegangen sein. Vieles, was damals geschah, wird über Jahrzehnte hinweg nicht nur die Welt formen, sondern zugleich den Blick der Menschen auf die Welt beeinflussen. Auf der Konferenz von Johannesburg kamen die Staatsoberhäupter im Jahr 2002 zum ersten Mal darin überein, dass Wasser ein prinzipielles Thema bei gesellschaftlicher Entwicklung und Armutsbekämpfung ist. Doch noch wichtiger war, dass die chinesische Regierung im selben Jahr das Projekt zur Umverteilung des Jangtse in Gang setzte, der Oberste Gerichtshof Indiens den »National River Linking«-Plan auf den Weg brachte und der einflussreiche Moskauer Bürgermeister den alten Plan reaktivierte, die Fließrichtung der in das Nordpolarmeer mündenden sibirischen Flüsse umzukehren und das Wasser durch einen gigantischen Kanal in die trockenen Gebiete Zentralasiens zu leiten.

Bürgermeister Luschkow beharrt darauf, dass die Kanalpläne die einzig vernünftige Maßnahme seien, um das Wasserproblem zu lösen. Während wir in der Bibliothek sitzen, lässt er Tee servieren und bietet mir Honig an. Die Bienenzucht ist seine Leidenschaft, wie er mir verrät, aber darüber hinaus interessiert er sich für die Geschichte des Wassers und schreibt gerade ein Buch über die wichtigsten Kanalsysteme der Welt und ihre Geschichte. Luschkow hat seit 1992 alle Wahlen haushoch gewonnen und eine rasche Modernisierung Moskaus eingeleitet. Verheiratet ist er mit einer der reichsten Bauunternehmerinnen Russlands.

Luschkow redet sich in Fahrt und beschließt, mich in sein Büro mitzunehmen. Dort hat er eine Karte der früheren Sowjetunion aufgehängt, auf der auch die Ausmaße des Kanalprojekts zu erkennen sind. Mit dem Finger zeichnet er die rote Linie nach, die am Zusammenfluss von Ob und Irtysch in Russland beginnt und bis nach Zentralasien reicht.

Russland ist nicht nur das größte Land der Erde, sondern auch ungewöhnlich reich an Ressourcen – nicht zuletzt an Flüssen. Diese Ströme durchqueren riesige Gebiete, in denen jedoch nur wenige Menschen leben – ein Großteil des Wasser fließt also vom Menschen ungenutzt ins Meer. In Zentralasien hingegen gibt es einige äußerst wasserarme Gebiete in den »neuen« Ländern, die einst zur Sowjetunion gehörten und entwickelt wurden, ohne dass sich die sowjetische Zentralverwaltung sonderlich um nationale Bedürfnisse der verschiedenen Teilstaaten kümmerte. Heute tauchen die damals erdachten Projekte zur Umkehr der sibirischen Flüsse wieder auf; Pläne also, die viele Menschen nach dem Zusammenbruch der Sowjetunion und der staatssozialistischen Planwirtschaft für immer begraben glaubten.

Die Idee an sich ist schon weit über einhundert Jahre alt: Bereits unter der Herrschaft der Zaren brachte in den 1870er Jahren ein 16-jähriger Student, ein Visionär, der laut Bürgermeister Luschkow geradezu gottbegnadet war,[79] einen Vorschlag ein. Danach sollte das Wasser der sibirischen Flüssen Ob und Jenissej, die in das Nordpolarmeer münden, gen Süden umgeleitet werden, wo große fruchtbare Regionen stetig nach Wasser dürsteten. Unter der Herrschaft Josef Stalins wurde 1950 diese Idee im Dawydow-Plan konkretisiert. Mithilfe zahlreicher Staudämme und eines riesigen Wasserreservoirs sollte Wasser aus den beiden Flüssen in Richtung Kaspisches Meer und Aralsee gepumpt werden. Ein weiterer Vorschlag sah vor, Wasser aus den Flüssen Petschora und Wytschegda in das Wolga-Kama-Gebiet umzuleiten und bis zum Kaspischen Meer zu führen. Die Pläne wurden zeitweilig auf Eis gelegt, doch in der Ära Leonid Breschnews keimte das Interesse erneut auf.[80] Das umfangreichste Projekt dieser Art erhielt später den Namen SibAral und sah in den 1980er Jahren so aus: Der europäische Teil des Projektes sollte in erster Linie die Wassermenge der ins Kaspische Meer mündenden Wolga erhöhen und bereits in den 1990er Jahren fertiggestellt werden. Die Planungen für Sibirien waren weitaus größer und komplizierter. In der ersten Phase sollten 27,2 Kubikkilometer Wasser aus dem Ob und seinem Nebenfluss Irtysch in einen Kanal überführt werden, der 2200 Kilometer lang, zwischen 108 und 212 Meter breit und zwölf bis 15 Meter tief sein würde. Er sollte am Zusammenfluss von Ob und Irtysch beginnen und mithilfe riesiger Pumpen befüllt werden. Von dort aus hätte das Wasser aus eigenen Kräften die Distanz zu den Flüssen Syrdarja und Amudarja überwinden müssen, die in den Aralsee münden. In der zweiten Projektphase war an eine Erhöhung der aus Ob und Irtysch entnommenen Wassermenge auf 60 Kubikkilometer gedacht.

Einige Zeit später, im Jahr 1986, stoppte der neue sowjetische Generalsekretär Michael Gorbatschow das gesamte Projekt, das mittlerweile als nutzlose Umweltkatastrophe betrachtet wurde; abgesehen davon verfügte der sowjetische Staat alsbald nicht mehr über die erforderliche Autorität und notwendigen Mittel zur Durchführung des Planes.

Doch zwei Jahrzehnte später tauchen die alten Vorhaben oder Visionen erneut auf und gelten laut Luschkow als unverzichtbar.

Noch immer soll ein 200 Meter breiter, 16 Meter tiefer und 2500 Kilometer langer Kanal vom sibirischen Ob durch Zentralasien bis zum Aralsee führen. Der Moskauer Bürgermeister sowie der usbekische Präsident Islom Karimow betrieben eine gemeinsame Kampagne zur Umsetzung der Pläne, die von Anhängern sowohl als ökonomische als auch »grüne« Brücke zwischen Russland und Zentralasien gefeiert werden. Gegner halten das Projekt für völlig töricht und neigen eher dazu, den Befürwortern psychologische Hilfe angedeihen zu lassen als ihnen mit sachlichen ökonomischen und ökologischen Argumenten entgegenzutreten. Der Bürgermeister weist ohnehin alle Gegenargumente zurück und hält sie für eine Folge unkontrollierter Gefühle und mangelnden Wissens.

Rein technologisch betrachtet ist der Bau des Riesenkanals mit überschaubaren Herausforderungen verbunden, und niemand hat bisher daran gezweifelt, dass er sich technisch durchführen ließe. Für Moskau allerdings hat das Projekt keine nationalökonomische Bedeutung mehr, weil die »trockenen« Länder, die einst zur Sowjetunion gehörten, aber nun souveräne Staaten sind, den größten Nutzen daraus ziehen würden. Daher werden in erster Linie Usbekistan und andere Länder in dieser Region auf eine Durchführung des Projektes drängen, zumal sich die dortige Wasserkrise Jahr für Jahr verschlimmert.

Zentralasien wird von einem warmen Klima geprägt, es ist reich an mineralischen Ressourcen und Arbeitskräften, doch arm an Wasser. Die bekanntesten Flüsse der Region sind der Amudarja und der Syrdarja. Sie entspringen den südöstlich gelegenen Gebirgen Asiens, durchqueren die Wüsten Karakum und Kysylkum und münden in den Aralsee – eine Endstation inmitten der Wüste.[81] Das Wüstenbecken ist circa 1,8 Millionen Quadratkilometer groß und gehört zu Turkmenistan, Kirgisistan, Tadschikistan, Usbekistan, Kasachstan, Iran und Afghanistan. Aufgrund übermäßiger Nutzung entlang riesiger Kanäle – der Karakumkanal beispielsweise leitet Wasser aus dem Amudarja ab und verläuft über 1400 Kilometer durch die turkmenische Wüste, bevor er ins Kaspische Meer mündet – ist der Aralsee Ende der 1980er Jahre in zwei Teile zerfallen und schrumpft stetig weiter. Der Wasserstand ist um 15 Meter gesunken, die Gesamtfläche des Sees hat sich mehr als halbiert, und die großen Flüsse erreichen ihn mehr oder weniger gar nicht mehr. Doch ohne das Wasser dieser Flüsse wird die gesamte Region zu einer trockenen Buschlandschaft, da fast das gesamte Land künstlich bewässert wird: 75 Prozent in Kirgisistan, 84 Prozent in Tadschikistan, 89 Prozent in Usbekistan und 100 Prozent in Turkmenistan.[82] Auch wird die Entwicklung in Afghanistan möglicherweise die gesamte Region beeinflussen. Denn zehn Prozent des Wassers im Amudarja stammen dorther, doch bisher hat das Land so gut wie keinen Gebrauch davon gemacht. Was geschieht also, wenn sich diese Sitaution ändert?

Schon in früheren Zeiten hat der Aralsee phasenweise seine Größe verändert; seine heutige Schrumpfung könnte daher teilweise auch im Zusammenhang mit Klimaveränderungen stehen, die wissenschaftlich noch nicht erklärbar sind. Doch was auch immer die Ursache sein mag: Der Aralsee wird noch lange den unbedachten Versuch des Menschen zur Überwindung der Natur symbolisieren.

Die regionale Zusamenarbeit in Zentralasien und das SibAral-Projekt werden allerdings von einem »schwarzen Ritter« auf der anderen Seite des Himalaja bedroht: China. Das Wasser des Irtysch, den die Russen gern in den Süden umleiten würden, kommt nämlich zum Teil aus China, genauer gesagt aus dem Altai-Gebirge in der Provinz Xinjiang im Westen des Landes. Für China ist diese Gegend von strategischer Bedeutung, weil sie ein Sechstel des chinesischen Staatsgebietes ausmacht, an mehrere zentralasiatische Staaten grenzt und mit schwelenden ethnischen Konflikten zu kämpfen hat. Peking weiß ganz genau, dass die Entwicklung dieser Region und somit auch die Eindämmung ethnisch motivierten Widerstandes von erhöhter Wasserzufuhr abhängt. Das erforderliche Wasser können die Chinesen Nebenflüssen von Ob und Irtysch entnehmen, namentlich dem Schwarzen Irtysch und dem Ili. Die chinesische Regierung hat vor dem Hintergrund potenzieller ethnischer Konflikte in letzter Zeit die Bevölkerungsgruppe der Han-Chinesen verstärkt zur Umsiedlung in die Provinz aufgefordert, um ein Gegengewicht zu den dort heimischen, nationalistisch gesinnten Uiguren zu bilden, die mit dem Nachbarvolk der Kasachen eng verwandt sind.

Verstärktes Wassermanagement ist ebenso eine Voraussetzung für die Erschließung und Entwicklung der Ölfelder im westchinesischen Tarimbecken.[83] Diese Pläne werden nicht nur die Zukunft des stromabwärts gelegenen Kasachstan beeinflussen, sondern auch Auswirkungen auf den Wasserstand des Flusses haben, den die Russen in den Süden umleiten wollen. Denn der Bau eines chinesischen Kanals, der Wasser aus dem Irtysch in das Tarimbecken leitet, würde die Wassermenge im Fluss spürbar reduzieren. Nach den chinesischen Plänen soll sich die entnommene Wassermenge aus dem Irtysch von insgesamt 15 auf 40 Prozent erhöhen.[84] Hier wie an vielen anderen Orten wird die Zusammenarbeit beim Wassermanagement auch andere Themen berühren, nicht zuletzt die Frage der Energiegewinnung. China möchte gern an der Ölförderung in Kasachstan beteiligt sein und kann damit die Unterstützung Kasachstans mit Wasser davon abhängig machen, dass im Gegenzug eine Ölpipeline gebaut wird.[85] Im Ausgleich für eine erhöhte Wasserzufuhr aus China könnte sich Kasachstan – wie schon früher geschehen – bereit erklären, die Uiguren, die China als Bedrohung der sozialen Stabilität betrachtet, im eigenen Land stärker zu kontrollieren.

Der Lauf des Irtysch verdeutlicht die besondere strategische Lage Zentralasiens zwischen zwei der weltweit größten Länder: Russland und China. Dieser Situation kommt eine politökonomische Brisanz zu, die weitaus mehr Loyalität hervorrufen kann, als die staatssozialistische Ideologie zwischen den zentralasiatischen Ländern und Moskau einst zu schaffen vermochte. Die sibirischen Flüsse sind die Werkzeuge, mit denen Moskau Einfluss und Macht in Zentralasien zurückgewinnen kann. Obwohl Viele glaubten, dass die SibAral-Pläne mit den Beschlüssen Gorbatschows in den 1980er

Jahren ein für alle Mal begraben worden seien, wird sich zeigen, dass solche Visionen, die den wasserarmen Ländern eine Lösung ihrer Wasserkrise versprechen, immer wieder auftauchen und die zeitgenössische Politik beeinflussen werden. Die bisher gebauten Stauseen und Wasserkraftwerke können die Probleme allein nicht lösen.

Die Russen haben viel Erfahrung beim Bau großer Kanäle. Moskau wird nicht ohne Grund als »Hafen der fünf Meere« bezeichnet, denn von dort aus lassen sich über Kanäle, die insbesondere in den letzten hundert Jahren gebaut wurden, fünf verschiedene Meere mit dem Schiff erreichen.

Auf einer kleinen Insel zwischen der Moskwa und dem Wasserumleitungskanal hat Bürgermeister Luschkow in der Hauptstadt eine 94 Meter hohe, wenig ansprechende Statue Zar Peters des Großen errichten lassen. Der Herrscher ist in energischer Pose an Deck einer aufgetakelten Fregatte dargestellt, nach Meinung vieler Kritiker jedoch entschieden zu groß geraten. Das Monument soll an den Zaren erinnern, der einst die neue Hauptstadt Sankt Petersburg nahe der Ostsee bauen ließ, indem Sümpfe entwässert und Kanäle angelegt wurden, und der darüber hinaus einen Kanal von Sankt Petersburg nach Moskau plante. Offenbar ist es diese visionäre Tradition, in die sich Luschkow gern einreihen würde. Doch sollte der Bau des Kanals jemals verwirklicht werden, ist weitaus mehr als nur eine Vision vonnöten.

Das unterirdische »große Wasser«
im alten Indianerland

Südamerika ist reich an Wasserfällen. Ganz oben auf der Liste der Touristen stehen die Katarakte von Iguazú an der Grenze zwischen Argentinien und Brasilien. Sie sind drei Mal so breit wie die Niagarafälle und wesentlich größer als die Victoriafälle – 275 Wasserfälle zwischen 60 und 82 Metern Höhe stürzen hier in einen hufeisenförmigen Kessel hinab. Sogar angesichts der riesigen, dichtgedrängten Besucherschar machten die Wasserfälle mit ihrem tosenden Lärm und dem Licht, das den Wasserdampf fast mit dem Himmel verschmelzen ließ, einen überaus lebendigen und starken Eindruck auf mich, und ich dachte, dass genau diese Menschenmenge das Gefühl der menschlichen Besessenheit und Ohnmacht gegenüber dem »großen Wasser« nur verstärkte.

Iguazú bedeutet »großes Wasser« in der Sprache der Guaraní-Indianer, die die Region lange vor Ankunft der Europäer bewohnten. Und »groß« ist dieses Wasser in der Tat, denn in der Regenzeit stürzen hier 12 750 Kubikmeter Wasser pro Sekunde in die Tiefe, was ungefähr dem 240-fachen Wasservolumen der Themse entspricht. Riesige Wassermassen also ergießen sich mit tosendem Lärm in eine enge Schlucht, die »Teufelsschlund« genannt wird.

Aber ich bin nicht nur nach Südamerika gekommen, um mir diese Wasserfälle anzusehen. Und ebenso wenig, um den berühmten Itaipu-Staudamm aufzusuchen, der den südlichen Teil Brasiliens ein für alle mal verändert hat und 90 Prozent des paraguayischen sowie 25 Prozent des brasilianischen Elektrizitätsbedarfs deckt. Nein, ich bin vor allem hierher gereist, um mir etwas anzusehen, das zwar äußerlich ziemlich unspektakulär wirkt, künftig allerdings eine überaus große, wenngleich noch nicht abzuschätzende Bedeutung erlangen wird: Vor kurzem wurde hier in der Region, gleich unterhalb der Wasserfälle und unweit jenem Ort, an dem neben dem Iguazú weitere Flüsse in die große Ebene strömen, ein noch viel größeres »Wasser« entdeckt – eines der größten, wenn nicht sogar das allergrößte Grundwasserreservoir der Welt. Man bezeichnet es als Guaraní-Aquifer, weil es ungefähr dieselbe Fläche umfasst, die einst von den Guaraní-Indianern kontrolliert wurde. Allein unter Brasilien ist dieses Wasserreservoir so groß wie England, Frankreich und Spanien zusammen, erstreckt sich aber auch unter Argentinien, Paraguay und Uruguay.[86]

Dieses größte bekannte »Meer unter der Erde« umfasst eine Gesamtfläche von 1 190 000 Quadratkilometern und enthält circa 37 000 Kubikkilometer Wasser. Die gesamte Weltbevölkerung könnte 200 Jahre davon trinken, die 150 Millionen Brasilianer würden sogar 2500 Jahre benötigen, um es aufzubrauchen. 70 Millionen Menschen sind derzeit direkt oder indirekt von diesem Reservoir betroffen. Es entstand vor über 130 Millionen Jahren und vermehrt sich unter anderem dank eines jährlichen Niederschlags von zwei Metern – beispielsweise in der Region der Wasserfälle – um so viel Wasser, wie der Nil in zwei Jahren mit sich führt. Das Reservoir ist also eine gigantische Wasserbank, die sich teilweise von selbst erneuert.

Die Jagd auf die großen und bisher unentdeckten Wasserreservoire der Welt sowie die Kontrolle darüber wird immer bedeutender werden, wenn noch mehr Länder aufgrund eines steigenden Bedarfs einerseits und sich verändernder Niederschlagsmengen andererseits Wasserkrisen erleben. Der Guaraní-Aquifer und andere Reservoire, die durch neue Untersuchungsmethoden ganz sicher gefunden werden (unter anderem wurden unlängst große Wasserreservoire unter Darfur im Sudan, auf dem indischen Subkontinent und in China entdeckt), schaffen nicht nur einen neuen Brennpunkt für Wasserkonflikte sondern bilden zudem ein an der Realität orientiertes Gegengewicht zu den in letzter Zeit so beliebten Vorstellungen vom bevorstehenden Jüngsten Gericht. Nur 0,0001 Prozent des auf der Erde insgesamt vorhandenen Wassers befindet sich in den Flüssen, die vom Klimawandel bedroht sind und um die sich einzelne Länder streiten. Das meiste Süßwasser der

Welt bergen Grundwasserreservoire unter der Erde, die zumindest auf kurze Sicht von Klimaveränderungen nicht betroffen sind. Und diese enthalten einhundert, ja vielleicht sogar eintausend Mal mehr Wasser als sämtliche Flüsse und Seen der Erde.[87] Insofern illustriert der Guaraní-Aquifer dieses generelle Szenario; seine Entdeckung hat parallel dazu allerdings auch einer bereits wasserreichen Region neue Möglichkeiten verschafft.

Das Reservoir wird ganz sicher sowohl nationale als auch internationale Industrien wie ein Magnet anziehen. In Araraquara ist das bereits Wirklichkeit. Das Wasser, das hier aus dem Grund gepumpt wird, kann ohne Aufbereitung direkt getrunken werden. Als ich mein Glas unter den Wasserhahn halte und es mit dem Grundwasser fülle, das hier auf dem Areal des städtischen Wasserwerkes aus der Erde kommt, blickt mich einer der Wasseringenieure stolz an. »So etwas kommt in Brasilien nur selten vor. Aber dieses Wasser ist völlig rein«, sagt er. »Und es schmeckt gut«, füge ich hinzu.

»Coca-Cola hat sich hier niedergelassen, außerdem europäische Bier- und brasilianische Saftproduzenten. Der Ort ist zu einem Magnet für zahlreiche Industriezweige geworden, die Bedarf an sauberem Wasser haben.« Beim Mittagessen – einem opulenten Büfett – berichtet mir der Lokalpolitiker Carlos Nascimento, wie die Entdeckung des Reservoirs der ganzen Region eine neue Zukunft beschert hat.

Doch das Reservoir ist auch bedroht. Er fährt mit mir aus der Stadt hinaus. Nach einer Weile biegen wir von der Hauptstraße ab und durchqueren endlos wirkende Zuckerrohrplantagen. »Schauen Sie mal, hier können Sie sehen, wie sich das Gift mit dem Wasser vermischt und in das Grundwasserreservoir sickert, das an dieser Stelle nur zehn oder zwanzig Meter unter uns liegt.« Er deutet auf kleine Pfützen, in denen das Wasser aufgrund chemischer Reaktionen brodelt. »Das Zuckerrohr wird von Flugzeugen aus mit Insektenmittel besprüht«, was für das Grundwasser katastrophale Folgen hat. Die Regierungen müsste dazu entsprechende Gesetze und ein verbindliches Regelwerk verabschieden.

Doch das ist nicht das einzige Problem. Es gilt, verschiedene Hindernisse zu überwinden: Wem gehört das Wasser, und wie sollen die Eigentumsverhältnissse geklärt werden? Mithilfe der Weltbank haben sich die beteiligten Länder über gemeinsame Institutionen darüber verständigt. Doch das Misstrauen ist groß. Immer wieder höre ich Gerüchte, dass die USA beabsichtigten, sich die Ressource unter den Nagel zu reißen. Wird derjenige, der das Land über dem Wasser besitzt, auch über das Wasser selbst bestimmen können? In diesem Fall würden die Indianer über eine riesige Wasserressource verfügen können, vorausgesetzt, dass ihnen das entsprechende Land zugeprochen wird. Und wie soll ein gerechtes System zur Nutzung des Reservoirs installiert werden, wenn schon so schwierig zu klären ist, was eigentlich wem gehört?

Dösend liege ich in einer der vielen Spa-Einrichtungen des Kurhotels, die mit dem Wasser des Guaraní-Aquifers betrieben werden, um Touristen anzulocken. Hier, unweit der Iguazú-Wasserfälle, fühlt sich das Wasser wirklich rein und mineralhaltig an. Allerdings mag dieser Eindruck eine Folge der Werbemaßnahmen des Hotels sein, in denen behauptet wird, dass das Wasser in den Becken alle vier Stunden ausgetauscht werde. Doch andererseits steigt hier das Wasser tatsächlich unentwegt aus den unerschöpflichen Tiefen – und das bei einer Temperatur von 37 Grad.

In einem Zeitalter, das von großer Unsicherheit über die künftige Wasserlandschaft geprägt ist, verfügt diese Gegend nun also über eine berechenbare Wasserbank, eine strategische Reserve, um die sie alle anderen Regionen beneiden werden. Die Nutzung des gigantischen unterirdischen Meeres, das niemand sieht und dessen Kontrolle schwierig ist, wird Regeln und Kooperationsformen erfordern, die noch nicht entwickelt sind. Kein anderer Kontinent hat mehr Wasser pro Einwohner zur Verfügung als Südamerika. Denn schließlich gibt es dort nicht nur den Guaraní-Aquifer, sondern auch große Flüsse, wie zum Beispiel den Amazonas.

Der erste Europäer, der den Amazonas erforschte, war der spanische Soldat Francisco de Orellana. Er soll den Fluss 1541 getauft haben, nachdem er heftige Kämpfe zwischen Kriegerinnen beobachtet hatte, die er mit den Amazonen der griechischen Mythologie verglich. Dreihundert Jahre später schrieb der englische Naturhistoriker Henry Walter Bates, der die Jahre zwischen 1848 und 1859 im Reich des Amazonas verbracht hatte, sein in zwei Bänden erschienenes Reisebuch »Am Amazonas«, das noch heute den großen Klassikern zugerechnet wird. Für mich allerdings ist eines der ersten »Erwachsenenbücher«, die ich las, noch immer *das* herausragende Buch über den Strom: »Die verlorenen Spuren« (1953) des kubanischen Autors Alejo Carpentier. Dieses Werk, dessen Stimmung einen unauslöschlichen Eindruck bei mir hinterlassen hat, erzählt von einer flussaufwärts führenden Reise, die wie eine Fahrt zu den Quellen oder Ursprüngen des Lebens geschildert wird. Ein desillusionierter Musiker aus New York fährt zusammen mit seiner Freundin den Amazonas hinauf – auf der Flucht vor dem, was er als leere und sinnlose Existenz in den USA empfindet, und um wieder an ein altes Projekt anzuknüpfen: Er sammelt Musikinstrumente aus allen Teilen der Welt. Carpentier erzählt, wie er in einem Dorf irgendwo am Oberlauf des Flusses wiedergeboren wird, in einem Dorf, das außerhalb der Geschichte existiert, abseits der westlichen Zivilisation. Die Handlung ist wie eine umgekehrte Version von Joseph Conrads »Herz der Finsternis«: Die Zivilisation lebt im Dschungel, und die Wilden befinden sich in der Stadt, die der Protagonist verlassen hat. Aus unerklärlichen Gründen erinnere ich mich am besten an jene Stellen, an denen der Autor beschreibt, wie sich die Inspirationsquellen der Musik sukzessive verändern – die Musik kommt mehr und mehr aus der Erde, oder vielmehr: Der Protagonist hört immer mehr von der Musik, die die Erde spielt, also den Wind, die Bäume und zuallererst das Wasser.

Der Amazonas, eindeutig der majestätischste aller Flüsse, ähnelt keinem anderen Strom der Erde. Er führt mehr Wasser als die acht größten Flüsse der Welt nach ihm zusammen. Dort, wo er am mächtigsten ist, leitet er 300 000 Kubikmeter Wasser pro Sekunde ins Meer – umgerechnet sind dies mehr als 20 Prozent allen Süßwassers, das jährlich in die Weltmeere fließt. An seiner Mündung ähnelt er selbst einem Meer und illustriert dort ein einflussreiches physikalisches Gesetz: Über Generationen hinweg überredeten Seeleute unerfahrene Matrosen, einen Eimer ins Meer hinunterzulassen, ihn dann wieder an Bord zu hieven und daraus zu trinken – was bei den Uneingeweihten stets dieselbe Überaschung hervorrief. Denn sogar weit draußen auf dem Meer kann man aus diesem Süßwasser schöpfen, ohne einen einzigen Streifen Land am Horizont zu sehen.

Der Kampf um die Kontrolle des Wassers wird sich allerdings auch unter dem Meer abspielen, unter dem heute 500 Süßwasserreservoire bekannt sind. Die Untersuchungen darüber, was und wie viel sich dort befindet, haben jedoch gerade erst begonnen.[88] Schon lange wissen Menschen, dass sich unter dem Meer Trinkwasser befindet. Vor ungefähr zweitausend Jahren berichtete der römische Geograf Strabon von den Einwohnern einer Stadt in Syrien. Sie fuhren aufs Meer hinaus, ließen ein Rohr aus gebranntem Ton hinunter, und in ihm stieg Süßwasser auf, weil es leichter als Salzwasser war.

Einige dieser Wasserreservoire unter dem Meer werden sich als gigantisch erweisen. Doch niemandem ist klar, wo sich diese Reichtümer verbergen. Deshalb können wir auch nicht voraussagen, wie sie sich auf Machtverhältnisse und ökonomische Entwicklung auswirken werden. Der Wettlauf um das Aufspüren dieser Schätze und der Kampf um deren Beherrschung haben gerade erst begonnen.

Eine »geheimnisvolle Insel« im Zeitalter des Wassers

Mitunter gibt es prophetisch veranlagte Autoren, zu denen wohl auch Jules Verne gerechnet werden muss. 1874/75 schrieb er den Klassiker *Die geheimnisvolle Insel*, in dem es um eine Gesellschaft und eine Ökonomie geht, die auf Wasser basieren. »›Ohne Kohlen gäbe es keine Maschinen mehr, ohne die keine Eisenbahnen; keine Dampfschiffe, keine Werkstätten, überhaupt nichts mehr, was der moderne Culturfortschritt verlangt.‹ ›Doch was könnte man wohl finden?‹ fragte Pencroff, ›haben Sie darüber eine Ansicht, Mr. Cyrus?‹ ›Eine oberflächliche, ja, mein Freund.‹ ›Nun, was wird an Stelle der Kohle als Treibstoff dienen?‹ ›Das Wasser‹, antwortete Cyrus Smith. ›Das Wasser!‹ rief Pencroff erstaunt; ›das Wasser, um Dampfschiffe und Locomotiven zu treiben, Wasser, um damit Wasser zu erhitzen?‹ ›Ja wohl, doch das in seine Elementarbestandteile zerlegte Wasser‹, belehrte ihn Cyrus Smith. [...] ›Das Wasser ist die Kohle der Zukunft.‹ ›Das möchte ich mit erleben‹, sagte der Seemann.«[89]

Ein Land, das gerade dabei ist, den im Roman prognostizierten Science-Fiction-Staat zu verwirklichen, ist Island. Als einziges Parlament der Welt hat der Alltinget beschlossen, das Zeitalter der fossilen Energie hinter sich zu lassen und in das Wasserzeitalter einzutreten.

Im Vergleich zu anderen Hauptstädten ähnelt Reykjavik am ehesten einem Fischerdorf, aber die Isländer sind ein überaus modernes Volk, dessen Land im Schnittpunkt zweier kultureller Einflussbereiche liegt – zwischen den USA und Europa. Island befindet sich übrigens auch zwischen zwei tektonischen Platten, was dazu führt, dass es jedes Jahr ein paar Zentimeter größer wird. Der Beschluss, als erstes Land der Welt das Zeitalter der fossilen Energie zu verlassen, ist – wie immer man es betrachten mag – ein geschickter Schachzug für die Entwicklung der »Marke« Island. In einer Zeit, in der die Angst vor Klimaerwärmung zu einem Teil der kollektiven globalen Psychologie geworden ist, umgibt sich Island mit einer Aura von Modernität und zugleich Verantwortungsbewusstsein. Darüber hinaus gehört es zu den ersten, wenn es darum geht, die Technologien der Zukunft auszuprobieren. Hier, in der öden vulkanischen Felslandschaft, gibt es den ersten Linienbus der Weltgeschichte, der mit Wassertechnologie angetrieben wird. Und ich bin vor allem hierher gekommen, um mit diesem Bus zu fahren.

Historisch bedeutsame Veränderungen erscheinen in der Gegenwart mitunter trivial und sind deshalb oft schwer zu entdecken oder gar zu würdigen. So verhält es sich definitiv auch mit diesem »Wasserbus«: Er sieht völlig normal aus, ist gelb gespritzt, und abgesehen von dem großen blauen H_2O-Zeichen ist alles andere geradezu enttäuschend gewöhnlich – Geräusche, Geschwindigkeit, Federung. Doch als mich der Busfahrer auf einer Sondertour von Reykjavik durch die öde schwarze Landschaft in Richtung Thingvellir fährt – wo vor fast tausend Jahren die Wikinger zu Beratungen zusammenkamen –, spüre ich doch so etwas wie das »Rauschen der Geschichte«. Denn ich durchfahre das alte Land der Wikinger in einem Bus, der keinerlei Abgase ausstößt, sondern nur Wasser. Wesentlich interessanter – und weitaus revolutionärer – ist allerdings die Tatsache, dass dieser Bus ausschließlich mit Wasser angetrieben wird. Das Fahrzeug ist die praktische Illustration einer Technologie, die noch in den Kinderschuhen steckt, aber die Zukunft bedeuten kann.

Wir betanken den Bus an einer der weltweit ersten Tankstellen, die Wasserstoff verkaufen, der mithilfe von Wasserkraft und Elektrolyse vom Sauerstoff abgespalten wird. Die Tankstelle selbst kann durch eine Anlage Wasserstoff mittels Elektrolyse produzieren. Und da diese Anlage mit Strom aus Wasserkraft betrieben wird, lässt sich mit Fug und Recht behaupten, dass der Bus völlig emissionsfrei ist. Als wir weiterfahren, erzählt mir der Fahrer von den Problemen, die anfangs mit diesem Projekt verbunden waren, und von den hohen Treibstoffkosten. Doch auch die vielversprechende internationale Entwicklung lässt er nicht unerwähnt: In Japan sollen bis zum Jahr 2020 fünf Millionen Fahrzeuge mit wasserstoffbetriebenen Brennstoffzellen auf dem Markt sein. Mehrere Länder bauen Infrastrukturen auf, damit wasserstoffbetriebene Fahrzeuge ihren Treibstoff an eigens dafür errichteten Tankstellen nachfüllen können.

Das Besondere an Island ist indes die Art der Wasserstoffproduktion, denn Wasserstoff ist ein Energieträger und keine Energiequelle. Wie viele andere Energieträger – zum Beispiel Benzin, Elektrizität oder Fernwärme – muss Wasserstoff aus einer Energiequelle gewonnen werden. Indem man Strom, also elektrische Energie, durch Wasser (H_2O) leitet, wird dieses in Wasserstoff (H_2) und Sauerstoff (O_2) aufgespalten, wobei sich die Bestandteile in Gasform an den mit dem Wasser in Kontakt befindlichen Elektroden absetzen. Die Umwelteigenschaften des Wasserstoffs sind allerdings nicht besser oder schlechter als die Energiequelle, aus der er erzeugt wird. Genau wie Elektrizität kann Wasserstoff aus verschiedenen Energiequellen wie Kohle, Naturgas oder Bioenergie gewonnen werden – oder eben mithilfe der Elektrolyse aus Wasser. Die Produktion von Wasserstoff basiert überall auf der Welt derzeit noch primär auf fossilen Rohstoffen, am häufigsten auf Naturgasen. Zwar wird in Island mittlerweile Wasser für die Wasserstoffproduktion verwendet, doch diese Methode kann vorläufig noch keine globale Lösung darstellen. Eine vom Weltressourceninstitut (WRI) in Washington durchgeführte Studie zeigte, dass eine auf Elektrolyse basierende Wasserstofökonomie in den USA so viel Wasser erfordern würde, wie in einem Zeitraum von drei Monaten die Niagarafälle hinunterstürzt; der US-amerikanische Wasserbedarf würde sich dadurch vergleichsweise um zehn Prozent erhöhen. Zwar habe ich den Untersuchungsbericht bisher nicht prüfen können, halte es aber für denkbar, dass er ganz korrekte Angaben beinhaltet, weil die heutige Technologie noch nicht so weit fortgeschritten ist. In Island steht hingegen so viel Wasserkraft und geothermische Kraft zur Verfügung, dass ein kohlenstofffreier Produktionszyklus – zumindest theoretisch – erreicht werden könnte, noch bevor irgendein anderes Land dazu in der Lage ist. Das Busexperiment in Island kann durchaus fehlschlagen, und vorläufig ist die Technologie noch viel zu teuer. Doch deren Anhänger sind felsenfest davon überzeugt, dass Hochseeschiffe in Zukunft den Atlantik überqueren können, indem sie kleine Mengen Wasser als Energiequelle verwenden. So betrachtet hat der Bus, mit dem ich auf der »geheimnisvollen Insel« umhergefahren bin, durchaus einen Nutzen – als ein kleines Experiment, das den Beginn einer Entwicklung markiert, die vorläufig allerdings noch nicht absehbar ist.

»Wasser ist die Kohle der Zukunft«, sagt Cyrus Smith in Jules Vernes Buch. Jahrhunderte, nachdem in England und Wales Kohlenschächte immer tiefer in die Erde getrieben wurden und die Welt für immer veränderten, graben die Isländer heute noch viel tiefere, ja kilometerlange Löcher in den Boden, um das zu fördern, was Kohle und Öl einmal ersetzen und die Zukunft der Welt bestimmen soll: heißes Wasser und Erdwärme. Nur wenige Länder haben es so wie Island verstanden, die besondere Fähigkeit des Wassers – nämlich Wärme zu speichern und zu transportieren – zu ihrem Vorteil auszunutzen, wobei es hauptsächlich um Wärme geht, die sich unter der Erdoberfläche verbirgt. Über diese unter uns liegende Welt weiß die Wissenschaft noch immer erstaunlich wenig. Doch eines ist unbestritten: Dort unten gibt es ein gigantisches Wärmereservoir.

Abgesehen von der regelmäßig aufsteigenden, beeindruckenden Kraft der Geysire, dem surrealistisch anmutenden Thermalbad Blaue Lagune auf der Reykjanes-Halbinsel sowie dem Nationalpark Thingvellir ist Nesjavellir der für mich interessanteste Ort in Island. Allerdings liegt das nicht unbedingt daran, dass sich hier die größte geothermische Anlage der Welt befindet – ganz abgesehen davon, dass die Architektur des Gebäudes bescheiden ist, das dazugehörende Museum uninteressant und das Gästehaus so riecht, als sei es mit faulen Eiern imprägniert worden. Der Standort der Anlage hingegen ist geradezu perfekt, denn er verdeutlicht die Besonderheiten einer hochindustriellen Kulturlandschaft eindrücklich. Die

lärmende Anlage, eingehüllt in Qualm und stickigen Schwefelge-
ruch, wirkt an ihrem einsamen Standort wie die Manifestation einer
rohen Urkraft. Ein Inferno mit vulkanischem Gebirge im Rücken
und Aussicht auf Islands größten Binnensee. Besonders spektakulär
ist der Anblick bei Sonnenuntergang oder ganz früh am Morgen,
wenn Licht und Temperaturunterschiede die brodelnden Flüsse so
wirken lassen, als lösten sie sich in ihrem eigenen Dunst auf.

Und hier zapfen die Isländer eine der rohesten Naturkräfte an.
Über zweihundert Löcher wurden bis zu 2000 Meter tief in die
Erde getrieben, um dahin zu gelangen, wo das Wasser als Dampf
eine Temperatur von 300 Grad hat. Seit Urzeiten grub sich Regen
durch Felsspalten in die Tiefe, traf auf warmes, vulkanisches Ge-
stein und wurde aufgeheizt, um sich dann als Wasserdampf an die
Oberfläche zu bewegen. Diese kohlenstofffreie Energie betreibt
Turbinen, generiert Elektrizität und stellt gleichzeitig Wärme zur
Verfügung, mit der die Häuser und Cafés in Reykjavik beheizt werden.

Vor der Küste Islands stehen zahlreiche Bohrinseln und graben
nach dieser ungenutzten und erneuerbaren Energiequelle, und auf
dem Festland finden sich über 280 geothermische Gebiete mit heißen, brodelnden Quellen.

»Ja, das ist völlig richtig. Die Energiemenge, die in diesen Feldern liegt, beträgt zehn Milliarden Gigawattstunden oder umgerechnet drei Millionen Mal so viel wie der isländische Bedarf an
elektrischer Energie.« Der Leiter eines dieser großen Energie-
gewinnungsprojekte bestätigt, was ich gelesen habe, während wir in
seinem Geländewagen durch eine Landschaft fahren, in der nahezu
überall weißer Dampf der schwarzen Erde entsteigt.

»Und wie sehen die Pläne aus?«, frage ich, nachdem mich der
Ingenieur mit allen technischen Details zu Größe und Kapazität der
Bohrtürme vertraut gemacht hat. Wir steigen eine glitschige Leiter
hinauf und spüren den feuchten, kalten Wind, der direkt vom Atlantik hereinbläst und den Männern, die nach kochend heißem Wasser unter der Erdkruste graben, die Arbeit nicht eben erleichtert.

»Wir können energieintensive Industrien mit kohlenstofffreier und nachhaltiger Energie versorgen. Wir hoffen, dass Island ein attraktiver Standort wird. Und darüber hinaus können wir die Erdenergie auch verkaufen«, erwidert er, während wir uns durchnässt und durchgefroren wieder in seinen Wagen zurückziehen.

Island gehört zu den wenigen Ländern, die in großem Umfang begonnen haben, Erdwärme als Energie- und Heizquelle zu nutzen. Mit jedem Kilometer, den man tiefer in das Erdreich vordringt, steigt die Temperatur um 20 bis 40 Grad. Das Besondere an Island ist, dass die Wärme in der Tiefe sogar schneller zunimmt – denn die Temperatur erhöht sich hier pro Kilometer um 47 bis 86 Grad. Überall auf der Welt hält das Innere der Erde unerschöpfliche Wärmequellen für uns bereit – Quellen, die zu nutzen wir gerade erst begonnen haben.

Wieder einmal steht das Wasser im Dienst der Menschheit – doch ganz anders als zu dem Zeitpunkt, da die Beherrschung des Wassers die Grundlage für das Entstehen der Zivilisationen schuf. Vor über 2000 Jahren wurde die von Mensch und Tier generierte Muskelkraft durch Wasserkraft abgelöst. Ebenso spielte Wasserkraft die entscheidende Rolle bei der industriellen Revolution vor 250 Jahren, indem sie zunächst Wasserräder und später Dampfmaschinen antrieb, bevor sie von Energie aus Öl und fossilen Brennstoffen weitgehend abgelöst wurde. Wasser kann somit heute, indem es auf andere Art genutzt wird, einer Entwicklung entgegenwirken, welche die Entwicklung selbst bedroht.

Als das Flugzeug die »geheimnisvolle Insel« verlässt und ich Reykjavik und diese Bucht unter mir sehe, aus der der Dampf auch schon vor mehr als tausend Jahren, bei Ankunft der ersten Wikinger in die Luft entwich, zweifle ich nicht mehr: Ein bedingter Technologieoptimismus ist wohl der einzige Optimismus, der anhalten wird. Aber am Ende dieser Reise bin ich auch mehr denn je davon überzeugt, dass er nicht genügt.

Epilog: Die Macht des Wassers

»Das Flußwasser, das du berührst, ist das letzte von dem, das weggeflossen ist, und das erste von dem, das heranfließt. So ist die Gegenwart.«

(Leonardo da Vinci, 1490)[90]

Ein Besuch im hinduistischen Tempelkomplex von Angkor Wat ist, unabhängig von der Jahreszeit, immer ein fantastisches Erlebnis, doch gerade jetzt befinde ich mich hier während des Neujahrsfestes, Mitte April. Wie an vielen anderen Orten am Mekong ist dies der Zeitpunkt, an dem die Menschen einander traditionell mit Wasser übergießen. Gern stehen Kinder und Jugendliche mit gefüllten Wassereimern halb versteckt oder ganz offen auf den übervollen Straßen und warten auf passende »Opfer«: drei Mädchen auf einem Motorroller, ein Paar auf einem Fahrrad oder – besser noch – eine festlich gekleidete Menschengruppe auf einem Pick-up oder der offenen Ladefläche eines Lastwagens. So viele Passanten sollen so nass wie möglich gemacht werden, aber gerade die Familien auf den Lastwagen haben sich mit eigenen Wassereimern ausgestattet und gehen damit gern zum Gegenangriff über. Was sich hier abspielt, ist die moderne Variante einer alten buddhistischen Tradition, die sich von Burma und Thailand bis nach Kambodscha verbreitet hat. Sie beruht darauf, dass Buddha am ersten Tag des Neujahrsfestes vom Himmel herniedergestiegen sein soll und sich am dritten Tag wieder dorthin zurückgezogen habe. Daher war es wichtig, alle Sünden wegzuwaschen. In den Palästen goss man sich gegenseitig Wasser aus Silberbechern über den Rücken, während die Menschen draußen auf der Straße – so wie jetzt – mit gefüllten Wassereimern agierten. Wir müssen in diesem Durcheinander auf unsere Kameras und Mikrofone achten – schließlich gehen wir unserer Arbeit nach –, aber es ist schwierig, sich nicht von dieser verspielten und unbekümmerten Stimmung anstecken zu lassen, die in starkem Kontrast zum historischen Schicksal der Region steht.

Die Angkor-Zivilisation entwickelte sich durch künstliche Bewässerung und Handel, und der Mekong war Voraussetzung für beides. Vom 9. bis zum 15. Jahrhundert war Angkor die Hauptstadt des Khmer-Imperiums. Hier war das königliche Zentrum eines Reiches, das sich von der äußersten Spitze der indochinesischen Halbinsel bis nach Yunnan in China und von Vietnam in westlicher Richtung bis zum Golf von Bengalen erstreckte. Angkor stammt von dem Sanskrit-Wort *nagara* ab und bedeutet »Stadt«. Zwischen dem 12. und 13. Jahrhundert wohnten schätzungsweise bis zu eine Million Menschen in einer relativ kleinen städtischen Region. Zu Ehren der Götter und als Zeichen ihrer Macht erbauten die Könige einen riesigen Tempelkomplex, der noch heute zu den schönsten und größten auf der ganzen Welt gehört. Die Pagode wurde von vielen als das Juwel Indochinas bezeichnet, und die ungefähr einhundert Tempel gelten als das steinerne Herz der Khmer. Umgeben war die Stadt von einem zu jener Zeit wohl durchdachtesten System zur künstlichen Bewässerung. Die ersten überlieferten Quellen, die von dessen Bau berichten, stammen vom Ende des 9. Jahrhunderts. In einer Region, in der aufgrund der natürlichen Bedingungen nicht mehr als eine Ernte pro Jahr möglich war, schafften es die Khmer mithilfe künstlicher Bewässerung, drei bis vier Mal pro Jahr Reis zu ernten.

Im Jahr 1296 besuchte Zhou Daguan, ein Emissär des chinesischen Kaisers, die Stadt Angkor, nachdem er den Mekong hinaufgefahren war und Tonle Sap, den Großen See, überquert hatte, einen überaus fischreichen Binnensee, an dem die Menschen in dicht aneinandergedrängten Pfahlbauten lebten. Zhou hinterließ

Aufzeichnungen über diese Reise, den »Bericht über die Sitten und Gebräuche der Menschen und die geographischen Merkmale Kambodschas«. Darin beschreibt er die rituellen Waschungen der göttlichen Statuen, die göttliche Stellung des Königs, die schweren Perlen- und Goldarmbänder, die dieser um Hand- und Fußgelenke trug, dessen fünf Frauen sowie den Glauben des Volkes, dass der König über eine magische, beschützende Macht verfügte und sich aus Rücksicht auf sein Königreich jede Nacht mit einem Geist vereinigen musste, einem neunköpfigen Drachen, der in Gestalt einer Frau erschien. Aus verschiedenen Ursachen wurde Angkor im 16. Jahrhundert aufgegeben. Erst im Juli 1863 erfuhr die europäische Öffentlichkeit durch die Schriften des »offiziellen« Entdeckers, des Franzosen Henri Mouhot, von der Khmer-Zivilisation; auf der Pariser Kolonialausstellung im Jahr 1931 geriet das rekonstruierte Modell des Tempelkomplexes zu einer wahren Sensation.

Heute ist Angkor eine Touristenattraktion und mit dem Flugzeug von Phnom Penh aus leicht zu erreichen. Bei mir stellt sich immer eine gewisse Wehmut ein, wenn ich an den Wallgräben entlanglaufe, in denen sich die riesigen Tempel spiegeln, wenn ich die Angkor-Wat-Tempelanlage bei Sonnenuntergang betrachte (alles ist nach Westen, zum Tod hin, ausgerichtet) oder wenn ich durch den Haupteingang komme und den mit Steinplatten ausgelegten Weg über den Platz zu dem am weitesten entfernten Turm einschlage. Historiker gehen heute davon aus, dass diese Gesamtkonstruktion eine metaphorische Reise zurück in das Jahr Null symbolisiert – die Zeit also, in der das Universum erschaffen wurde. Doch trotz der großartigen Eleganz dieser Tempel und der zahlreichen anmutigen Statuen strahlt Angkor für mich in erster Linie Melancholie aus. Die ungeheure Energie und das hohe Maß an gesellschaftlicher Organisation, die diese majestätischen Bauten ausdrücken, werden besonders auffällig, wenn man sich bei ihrem Anblick vor Augen hält, wie klimatische Änderungen und menschliche Eingriffe in diese Wasserlandschaft entscheidend dazu beitrugen, dass jene Zivilisation aus der Geschichte verschwand.

Schon seit vielen Generationen wandern die Beduinen in der Wüste Omans mit ihren Familien und Kamelen von einer Quelle zur nächsten. An einigen Stellen ist die Wassermenge so gering, dass die Nomaden Tücher aufhängen müssen, um die nächtliche Feuchtigkeit aufzufangen. Die Beduinen setzen Regen mit Leben gleich, und deshalb lautet eine der Standardfragen in den langen Begrüßungsritualen: Hast du Leben (also: Regen) in deinem Gebiet? Nichts deutet darauf hin, dass ich mich in einem der trockensten Länder der Erde befinde, als ich während eines stundenlang andauernden Wolkenbruchs – bei dem der Regen in solchen Mengen und mit derartiger Intensität herabstürzt, wie ich es kaum zuvor erlebt habe – die Hauptstadt Maskat erreiche. Dabei erscheint es geradezu surreal, einen Arbeiter zu beobachten, der den Rasen neben der Straße auch dann noch gießt, als das Wasser bereits einen halben Meter auf der Fahrbahn steht. Der Wolkenbruch durchkreuzt meine Pläne, denn ich werde davor gewarnt, bestimmte Orte in der Wüste aufzusuchen, weil ich dort Gefahr laufen könne zu ertrinken!

Vor einigen Jahren wurden acht englische Touristen von Wasser und Erdmassen begraben. Offenbar war das Ganze so schnell passiert, dass sie kaum Zeit hatten, sich zu retten. Sie waren in eines der Wadis hinausgefahren – Flusstäler, die nur wenig Wasser auf dem Grund führen und daher beliebte Ausflugsziele sind. Gern nehmen die Menschen eine Decke, Speisen und Getränke mit, um dort ein kleines Picknick zu veranstalten. Als ich ein paar Tage später mit Hussein vom Wasserdezernat in seinem Geländewagen sitze und wir einen dieser Flüsse durchqueren, erzählt er mir, dass er einmal an einem Wochenende seine Familie in so ein Wadi mitgenommen hat. Es war am Nachmittag bei schönem Wetter, und das Farbenspiel der Sonne hob die scharfen Konturen der Berge hervor. Plötzlich hörte er einen gewaltigen Lärm, der inmitten des Tales aus einiger Entfernung zu ihm drang. Er wusste sofort, dass sich eine Flut näherte, warf sich mit Frau, Kindern und einem Teil der Picknickausrüstung in den Wagen, trat das Gaspedal durch und drückte auf die Hupe, um die anderen Menschen im Tal zu warnen. Sie erreichten die Hauptstraße und schafften es gerade noch, nach links abzubiegen, bevor die Flut kam, eine massive Woge aus Wasser, Steinen und Erde, die sie innerhalb von Sekunden begraben hätte.

Maskat ist eine geschäftige Hafenstadt am Indischen Ozean, die mit ihren Palmengärten einen fast tropischen Eindruck macht. Die Menschen hier haben sich stets in Richtung Meer orientiert, zumal Oman früher Kolonien an der afrikanischen Ostküste hatte. Auf Sansibar, das zu Tansania gehört, gibt es noch heute Gruppierungen, die die alte, in den 1960er Jahren entstandene Tanganjika-Union verlassen und engere Verbindungen zum Sultanat Oman knüpfen möchten. Oman hatte bis 1947 auch Handelskolonien im Gebiet des heutigen Pakistan. Diese wurden jedoch parallel zum Abzug der britischen Kolonialmacht vom indischen Subkontinent aufgelöst.

Von Maskat fahren wir über das Hadschar-Gebirge, welches das Land topografisch teilt, nach Nizwa, der ehemaligen Hauptstadt und dem Zentrum des historischen Kerngebiets Omans. Im Gegensatz zu den östlich des Gebirges liegenden Städten, die von Seefahrt und Fischfang lebten, handelt es sich hier um eine Stadt im Landesinneren, die von Landwirtschaft und Handel zwischen der Küste und den umliegenden Regionen abhängig war. Es ist Anfang Mai, kurz vor Beginn der Sommerhitze. Oman gilt als eines der heißesten Länder der Welt, und bevor die Klimaanlagen aufkamen, konnten die Menschen nur ein kühlendes Bad nehmen, um die Hitze ertragen und des nachts schlafen zu können. Obwohl der jährliche Niederschlag nur bei ungefähr einhundert Millimetern liegt und die Hitze ihn zu großen Teilen verdunsten lässt, ist Oman das einzige Land auf der arabischen Seite des Golfs, in dem schon immer umfangreich Landwirtschaft betrieben wurde. Diese war und ist allerdings völlig von künstlicher Bewässerung abhängig.

Seit den 1970er Jahren hat Oman den Kurs einer moderaten Modernisierungspolitik eingeschlagen. Während frühere Sultane ihren Untertanen Radiohören und Fernsehen verboten und sämtliche Visa für Reisen in andere Länder eigenhändig unterschrieben, versuchte Sultan Qabus Ibn Said, nachdem er 1970 die Macht von seinem Vater übernommen hatte, das Land schrittweise zu modernisieren. Doch da Entwicklung einen steigenden Wasserverbrauch voraussetzt, Oman ein Land mit äußerst wenig Niederschlag ist und über so gut wie gar kein Oberflächenwasser verfügt, ist die Wasserknappheit immer drängender zu einem zentralen Entwicklungshemmnis geworden. In der unmittelbaren Umgebung von Maskat, an der Batina-Küste, hat die verstärkte Grundwassergewinnung zu einem Wachstum der Landwirtschaft geführt. 75 Prozent des Wasserbedarfs werden durch Grundwasser gedeckt. Einige zu Beginn des 20. Jahrhunderts angefertigte Zeichnungen und Bilder lassen erkennen, dass der Küstenstreifen, der heute wie eine fast endlose grüne Oase wirkt, einst nur aus Wüste bestand. Aber das Grundwasser sinkt immer schneller ab.

Im Landesinneren gibt es am Fuße des Hadschar-Gebirges einige Städte und Siedlungen, deren Gründung ohne ein revolutionär anmutendes Bewässerungssystem nicht möglich gewesen wäre. Vor mehreren tausend Jahren wurde hier ein unterirdisches Kanalsystem angelegt. Allerdings kommt das Wasser nicht aus Flüssen oder Seen, denn solche gibt es hier nicht. Das System basiert darauf, dass ungefähr neunzig Prozent des Niederschlags an den nackten, steilen Felswänden hinunterlaufen und im Boden versickern. Beschützt vor Sonneneinstrahlung und Verdunstung bilden sich so natürliche Grundwasserreservoire.

Die sogenannten Qanate – teilweise kilometerlange unterirdische Tunnel, die von den Wasserreservoiren in den Bergen bis zu den Feldern führen – sind so alt, dass heute niemand mehr mit Sicherheit sagen kann, wann genau sie gegraben wurden. Der Legende nach soll Salomo, König Davids Sohn, Oman auf einem fliegenden Teppich besucht haben. Dabei hätten seine Dschinnen in zehn Tagen 10 000 solcher Kanäle gebaut. Diese Wasserläufe, die auch in den trockensten Jahren nicht versiegen, werden deshalb nach Davids Sohn Daudis genannt. Heute kann man mit einiger Sicherheit davon ausgehen, dass die Qanate zu einer Zeit entstanden, als die Perser diesen Teil der arabischen Halbinsel kontrollierten. Ein paar der unterirdischen Kanäle waren demnach also schon vor 2500 Jahren in Gebrauch. Der als Falaj Daris (Dareios) bezeichnete Kanal, der Wasser nach Nizwa leitet, erhielt seinen Namen wahrscheinlich in Erinnerung an seinen Erbauer, einen Perser aus der Achämeniden-Dynastie, der von 550 bis 530 v. Chr. regierte. Der Kanal ist fünf Kilometer lang – drei davon unter der Erde –, bewässert 16 000 Palmen und versorgt an die 2000 Lizenznehmer.

Erst als ich in den unterirdischen Kanal hinabklettere, der an seiner tiefsten Stelle 34 Meter unter der Erde liegt, wird mir bewusst, dass er nahezu ohne Instandhaltung seit über zweitausend Jahren dem Zusammenhalt und Gedeih der Gesellschaft dient. Daher ist es nahezu unmöglich, von der persischen Ingenieurkunst und Organisationsfähigkeit nicht beeindruckt zu sein. Der Wasserstrom ist so stark, dass ich kaum aufrecht gehen kann. Hitze und Feuchtigkeit sind wohl noch genauso unangenehm wie zu der Zeit, als der Kanal erbaut wurde; die Qanate haben sich nicht verändert. Ich laufe also hier durch ein System, das seit 2500 Jahren gleich geblieben und heute nicht anders als damals von überragender lokaler Bedeutung ist: Vor über zweitausend Jahren trug es zur Gründung der Stadt Nizwa bei und ist heute die Lebensader der Region. So gesehen folge ich hier einer Linie, für die der Historiker Fernand Braudel im 20. Jahrhundert den Begriff »Longue durée« (lange Dauer) prägte. Denn meine Reise, die mit der Jagd auf die »verborgene« Rolle des Süßwassers verknüpft ist, bezieht sich auch auf das Verhältnis von Wasser und Gesellschaft, das sich nur ganz langsam, ja fast unmerklich ändert. Solch versteckte »ewige« Strukturen repräsentieren die Kanäle oder Qanate in Oman sehr gut.

Wieder zurück in Maskat, stehe ich auf dem leuchtend grünen Rasen vor dem Luxushotel, in dem mich das Informationsministerium untergebracht hat, und lasse den Blick von den rot und blau schimmernden Bergen über die kilometerlangen Sandstrände bis hin zum Indischen Ozean gleiten. Während die philippinischen Kellner mit diskreter Professionalität Obstschalen auf die Tische stellen, entdecke ich in einer omanischen Tageszeitung einen Artikel, der sich mit dem Wassermangel auseinandersetzt und mit einem Ausspruch des englischen Dichters Lord Byron beginnt. Darin heißt es, dass nur derjenige den Wert des Wassers kennt, der Durst erlitten hat. Ich bin mir nicht sicher, ob Byron tatsächlich recht hatte, denn auch derjenige, der viel hat und andere dürsten sieht, kennt den Wert des Wassers.

Vom Piazzale Michelangelo in Florenz hat man einen großartigen Ausblick auf einige der berühmtesten architektonischen und künstlerischen Besonderheiten dieser alten Stadt: Santa Maria del Fiore, auch als Il Duomo bekannt, die Basilika Santa Croce, in der unter anderem Galileo Galilei, Michelangelo und Niccolò Machiavelli begraben sind, sowie den Ponte Vecchio, Europas älteste Bogenbrücke, die sogar Adolf Hitler bei seinem Rückzug während des Zweiten Weltkriegs verschonte. Nicht zuletzt erschließt sich von diesem Aussichtspunkt die Baustruktur dieser Stadt am Arno, der, von den toskanischen Bergen kommend, Florenz durchquert und dann seinen Weg in Richtung Pisa und Mittelmeer fortsetzt.

Vor ungefähr fünfhundert Jahren, als die Renaissance in höchster Blüte stand und sich der moderne Humanismus entwickelte, schlossen sich zwei der wohl bedeutendsten Personen der europäischen Geistesgeschichte, Leonardo da Vinci und Niccolò Machiavelli, zusammen, um hier ihren einzigen gemeinsamen Plan auszuführen: ein Wasserprojekt, das im Vergleich zu allen anderen zeitgenössischen Standards wohl als gigantisch bezeichnet werden muss. Ihre Absicht war es, den Lauf des Arno zu verändern und dadurch Florenz in eine Hafenstadt zu verwandeln. Doch der Fluss sollte außerdem auch als militärische Waffe gegen die Nachbarstadt Pisa genutzt werden – man wollte den Feind in die Knie zwingen, indem man ihn austrocknete.

Leonardo und Machiavelli waren natürlich nicht die ersten, die sich große Pläne für die Nutzung des Wassers ausdachten. Schon seit langer Zeit waren die Flüsse in Italien mithilfe von Dämmen und Kanälen kontrolliert und gezähmt worden.[91] Und ebenso wenig war es eine neue Idee, künstlich kontrollierte Flüsse als Waffe im Kampf zwischen rivalisierenden Stadtstaaten einzusetzen. In der *Göttlichen Komödie* (um 1307–1321) schrieb Dante, der wichtigste Dichter der italienischen Renaissance, über die friedliche Nutzung der hydraulischen Ingenieurkunst. Er fantasierte zugleich über eine Bestrafung Pisas, indem der Arno aufgestaut und dann die Stadt überschwemmt werden würde. Und schon früh im 15. Jahrhundert überzeugte der Architekt Filippo Brunelleschi, der den Dom und dessen berühmte Kuppel erbaut hatte, die florentinische Regierung davon, diese Waffe auch in der Praxis zu erproben. In der Absicht, die Nachbarstadt Lucca zu überschwemmen, ließ er den Serchio aufstauen, doch sein Vorhaben misslang.

Leonardo und Machiavelli indes entwickelten einen noch viel umfassenderen und kühneren Plan. Um Florenz in eine Hafenstadt zu verwandeln, sollte der Arno in einen Kanal überführt und durch die Stadt Pistoia, 20 Kilometer nördlich des natürlichen Flusslaufs, geleitet werden, um dann in einem Tunnel unter dem Berg Serravalle hindurchzufließen – und dabei gleichzeitig Pisa von seiner Lebensader abzuschneiden. Zwischen 1503 und 1504 arbeitete Leonardo die Details dieses Projektes aus. Er präzisierte, wie der Fluss umgeleitet werden sollte, stellte Überlegungen zur erforderlichen Tiefe des Kanals an, berechnete Strömungsverhältnisse und die Menge der zu bewegenden Erde und zeichnete sogar das Modell für eine Art Ausgrabungsmaschine.

Leonardo da Vinci malte die »Mona Lisa« mit ihrem hintergründigen Lächeln, das wohl berühmteste Bild der Weltgeschichte, und arbeitete zur selben Zeit an Plänen, den Arno als Waffe gegen die Nachbarstadt Pisa einzusetzen. Ein Historiker meint, dass Leonardo, als er die Frau eines der reichsten Männer von Florenz malte, wohl auch dieses listenreiche Projekt im Hinterkopf hatte.«[92] Machiavelli, der eine zentrale administrative Position innehatte, unterstützte das Projekt mit allen Mitteln und stellte die Finanzierung auf die Beine. Doch das Vorhaben missglückte. Einige Historiker sind der Ansicht, dass es gescheitert sei, weil Leonardos technische Ratschläge nicht berücksichtigt wurden. Andere meinen, dass der Plan den Arno unterschätzt und die Schwierigkeiten ignoriert habe, die bei dem Versuch, den Fluss dem Willen der Renaissancemenschen zu unterwerfen, aufgetaucht wären. Leornado und Machiavelli erfuhren schmerzhaft, was der englische Philosoph Francis Bacon nur reichlich einhundert Jahre später so ausdrückte: »Natur läßt sich nur durch Gehorsam besiegen.«[93]

Während ich auf dem Ponte Vecchio stehe und den Arno auf seinem Weg nach Pisa betrachte, fallen mir T. S. Eliots Verse aus seinem Gedicht »The Dry Salvages« (1941) ein: »Ich weiß nicht viel von Göttern, halte aber den Strom / für einen mächtigen, braunen Gott – finster, ungezähmt und unbändig / […]. Der Strom ist in uns, die See ist um uns«[94]. Machiavelli und Leonardo versuchten, sowohl den Arno als auch den Lauf der Geschichte zu kontrollieren, indem sie Wissenschaft, Technologie und Macht kombinierten. Die Wasserfürsten der Zukunft werden über eine technologische und ökonomische Macht verfügen, die sich Leonardo und Machiavelli nicht einmal vorzustellen vermochten. Die Versuchung, diese Wassermacht auf dieselbe despotische Art wie die führenden Denker der Renaissance auszuüben, wird nicht verschwinden. Einem solchen Verhalten kann nur mit einem bindenden internationalen Regelwerk, das über globale Rechtsautorität verfügt, sowie durch internationale Organe mit entsprechenden Ressourcen und Machtmitteln wirksam begegnet werden.

Doch überall auf der Erde erfahren jedes Jahr tausende kleiner und großer Gesellschaften, auch wenn sie noch so modern sind, dass die Flüsse und das Wasser nur schwer zu beherrschen sind. Pisa wurde im 13. Jahrhundert entscheidend dadurch geschwächt, dass der Arno an seiner Mündung versandete. So zog die Stadt also kein feindlicher Stadtstaat, sondern die Natur selbst in Mitleidenschaft. Auch Florenz geriet wiederholt in Gefahr. 1966 kam es zu einer großen Katastrophe: Weite Teile der Stadt wurden bei einer Sturmflut überschwemmt, und einer der größten Verluste an

Kunstschätzen unserer Zeit war die Folge. Ungeachtet aller groß angelegten Versuche des Menschen, das Wasser zu beherrschen, lässt es sich nicht völlig kontrollieren. Insbesondere in unserem Zeitalter der Klima-Unsicherheit wird immer deutlicher, dass das Wasser die Gesellschaft umso stärker beherrscht, je mehr diese davon abhängt, es kontrollieren zu müssen.

Das zeigte sich erneut 2013 in Mitteleuropa. Ein langer Winter, dem Wochen mit starken Regengüssen folgten, ließ die großen Flüsse Donau und Elbe mit ihren zahlreichen Nebenflüssen über die Ufer treten. Mancherorts ging innerhalb von nur zwei Tagen die Regenmenge von zwei Monaten nieder. In Deutschland durchbrach die Elbe mehrere Deiche und überschwemmte weite Gebiete. Der Fluss erreichte auf einer Strecke von 250 Kilometern die höchsten jemals gemessenen Wasserstände. Die Donau richtete besonders in Österreich und Tschechien schwere Zerstörungen an, das Hochwasser erreichte danach Südungarn und bedrohte Serbien. Die Tschechen fürchteten um das Schicksal ihrer mittelalterlichen Hauptstadt Prag, und die Stadtverwaltung setzte schwere Technik ein, um eines der ältesten Symbole der Stadt, die Karlsbrücke, zu stabilisieren. Krankenhäuser und sogar der Zoo mussten evakuiert werden. Allein in Deutschland wird der volkswirtschaftliche Schaden auf mindestens zwölf Milliarden Euro geschätzt.

Der Begriff des »Jahrhunderthochwassers«, der von den Medien bereits bei der Elbeflut 2002 verwendet wurde, suggeriert, dass Derartiges nur alle 100 Jahre vorkommt, doch Klimaforscher verweisen darauf, dass bis zum Ende dieses Jahrhunderts mit einer Verdopplung, wenn nicht sogar einer Verdreifachung solcher Überschwemmungen zu rechnen ist. Es wäre voreilig, dies allein auf eine Veränderung des Klimas zurückzuführen, doch fest steht, dass wärmere Luftmassen auch mehr Feuchtigkeit aufnehmen können, weshalb bei steigender Erderwärmung dann auch der Regen extremer ausfallen kann.

Das Hauptproblem dürfte aber an anderer Stelle zu finden sein. Es fehlt an Überflutungsflächen, an ausreichenden Gebieten zur

Versickerung und zum Auffangen von Regenwasser. Rund 90 Prozent der natürlichen Überflutungsflächen sind in Mitteleuropa in den vergangenen 200 Jahren durch die industrielle und städtische Entwicklung verlorengegangen. Der Elbe beispielsweise stehen heute nur noch 20 Prozent ihrer ursprünglichen Auenfläche zur Verfügung.

Es bedarf daher dringend einer Renaturierung entlang der Flüsse. Während die Niederlande damit bereits großflächig begonnen haben, tut sich Deutschland hier immer noch schwer. Statt die Eindeichungen am Oberlauf der Flüsse zu verstärken, was nur die Probleme am Unterlauf verschärft, muss eingesehen werden, dass man gegen die Natur des Wassers nicht sicher leben kann. Es müssen Bedingungen dafür geschaffen werden, dass das Regenwasser länger in der Landschaft bleiben kann. Dazu gibt es verschiedene Wege: weniger Flächenversiegelungen, Rückbau von Siedlungen und Flussbegradigungen, weniger intensive Landwirtschaft, die den Boden verdichtet, mehr Misch- statt Nadelwälder, die Renaturierung von Mooren. Jede Region, jedes Land muss die für sie geeigneten Schritte wählen, wobei es aber eine Lösung auf rein nationaler Ebene kaum geben wird, da die großen Flüsse bekanntlich viele Länder durchfließen. Hier könnte Europa Maßstäbe setzen und Modelle friedlicher Kooperation entwickeln, so wie es einst schon mal bei der Nutzung des Rheins nach dem 30-jährigen Krieg gelang.

Die globalen Veränderungen haben die Ungewissheit über die Zukunft des Wassers in den letzten Jahren verstärkt. Der Druck, sich an die veränderten Verhältnisse anzupassen, ist größer denn je. Das Wasser braucht in der Zukunft viel mehr unserer Aufmerksamkeit.

Anhang

Anmerkungen

Viele Sachinformationen in diesem Text basieren auf direkten Beobachtungen, Gesprächen oder leicht verfügbaren Informationen, z.B. über Wasser- und Niederschlagsmengen. Deshalb habe ich es in diesen Fällen nicht für notwendig erachtet, jeweils einzeln darauf zu verweisen. An jenen Stellen aber, an denen ich mich mit strittigen Behauptungen auseinandersetze, habe ich die entsprechenden Berichte, Zeitungsartikel oder Dokumente benannt. Entsprechend sind die Anmerkungen auf wichtige Referenzwerke, historische Analysen und aktuelle Bücher, die ich bei der Arbeit benutzt habe, begrenzt worden. Ausführliche bibliografische Angaben zu ihnen finden sich in der Literaturliste im Anhang des Buches.

1 Vgl. beispielsweise Coopey/Tvedt 2006, Tvedt/Jakobsson 2006 sowie Tvedt/Østigård 2006. In diesen drei Büchern finden sich Beiträge von Forschern aus circa 50 Ländern, die über verschiedenste Aspekte der Geschichte des Wassers schreiben.

2 Einige Bücher, die ein gutes Bild von den Eigenschaften des Wassers, seiner Rolle in der Natur und seines Vorkommens vermitteln: Ball 1999, Berner/Berner 1987, Botkin/Keller 2005, Cosgrove/Petts 1990, Schneider 1996, Šiklomanov/Rodda 2003. Tollan 2002 bietet eine gute Einführung auf Norwegisch. The International Bureau of the Permanent Court of Arbitration 2002 ist ein Übersichtswerk, das die internationale Gesetzgebung gut herausarbeitet.

3 Für Leser, die sich für Londons historisches Wassersystem interessieren und wissen möchten, wie die Flüsse unter die Erde verlegt wurden: Trench/Hillmann 2000.

4 Vgl. beispielsweise Berner/Berner 1987 – eine Beschreibung der Bedeutung des hydrologischen Kreislaufs für Klima und Umwelt sowie dessen Beeinflussung durch das Klima; Chorley 1969 – eine Analyse des Verhältnisses zwischen Wasser, Erde

und sozioökonomischen Verhältnissen; Ball 1999 – eine faszinierende Studie über die ganz besonderen Eigenschaften des Wassers und schließlich Cosgrove/Petts 1990 – eine (wenngleich etwas eingeschränkte) Beschreibung, wie Wasser Landschaften formt.

5 Vgl. Cohn 1996 für eine gute Übersicht der Überschwemmungsmythen im westlichen Denken. Die Literatur über die religiöse Bedeutung von Überschwemmungsmythen und ihren Bezug zu tatsächlichen ökologischen Prozessen ist ansonsten sehr umfangreich.

6 Vgl. Duan u.a. 2002; Duan/Yao 2003.

7 Die Prozentangaben bei Pradhan/Shrestha 1992.

8 Vgl. Hedin 1898.

9 Vgl. Zou u.a. 2002. Laut ihren Forschungen aus dem Jahr 1996 bestehen 336 464,4 Hektar aus verstepptem Land und 20 047 411,4 Hektar aus »verwüstetem Land«.

10 Vgl. Roach, John: Alps Glaciers Gone by 2050, Expert Says, in: National Geographic News, 23.1.2007. Psenner ist kein Glaziologe, sondern Limnologe.

11 Vgl. van de Ven 1993, ein Buch, das in allen technischen Einzelheiten dokumentiert, wie die Niederländer ihr Land erschaffen haben.

12 Das verantwortliche niederländische Ministerium versucht, etwas gegen dieses mangelnde Wissen zu unternehmen. Ein gute Lektüre hierzu: Ministry of Transport and Public Works 2004.

13 Die stellvertretende Ministerin für Verkehr und Wasserwirtschaft, Melanie Schultz van Haegen, im Interview, in: TV-Dokumentation »En reise i vannets fremtid« (Eine Reise in die Zukunft des Wassers), TV2/panopticon 2007.

14 Drei Kapitel in Diamond 2005, S. 178–277, sind dieser Geschichte gewidmet, basierend auf den umfangreicheren Artikeln von McGovern 1988 und 1991.

15 Vgl. Hansen, Jim: Climate Change: On the Edge, 17.2.2006, http://www.ezilon.com/information/article_15998.shtml (letz-

ter Zugriff 22.5.2013). Jim Hansen war Direktor des NASA Goddard Institute for Space Studies und führender Klimaberater von US-Präsident George W. Bush.

16 Vgl. Greenland's rate of ice-mass loss increased by 250 Percent, Satelites show, in: National Geographic News, 20.9.2006.

17 Kühne 1989, S. 129 ff.

18 Ruskin 1853, Bd. 1, Kap. 1, § 1, hier zit. nach: Cziborra 2009, S. 84.

19 Vgl. u. a. Ciriacono 2006, eines der vielen Bücher, die in den letzten Jahren über die Geschichte des Wassers in Venedig erschienen sind.

20 Vgl. Keahey 2002, S. 16.

21 Vgl. u. a. Fletcher/Spencer 2003 für eine umfassende Beschreibung der Situation.

22 »Ode an Venedig«, in: Lord Byron's sämtliche Werke, übersetzt von Alexander Reinhardt, hier zit. nach: Cziborra 2009, S. 44.

23 Keahey 2002, S. 276.

24 Ebenda.

25 Vgl. z. B. Tedlock 1996.

26 Vgl. Landa 2005.

27 In den letzten Jahren wurden einige Artikel über das Verhältnis zwischen Niederschlag und Schicksal der Maya publiziert. Diamond 2005, S. 157–178, widmet diesem Thema ein Kapitel. Gill 2000 bietet die umfassendste Beschreibung. Diese Literatur wurde natürlich dafür kritisiert, katastrophenorientiert zu sein, aber da die Funde noch neu sind, wird es eine Zeit lang dauern, bis eine ausgewogene Analyse möglich ist.

28 Laotse: Tao te king. Das Buch des Alten vom Sinn und Leben, übertragen von Richard Wilhelm, Jena 1919, Strophe 78. Nach der Überlieferung wurden die Verse im 6. Jahrhundert v. Chr. unter der Herrschaft der Zhou-Dynastie von Laozi (»alter Meister«, früher im Deutschen Laotse genannt) verfasst. Wann genau und von wem der Text tatsächlich geschrieben wurde, ist weiter umstritten.

29 Der Inhalt des Berichtes wurde am 22. Februar 2004 in der englischen Zeitung *The Observer* wiedergegeben. Die genannten Aussagen finden sich in dem Bericht »An Abrupt Climate Change Scenario and Its Implications for United States National Security«, geschrieben von Peter Schwartz und Doug Randall. Über die Qualität des Berichtes kann gestritten werden, denn er stellt auch die bombastische Behauptung auf: »Schon im kommenden Jahr werden großflächige, durch den Anstieg des Meeresspiegels hervorgerufene Überschwemmungen für Millionen von Menschen zu großen Umwälzungen führen.« Etwas Derartiges geschah im Jahr 2005 ganz sicher nicht. Insofern kann der Bericht auch als Beispiel dafür gelten, wie die Unsicherheit über das Klima von der Politik ausgenutzt wird, hier konkret im amerikanischen Wahlkampf für John Kerry und gegen George W. Bush.

30 Ebd.

31 Vgl. 2. UN World Water Development Report, 2006.

32 Im Laufe der letzten Jahre wurden zahlreiche Bücher zu diesem Thema veröffentlicht, die bekanntesten und am häufigsten von Aktivisten benutzten sind: Barlow/Clarke 2001; Shiva 2002. Einen allgemeinen Überblick aus einer journalistischen Perspektive bietet Ward 2002. Eine akademische Annäherung an das Thema findet man bei Finger/Allouche 2002.

33 Roberts 1867 beschreibt, wie weit Spanien bereits in den 1860er Jahren bei der künstlichen Bewässerung war. Britische Kolonialbeamte wurden nach Spanien gesandt, um dort zu lernen. Vgl. auch Glick 1968.

34 Vgl. WWF 2003.

35 Consejería de Tourismo of the Murcia Region, zit. in: WWF 2003, S. 16.

36 Der Nilhymnus des Cheti, um 2000 v. Chr., zit. nach: Ägyptische Hymnen und Gebete, übersetzt, kommentiert und eingeleitet von Jan Assmann, Freiburg/Göttingen 1999, S. 544.

37 Für eine gute Übersicht vgl. Waterbury 2002. Für eine erste detaillierte und empirische Beschreibung der Entwicklung von

Kontrolle und Nutzung des Nil vgl. Tvedt 2008. Hier finden sich Artikel von Autoren aus Ägypten, dem Sudan, Äthiopien, Uganda, Kenia, Tansania, Ruanda und Burundi.

38 Für eine detaillierte historische Studie von dieser Zeit bis zur heutigen Situation am Nil vgl. Tvedt 2004 und 2008.

39 Es gibt viele profunde Studien über die aktuelle Situation am Nil, insbesondere in Äthiopien, vgl. etwa Arsano 2006.

40 Torodd Jenssen, Norwegische Zentralbehörde für Wasserläufe und Energie, im Gespräch mit dem Autor, 27.6.2007.

41 Thoreau 1979, S. 188.

42 Zit. nach: Hoffmann 1997, S. 83.

43 Vgl. Experts Probe »Tilting« Taj Mahal, in: BBC News, 20.10.2004.

44 Vgl. Concerns over »Tilting« Taj Mahal Dismissed, in: BBC News, 4.11.2004.

45 Vgl. NCIWRD 1999.

46 Verma/Phansalkar 2005. Patkar 2004 versammelt Argumente gegen den Plan.

47 Dams, Rivers and People, 1, 2–3, März bis April 2003, S. 6.

48 Vgl. dazu Kamal 2006.

49 Vgl. Elhance 1999, S. 188.

50 Zwei Studien, die den Wasserkonflikt aus der Sicht Bangladeschs darstellen: Abbas 1984 und Begum 1987.

51 Das Epos ist in der Literatur umfassend gedeutet worden. Heidel 1963 unternimmt einen Vergleich mit den Überschwemmungsmythen im Alten Testament.

52 Das Gilgamesch-Epos, Soden 1986, S. 93–101.

53 Für eine detaillierte Beschreibung vgl. z. B. Kahlown/Khan 2006.

54 Das ehemalige Fürstentum Kaschmir im Himalaja wurde nach 1947 zwischen Indien, Pakistan und China aufgeteilt und ringt um Autonomie.

55 Für eine Analyse der mit dem Pashupatinath-Tempel verknüpften Rolle des Bagmatiwassers in den nepalesischen Todesritualen vgl. Østigård 2006.

56 Vgl. Tvedt/Østigård 2006. Für eine ideenhistorische Analyse über das Verständnis von Wasser in naturwissenschaftlichem, philosophischem und religiösem Denken vgl. auch Tvedt/Østigård 2009.

57 Vgl. auch BBC News, 21.8.2002.

58 Die Anzahl der Flüsse in Nepal wird auf 6000 geschätzt, mit einer Gesamtlänge von 45 000 Kilometern. Vgl. Pradhan/Shrestha 1992.

59 Vgl. Huda 2001.

60 Nach Abschaffung der Monarchie 2008 haben sich die Beziehungen zu Indien inzwischen entspannt.

61 Ein interessantes und populäres Buch zu diesem Thema ist Halliday 1999, ein aufschlussreicher Artikel jener von Hardy 1984. Gandy 2006 vermittelt eine umfassend angelegte Analyse der Bedeutung des Wassers für die Senkung städtischer Sterblichkeitsraten.

62 Vgl. The Hindu, 30.7.2006.

63 Ein Klassiker der umfangreichen Literatur über die Bedeutung der Seine in Paris ist für mich Demangeon 1920.

64 In dieser Wasserbar kommt man nicht umhin, an die populäre Rolle des Wassers als Gesundheitsmittel zu denken. Schon seit der Zeit des antiken Arztes Hippokrates, der gute Ratschläge über die Nutzung von warmem und kaltem Wasser erteilte, ist dieses Thema immer wieder aktuell. Ein Beispiel für ein typisches Buch, das für die Wassertherapie wirbt, ist Buchman 1994.

65 Vgl. Bourdieu 1982.

66 Laotse (wie Anm. 30), Strophe 8.

67 Die Schrift wurde von W. Allyn Rickett ins Englische übertragen: Guan, Zhong/Kuan, Chung 1998.

68 Zur historischen Beziehung zwischen Kalifornien und dem Wasser vgl. etwa Hundley 1992.

69 Vgl. El-Dessouky/Ettouney 2002 für eine Übersicht über die Entsalzungsindustrie und Lattemann/Höpner 2003 für eine Analyse der Folgen für die Umwelt mit besonderem Augen-

merk auf die Meeresgebiete vor der arabischen Halbinsel. Über die Entsalzungsindustrie, die geothermische Industrie und die Wasserstoffindustrie gibt es zahlreiche Websites nationaler und internationaler Organisationen.

70 Die Anlage ist seit 2008 in Betrieb (Anm. d. Ü.).

71 Vgl. Tvedt 2004 mit einer Übersicht zur Literatur über den Nil. In den bibliografischen Angaben sind über 4000 Titel aufgeführt, von denen ungefähr die Hälfte kommentiert ist.

72 Abu Zeid in einem Interview, in: »En reise i vannets fremtid« (wie Anm. 13).

73 Interessante Bücher und Artikel über das chinesische Verhältnis zum Wasser: Dodgen 2001, Padovani 2006, Rowe 1998 und Spencer 1938.

74 Vgl. Bodde 1982, S. 138.

75 Zit. nach: Kubin 2005, S. 310.

76 Interview in: »En reise i vannets fremtid« (wie Anm. 13).

77 Eine Beschreibung des Projektes bei Liu/Zheng 2002. Für eine allgemeine Analyse der Bedeutung des Wassermanagements im modernen China vgl. Pietz 2006.

78 Vgl. China Daily, 12.9.2006.

79 Vgl. Luzhkov 2003.

80 Vgl. Duke 2006 und Micklin 1987 für einen Überblick über die Geschichte dieses Projekts.

81 Für eine Analyse der Wassersituation und der politischen Lage in dieser Region vgl. Lange 2006.

82 Vgl. ICG 2005, S. 28.

83 Vgl. Pannier/Magauin 1999.

84 Vgl. Blua 2004.

85 Vgl. Pannier/Magauin 1999.

86 Viele Fachbücher zum Thema Grundwasser sind sehr wissenschaftlich gehalten. Ein leicht verständliches ist Chapelle 1997.

87 Es gibt zahlreiche Berechnungen zur Verteilung des Wassers in Flüssen, Seen, Grundwasservorkommen etc. Bei den angegebenen Zahlen ist daher Vorsicht geboten, zumal wir noch immer

nicht genau wissen, wie viel Süßwasser sich unter der Erde und unter dem Meeresgrund genau befindet.

88 Die neuen Technologien zum Aufspüren von Wasservorkommen unter dem Meeresboden erinnern kaum mehr an die alte Wünschelruten-Methode. Doch einige schwören noch immer auf sie. Vgl. Bird 1979.

89 Verne, Jules: Die geheimnisvolle Insel, übersetzt von O. Reyher, Paderborn 2011, 2. Teil, 11. Capitel, S. 370f.

90 Leonardo da Vinci: Codex Trivulzianus (1490), hier zit. nach: Schneider 2006, S. 17.

91 Vgl. z.B. Squatriti 1998 und Masters 1999.

92 Masters 1999, S. 107.

93 Bacon 1962, S. 41.

94 Deutsche Übersetzung von Nora Wydenbruck, in: T. S. Eliot: Gesammelte Gedichte, Frankfurt a. M. 1988, S. 305.

Literatur

Die Literaturliste nennt Titel, die ich im Buch zitiert habe, und soll darüber hinaus jenen als Lotse dienen, die sich weiter mit dem Thema beschäftigen möchten.

Abbas, B. M.: The Ganges Water Dispute, Dhaka 1984.

Allan, T.: Hydropolitics and the Middle East. Hydropolitics and the Global Economy, London 2001.

Anton, Danilo J.: Thirsty Cities. Urban Environments and Water Supply in Latin America, Ottawa 1993.

Arsano, Y.: Nile Basin Co-operation. Prospects for the Twenty-first Century, in: Coopey/Tvedt 2006, S. 324–351.

Assmann, Jan (Übers. und Hg.): Ägyptische Hymnen und Gebete, Freiburg/Göttingen 1999.

Bacon, Francis: Das neue Organon (Novum Organon), übersetzt von Rudolf Hoffmann, bearb. von Gertraud Korf, hg. von Manfred Buhr, Berlin 1962.

Ball, Philip: H₂O. A Biography of Water, London 1999. Deutsche Übersetzung von Helmut Reuter: H₂O. Biographie des Wassers, München 2002.

Barlow, Maude/Clarke, Tony: Blue Gold. The Fight to Stop the Corporate Theft of the World's Water, New York 2001. Deutsche Übersetzung von Gabriele Gockel: Blaues Gold. Das globale Geschäft mit dem Wasser, Rheda-Wiedenbrück/Gütersloh 2003.

Begum, Khurshida: Tension over the Farakka Barrage. A Techno-Political Tangle in South-Africa, Dhaka 1987.

Berner, Elizabeth Kay/Berner, Robert A.: The Global Water Cycle. Geochemestry and Environment, Upper Saddle River 1987.

Bird, Christopher: The Divining Hand. The Art of Searching for Water, Oil, Minerals, and Other Natural Resources or Anything Lost, Missing or Badly Needed, New York 1979. Deutsche

Übersetzung: Die weissagende Hand oder das Mysterium der Wünschelrute. Die seit Jahrhunderten bekannte Kunst, nach Wasser, Öl, Mineralien und anderen Naturschätzen oder verlorenen Gegenständen zu suchen, München 1985.

Blua 2004.

Bodde, Derk: Essays on Chinese Civilization, hg. von Charles Le Blanc und Dorothy Borei, Princeton 1982.

Botkin, Daniel B./Keller, Edward A.: Environmental Science. Earth as a Living Planet, New York 2005.

Bourdieu, Pierre: Die feinen Unterschiede. Kritik der gesellschaftlichen Urteilskraft, übersetzt von Bernd Schwibs und Achim Rousser, Frankfurt am Main 1982.

Buchman, Diana Dincin: The Complete Book of Water Therapy, Connecticut 1994. Deutsche Übersetzung von Ursula von Wiese: Die natürliche Heilkraft des Wassers. Das umfassende Hausbuch mit über 500 praktischen Anwendungen, Frankfurt am Main/Berlin 1986.

Burroughs, William J.: Climate Change in Prehistory. The End of the Reign of Chaos, Cambridge 2005.

Chapelle, Francis H.: The Hidden Sea. Ground Water, Science, and Environmental Realism, Tucson 1997.

Chorley, R. J.: Water, Earth, and Man. A Synthesis of Hydrology, Geomorphology, and Socio-economic Geography, London 1969.

Ciriacono, Salvatore: Building on Water. Venice, Holland, and the Construction of the European Landscape in Early Modern Times, übersetzt von Jeremy Scott, Oxford/New York 2006.

Cohn, Norman: Noah's Flood. The Genesis Story in Western Thought, Hongkong/New Haven/London 1996.

Coopey, Richard/Tvedt, Terje: A History of Water. Bd. II: The Political Economy of Water, New York/London 2006.

Cosgrove, D./Petts, Geoffrey E.: Water, Engineering and Landscape. Water Control and Landscape Transformation in the Modern Period, London/New York 1990.

Cziborra, Pascal: Lagunenlyrik. Venedig im Spiegel der Dichtung. Eine Studie zur europäischen Literaturgeschichte, Hamburg 2009.

Davenport, T. R. H. / Saunders, Christopher: South Africa. A Modern History, Basingstoke 2000.

Demangeon, Albert: The Port of Paris, in: Geographical Review 10 (1920) 5, S. 277–296.

Diamond, Jared: Collapse. How Societies Choose to Fail or Succeed, New York 2005. Deutsche Übersetzung von Sebastian Vogel: Kollaps. Warum Gesellschaften überleben oder untergehen, Frankfurt am Main 2011.

Dodgen, Randall: Controlling the Dragon. Confucian Engineers and the Yellow River in Late Imperial China, Honolulu 2001.

Duan, Keqin Q. u. a.: Response of Monsoon Variability in Himalayas to Global Warming, in: Chinese Science Bulletin 47 (2002) 21, S. 1842–1845.

Duan, Keqin Q. / Yao, Tandong D.: Precipitation Variability in Central Himalayas and its Relation to Northern Hemisphere Temperature, in: Chinese Science Bulletin 48 (2003) 14, S. 1480–1482.

Duke, F. K.: Seizing Favours from Nature. The Rise and Fall of Siberian River Diversion, in: Tvedt / Jakobsson 2006, S. 3–35.

El-Dessouky, Hisham T. / Ettouney, Hisham M.: Fundamentals of Salt Water Desalination, Amsterdam 2002.

Elhance, A. P.: Hydropolitics in the Third World. Conflict and Cooperation in International River Basins, Washington 1999.

Fagan, Brian: Floods, Famines and Emperors. El Niño and the Fate of Civilizations, London 2000. Deutsche Übersetzung von Hubert Pfau: Die Macht des Wetters. Wie das Klima die Geschichte verändert, Düsseldorf 2001.

Finger, Matthias / Allouche, Jeremy: Water Privatization. Transnational Corporations and the Re-regulation of the Water Industry, London 2002.

Fletcher, C. A. / Spencer, T.: Flooding and Environmental Challenges for Venice and its Lagoon. State of Knowledge, Cambridge 2003.

Gandy, M.: Water, Modernity and the Demise of the Bacteriological City, in: Tvedt/Jakobsson 2006, S. 347–372.

Gill, B. Richardson: The Great Maya Droughts. Water, Life and Death, Albuquerque 2000.

Gleick, P. H.: Water in Crisis. A Guide to the World's Fresh Water Resources, Oxford 1993.

Gleick, P. H.: Water Resources. Encyclopedia of Climate and Weather, Bd. 2, hg. von S. H. Schneider, New York 1996.

Glick, Thomas F.: Levels and Levelers. Surveying Irrigation Canals in Medieval Valencia, in: Technology and Culture 9 (1968) 2, S. 165–180.

Goudie, A.: The Nature of Physical Geography. A View from the Drylands, in: Geography 79 (1994) 344, S. 194–209.

Guan, Zhong/Kuan, Chung (Hg.): Guanzi. Political, Economic, and Philosophical Essays from Early China, übersetzt von W. Allyn Rickett, Princeton 1998.

Halliday, Stephen: The Great Stink of London. Sir Joseph Bazalgette and the Cleansing of the Victorian Metropolis, Gloucestershire 1999.

Hardy, A.: Water and the Search for Public Health in London in the Eighteenth and Nineteenth Centuries, in: Medical History 28 (1984) 3, S. 250–282.

Hedin, Sven: En fard genom Asien 1893–97, Stockholm 1898. Deutsche Übersetzung (Auszüge) von Detlef Brennecke: Durch Asiens Wüsten. Drei Jahre auf neuen Wegen zwischen Pamir, Tibet und China. 1893–1895, Wiesbaden 2012.

Heidel, A.: The Gilgamesh Epic and the Old Testament Parallels, Chicago 1963.

Hesse, E. (Hg.): Eliot, T. S.: Gesammelte Gedichte 1909–1962, Deutsche Übersetzung von Nora Wydenbruck, Frankfurt am Main 1988.

Hoffmann, Thomas: Wasser in Asien, Osnabrück 1997.

Huda, Mohammad Nurul: Nadonik Nazrul, Essays, Dhaka 2001.

Hundley, Norris Jr.: The Great Thirst. Californians and Water, 1770–1990, Oxford 1992.

Joshi, D./Fawcett, B.: Water, Hindu Mythology and Unequal Social Order in India, in: Tvedt/Østigård 2006, S. 119–137.

International Crisis Group: Asia Report, New York 2005.

Kahlown, M. A./Khan, A. D./Azam, M.: The World's Largest Contiguous Irrigation System. Developments, Successes and Challenges of the Indus Irrigation System in Pakistan, in: Tvedt/ Jakobsson 2006, S. 35–55.

Kamal, A.: Living with Water: Bangladesh Since Ancient Times, in: Tvedt/Jakobsson 2006, S. 194–217.

Keahey, John: Venice against the Sea, New York 2002.

Kubin, Wolfgang: Die chinesische Literatur im 20. Jahrhundert (Geschichte der chinesischen Literatur, Bd. 7), München 2005.

Kühne, G. (Übers.): Frontinus, Sextus Iulius: Wasserversorgung im antiken Rom, München 1989.

Landa, Fray Diego de: An Account of the Things of Yucatán. Written by the Bishop of Yucatán, Based on the Oral Traditions of the Ancient Mayas, Mexiko-Stadt 2005. Deutsche Übersetzung von Ulrich Kunzmann: Bericht aus Yucatán, hg. von Carlos Rincón, Stuttgart 2007.

Lange, K.: Energy and Environmental Security. The Syr Darya Crisis of Central Asia, in: Coopey/Tvedt 2006, S. 404–430.

Laotse: Tao te king. Das Buch des Alten vom Sinn und Leben, übertragen von Richard Wilhelm, Jena 1919.

Lattemann, Sabine/Höpner, Thomas: Seawater Desalination. Impacts of Brine and Chemical Discharge on the Marine Environment, L'Aquila 2003.

Linden, Eugene: The Winds of Change. Climate, Weather, and the Destruction of Civilizations, New York 2006.

Liu, C. M./Zheng, H. X.: South to North Water Transfer Schemes for China, in: International Journal of Water Resources Development 18 (2002) 3, S. 453–471.

Luzhkov, Yuri M.: The Renewal of History. Mankind in the 21st Century and the Future of Russia, London 2003.

Masters, Roger D.: Fortune Is a River. Leonardo da Vinci and Niccolò Machiavelli's Magnificent Dream to Change the Course of Florentine History, Middlesex 1999. Deutsche Übersetzung von Stephen Tree: Fortuna ist ein reißender Fluß. Wie Leonardo da Vinci und Niccolò Machiavelli die Geschichte verändern wollten, München 1999.

Matthewman, Steven: Science in the Social Sphere. Weather Modification and Public Response, in: Tvedt/Østigård 2006, S. 409–430.

McGovern, Thomas H. u. a.: Northern Islands, Human Error, and Environmental Degradation. A View of Social and Ecological Change in the Medieval North Atlantic. in: Human Ecology 16 (1988) 3, S. 225–270.

McGovern, Thomas H.: Climate, Correlation and Causation in Norse Greenland, in: Arctic Anthropology 28 (1991) 2, S. 77–100.

Micklin, Philip P.: The Fate of »Sibaral«. Soviet Water Politics in the Gorbachev Era, in: Central Asian Survey 2 (1987), S. 67–88.

Ministry of Transport and Public Works: Water in the Netherlands 2004–2006, Den Hague 2004.

Morelli, Leonardo: Cry of the Waters / Grito das aguas, Joinville 2003.

Mount, Jeffrey F.: California Rivers and Streams. The Conflict between Fluvial Process and Land Use, Berkeley 1995.

Mumford, Lewis: The City in History. Its Origins, Its Transformations and Its Prospects, London 1961. Deutsche Übersetzung von Helmut Lindemann: Die Stadt. Geschichte und Ausblick, Köln/Berlin 1963.

Naeser, R. B. / Griffin Smith, M.: Water as Property in the American West, in: Coopey/Tvedt 2006, S. 500–507.

NCIWRD: Integrated Water Resource Development. A Plan for Action. Report of the National Commission for Integrated Water Resources Development (NCIWRD), Bd. I, Neu-Delhi 1999.

Østigård, Terje: River and Rain. Life-giving Waters in Nepalese Death Rituals, in: Tvedt/Østigård 2006, S. 430–449.

Padovani, F.: The Chinese Way of Harvesting Rivers. The Yangtze River, in: Tvedt/Jakobsson 2006, S. 120–144.

Pannier/Magauin 1999.

Paterson, W. S. B.: The Physics of Glaciers, Oxford 1994.

Patkar, Medha: River Linking. A Millennium Folly?, Mumbai 2004.

Petts, Geoffrey E./Foster, Ian D. L.: Rivers and Landscape, London 1985.

Pietz, D. A.: Controlling the Waters in Twentieth-century China. The Nationalist State and the Huai River, in: Tvedt/Jakobsson 2006, S. 92–120.

Postel, Sandra: Pillar of Sand. Can the Irrigation Miracle Last?, New York 1999.

Pradhan, B. K./Shrestha, H. M.: A Nepalese Perspective on Himalayan Water Resources Development. The Ganges-Brahmaputra Basin Water Resource Cooperation between Nepal, India and Bangladesh, in: Eaton, D. J. (Hg.): The Ganges-Brahmaputra Basin, Austin 1992, S. 24–29.

Ramachandraiah, C.: Inequities in Urban Water Supply in India. Municipalities in Andhra Pradesh, in: Coopey/Tvedt 2006, S. 28–41.

Regmi, A.: Regimes, Regulations and Rights: Urban Water Use in the Kathmandu Valley, in: Coopey/Tvedt 2006, S. 468–500.

Reisner, Mark: Cadillac in the Desert, New York 1986.

Roberts, J. P.: Irrigation in Spain. Being a Paper Compiled from Information Collected During a Residence of Several Years in that Country, London 1867.

Rowe, W. T.: Water Control and the Qing Political Process. The Fankou Dam Controvercy, 1876–1883, in: Modern China 14 (1998) 4, S. 353–387.

Ruskin, John: The Stones of Venice, London 1853. Deutsche Übersetzung von Hedwig Jahn: Steine von Venedig. Faksimile-Ausgabe (1903) in drei Bänden, Dortmund (1994).

Ryan, William B. F. / Pitman, Walter C.: Noah's Flood. The New Scientific Discoveries about the Event that Changed History, New York 1998. Deutsche Übersetzung von Andrea Kamphuis: Sintflut. Ein Rätsel wird entschlüsselt, Bergisch Gladbach 1999.

Schneider, Marianne (Übers. und Hg.): Jede Erkenntnis beginnt mit den Sinnen. Aphorismen, Rätsel und Prophezeiungen, München 2006.

Schneider, S. H.: Encyclopedia of Climate and Weather, New York 1996.

Serageldin, I.: Water Supply, Sanitation, and Environmental Sustainability. The Financing Challenge. A Keynote Address to the Ministerial Conference on Drinking Water and Environmental Sanitation. Implementing Agenda 21, Washington 1994.

Shiva, Vandana: Water Wars. Privatization, Pollution and Profit, Cambridge 2002. Deutsche Übersetzung von Bodo Schulze: Der Kampf um das blaue Gold. Ursachen und Folgen der Wasserverknappung, Zürich 2003.

Šiklomanov, I. A. / Rodda, John C.: World Water Resources at the Beginning of the Twenty-first Century, Cambridge 2003.

Soden, Wolfram (Hg.): Das Gilgamesch-Epos, übersetzt und mit Anmerkungen versehen von Albert Schott, Stuttgart 1986.

Spencer, Joseph Earle: Trade and Transshipment in the Yangtze Valley, in: Geographical Review 28 (1938) 1, S. 112–123.

Squatriti, P.: Water and Society in Early Medieval Italy. AD 400–1000, New York 1998.

Steinberg, Theodore: Nature Incorporated. Industrialization and the Waters of New England, Cambridge 1991.

Symon, Carolyn / Arris, Lelani / Heal, Bill: Arctic Climate Impact Assessment, Cambridge 2005.

Tedlock, Dennis: Popol Vuh. The Mayan Book of the Dawn of Life, mit Anmerkungen auf Basis des alten Wissens der modernen Quiché-Mayas, New York 1996. Deutsche Übersetzung von Wolfgang Cordan: Popol Vuh. Das Buch des Rates. Mythos und Geschichte der Maya, München 1998.

Tewari, D. D.: An Evolutionary History of Water Rights in South Africa, in: Tvedt/Østigård 2006, S. 157–185.

Thabane, M.: Developing Lesotho's Water Resources. The Lesotho Highlands Water Scheme, in: Coopey/Tvedt 2006, S. 368–390.

The International Bureau of the Permanent Court of Arbitration: Resolution of International Water Disputes, Den Hague 2002.

Thoreau, Henry David: Walden oder Leben in den Wäldern, übersetzt von Emma Emmerich und Tatjana Fischer, Zürich 1979,

Tollan, Arne: Vannressurser, Oslo 2002.

Trench, Richard/Hillman, Ellis: London under London. A Subterranean Guide, London 2000.

Tvedt, Terje (Hg.): The River Nile in the Post-Colonial Age, London/New York 2008.

Tvedt, Terje/Jakobsson, Eva: A History of Water. Bd. I: River Biographies. New York/London 2006.

Tvedt, Terje/Østigård, Terje: A History of Water. Bd. III: The World of Water, New York/London 2006.

Tvedt, Terje/Østigård, Terje (Hg.): Ideas of Water from Ancient Societies to the Modern World (A History of Water 2, Bd. I), London/New York 2009.

Tvedt, Terje: The Nile. An Annotated Bibliography, New York/London 2004.

Tvedt, Terje: The River Nile in the Age of the British. Political Ecology and the Quest for Economic Power, London/New York 2004.

Umali-Deininger, Dina: Irrigation-induced Salinity. A Growing Problem for Development and the Environment (World Bank Technical Paper 215), Washington 1993.

United Nations Development Programme: Human Development Report. Beyond Scarcity. Power, Poverty and the Global Water Crisis, New York 2006.

Ven, G. P. van de: Man-made Lowlands. History of Water Management and Land Reclamation in the Netherlands, Utrecht 1993.

Verghese, B. G.: Waters of Hope. Himalaya-Ganga Development and Cooperation for a Billion People, Neu-Delhi 1990.

Verma, Shilp/Phansalkar, S.: India Inc. 2050. Potential Deviations from »business-as-usual«, in: IWMI-TATA Water Policy Research Highlights 6 (2005).

Verne, Jules: Die geheimnisvolle Insel, übersetzt von O. Reyher, Paderborn 2011.

Villiers, Marq de: Water. The Fate of Our Most Precious Resource, New York 2001. Deutsche Übersetzung von Regina Schneider: Wasser. Die weltweite Krise um das blaue Gold, München 2000.

Ward, Diane Raines: Water Wars. Drought, Flood, Folly and the Politics of Thirst, New York 2002.

Waterbury, John: The Nile Basin. National Determinants of Collective Action, New Haven 2002.

Wilf, Mark u. a.: The Guidebook to Membrane Desalination Technology. Reverse Osmosis, Nanofiltration and Hybrid Systems Process, Design, Applications and Economics, Rechovot 2007.

Worster, Donald: Rivers of Empire. Water, Aridity and the Growth of the American West, New York 1985.

WW: Jahresbericht 2003, Gland, Frankfurt a. M. 2003.

Yang, J. P. u. a.: Causes of Glacier Change in the Source Regions of the Yangtze and Yellow Rivers on the Tibetan Plateau, in: Journal of Glaciology 49 (2003) 167, S. 539–546.

Zou, X. Y. u. a.: Desertification and Control Plan in the Tibet Autonomous Region of China, in: Journal of Arid Environments 51 (2002) 2, S. 183–198.

Dank

Mein Dank gilt allen Forschern und Kollegen, die mich inspiriert haben und von denen ich lernen konnte, sowie all jenen Menschen, die ich im Laufe meiner Reisen traf und die mir bereitwillig ihre Zeit zur Verfügung stellten. Zu ihnen gehören jedoch so viele, dass ich mich an den Grundsatz halte: niemanden erwähnt, keinen vergessen. Viele der Reisen wurden im Zusammenhang mit der Produktion zweier umfassender Dokumentarfilme über Wasser, »Eine Reise in die Geschichte des Wassers« (1997) und »Eine Reise in die Zukunft des Wassers« (2007), unternommen. Dieses Buch wäre nicht ohne die jahrelange enge Zusammenarbeit mit Kameraleuten, Produzenten und Produktionsleitern zustande gekommen. Darüber hinaus möchte ich meiner Familie danken, die Jahr für Jahr ihren Urlaub und ihre Freizeit geopfert hat, um mich auf meinen Wasserreisen zu begleiten, obwohl ich nicht glaube, dass sie das auch nur einen Tag bereut hat.

Geografisches Register